52 PEQUEÑOS CAMBIOS

Brett Blumenthal

52 pequeños cambios

Un programa para ganar salud y felicidad
casi sin darte cuenta

EDICIONES URANO

Argentina - Chile - Colombia - España
Estados Unidos - México - Perú - Uruguay - Venezuela

Título original: *52 Small Changes – One Year to a Happier, Healthier You*
Editor original: Amazon Publishing
Originally published in the United States by Amazon Publishing, 2012
Traducción: Carme Font Paz

Fotografías en páginas 85-91, 202-210 y 343-345: Glenn Kulbako
Resto de fotografías: dreamstime
Photography agent: www.dreamstime.com

1.ª edición Noviembre 2013

ISBN: 978-84-7953-845-3
E-ISBN: 978-84-9944-638-7

Depósito legal: B-22675-2013

Fotocomposición: Montserrat Gómez Lao
Impreso por: Rodesa, S. A. – Polígono Industrial San Miguel
Parcelas E7-E8 -31132 Villatuerta (Navarra)

Impreso en España – *Printed in Spain*

Para David:

Por tu amor y apoyo,
y por creer siempre en mí

Índice

Tercera parte
Herramientas y recursos

Primera parte
El programa

Introducción

Cuando queremos efectuar un cambio en nuestra vida, aunque sea un cambio positivo, a menudo tenemos que hacer frente a grandes dificultades: a medida que pasan los años nos cuesta más cambiar nuestros hábitos; si hemos hecho algo durante mucho tiempo, resulta muy difícil hacerlo de otro modo; cuanto más larga es nuestra perspectiva, más difícil es cambiar el modo de ver las cosas. Así es la naturaleza humana. Pero también forma parte de la naturaleza humana suponer que cambiar es fácil y que podemos hacerlo en un breve espacio de tiempo.

La mayoría de personas anhelan la gratificación instantánea, y cuando algo tarda mucho tiempo en llegar, tendemos a abandonar y pasar a otra cosa. Lamentablemente, esa gratificación instantánea que deseamos es lo que nos impide realizar un cambio con éxito. El secreto para efectuar un cambio duradero es reconocer y aceptar que ese cambio lleva tiempo y que es fundamental no perder la paciencia a lo largo de este proceso.

¿Cuánto tiempo se tarda en efectuar un cambio?

Habrás oído decir que se tarda dieciocho días en efectuar un cambio. Quizá sean veintiuno o veintiocho. En realidad, el tiempo necesario para llevar a cabo un cambio duradero depende de cada persona, del cambio en cuestión, y de las circunstancias.

La psicóloga Phillipa Lally del University College de Londres dirigió un estudio dedicado a esta cuestión.* Descubrió que las

* Lally, P., C.H.M. Van Jaarsveld, H. Potts, y J. Wardle (2010). How are habits formed: Modelling habit formation in the real world. *European Journal of Social Psychology, 40, 998-1009.*

personas que intentaban adquirir nuevos hábitos, como por ejemplo comer fruta a diario, tardaban una media de 66 días hasta que esa conducta se volvía automática. Es decir, que los sujetos tardaban una media de 9 semanas y media para efectuar un cambio duradero y permanente. Sin embargo, la horquilla de tiempo variaba desde los 18 días hasta la agotadora cifra de 245 días. Aunque pueda parecer desalentador, menciono estos datos para hacer hincapié en el punto principal: cambiar requiere tiempo.

Al inicio de este viaje hacia un estilo de vida más saludable y feliz, recuerda lo siguiente:

- **Un gran cambio requiere muchos pequeños cambios.** No existe un gran cambio que no precise muchos pequeños cambios. Piensa en ello: si tu gran cambio consiste en comer sano, probablemente tendrás que hacer varias cosas para establecer hábitos más sanos de alimentación. Tendrás que 1) reducir la ingesta de alimentos fritos, 2) reducir las porciones, 3) comer más verduras, etcétera.
- **Los extremos no funcionan.** Cuando intentamos efectuar un cambio importante en nuestras vidas, es normal que queramos pasar de todo a nada..., o al revés. Fijémonos en el caso de Bob. Bob nunca había hecho ejercicio, pero quería estar en forma. Para ello, decidió hacer ejercicio una hora cada día de la semana. Al cabo de varias semanas, Bob quedó agotado, perdió la motivación y dejó de practicar ejercicio. Abarcó demasiado en muy poco tiempo. Pero si Bob hubiera empezado con un régimen de ejercicios de dos sesiones de media hora a la semana y luego hubiese incrementado poco a poco el

número de sesiones y el tiempo de cada una de ellas, seguramente aún seguiría el programa y estaría en camino de efectuar un cambio duradero. Facilitar el cambio nos ayuda a sobrellevarlo mejor.

- **Los pequeños cambios alimentan nuestra necesidad de éxito.** Si nos disponemos a efectuar un gran cambio pero ignoramos cada pequeño paso que tomamos en el camino, nunca tendremos una sensación de logro. Pero si hacemos pequeños cambios y reconocemos que coronamos con éxito cada uno de ellos, entonces nos parece que vamos avanzando. Esto a la vez nos inspira y motiva para encadenar un pequeño cambio tras otro, hasta que al final aprendemos a dominar el gran cambio.

En el transcurso de las próximas 52 semanas, acuérdate de estos aspectos importantes para mantener una perspectiva realista del proceso y completar con éxito tu travesía hacia una vida más saludable y feliz.

1
El programa de los 52 pequeños cambios

El programa de los 52 pequeños cambios está pensado para llevar a cabo cambios pequeños pero significativos que a la larga conducirán a un gran cambio hacia un estilo de vida más saludable y feliz. La idea es sencilla: implementa un pequeño cambio a la semana durante 52 semanas, y al final del año te sentirás mejor y serás más feliz. Este libro está escrito con un doble objetivo:

1) Aunque el número de cambios puede ser infinito, los 52 cambios que presenta este libro son los que tendrán un mayor impacto en la creación de un estilo de vida más saludable y feliz.

2) Darte un año para crear este estilo de vida te permite ir integrando poco a poco los cambios importantes que perdurarán a largo plazo.

Cada uno de los cambios que se integran a lo largo de 52 semanas viene acompañado de una explicación sobre su importancia, así como una «hoja de ruta para el éxito» que te facilita consejos y recomendaciones para ayudarte a integrar el cambio. Al término de cada semana, habrás dominado uno de esos pequeños cambios, o al menos podrás controlarlo e incorporarlo a tu estilo de vida. Las próximas semanas traerán consigo nuevos cambios, al tiempo que sigues integrando los anteriores. Al término de ese año, habrás dominado los 52 cambios que darán como resultado una versión más sana y feliz de ti mismo. Aunque estos pequeños cambios requieren un poco de trabajo y esfuerzo, si te centras en uno cada semana podrás abarcarlos y, lo que es más importante, podrás establecerlos de forma permanente.

Algunos de estos cambios vienen acompañados de una sección titulada **Crédito extra**. Los consejos y recomendaciones de **Crédito extra** te ayudarán a aceptar los cambios que ya estás integrando en tu estilo de vida para llevarlos a un nivel de perfeccionamiento. Pero si el cambio es nuevo para ti, céntrate en los consejos de la sección **Hoja de ruta para el éxito**. Si al cabo del tiempo acabas dominando ese cambio, entonces lee y prueba la sección **Crédito extra.**

Por último, y con el fin de ayudarte en las próximas 52 semanas, he escrito la sección **Herramientas y recursos** de la **Tercera parte**. En ella encontrarás tablas y plantillas para ayudarte a hacer un seguimiento del programa.

El enfoque holístico

Un estilo de vida feliz y saludable requiere mucho más que seguir una dieta saludable o hacer ejercicio. Requiere abordar distintos aspectos de la vida. Pongamos como ejemplo el caso de Diane. Hace unos años, Diane sufría dolores de cabeza y migrañas provocados por la tensión, y a menudo se encerraba en una habitación a oscuras para aliviar el dolor. Su sistema inmunológico se había debilitado, razón por la cual solía estar resfriada y padecer sinusitis. También sentía pereza y no tenía ganas de hacer ninguna actividad. Buscaba desesperadamente una solución.

A simple vista, Diane parecía dar prioridad a su salud. Seguía una dieta sana, era una apasionada de la alimentación natural y sus familiares y amigos le hacían consultas sobre temas de salud. Diane estaba desconcertada y no entendía por qué se encontraba tan mal. Pero cuando me fijé detenidamente en su estilo de vida, me di cuenta de que era una madre primeriza, trabajaba a jornada completa y le quedaba muy poco tiempo para ella misma. Aunque Diane había abordado con éxito uno de los aspectos de la vida sana (su dieta), descuidaba otras cuestiones, como la gestión del estrés, la prevención de enfermedades y el ejercicio. Todo ello dio como resultado un desequilibrio en la vida de Diane, que al final desembocó en los problemas de salud que estaba atravesando en ese momento.

Afortunadamente, en su caso, esos problemas de salud fueron reversibles. Cuando la ayudamos a gestionar el estrés, encontrar tiempo de calidad para ella y hacer ejercicio, vimos que su salud mejoraba de manera espectacular. Esto nos indica que un estilo de vida saludable depende de muchos aspectos, no sólo de la dieta y el ejercicio.

Ventajas de un estilo de vida más saludable y feliz

Crear un estilo de vida más saludable y feliz te resultará muy gratificante. He aquí algunas de las ventajas más importantes que cabe esperar:

1. **Una vida más plena y gratificante.** Incrementarás tu nivel de energía, fuerza y estabilidad mental, lo cual te permitirá disfrutar plenamente de la vida, rendir mejor, y sentirte a gusto en todos los ámbitos de la vida.
2. **Mejoran las perspectivas.** Tendrás una perspectiva de la vida más feliz y positiva, lo cual se hará extensivo a tus relaciones personales, tu trabajo y a otros ámbitos de tu vida.
3. **Envejecimiento digno.** Seguir un estilo de vida sano significa tomar decisiones saludables, mantenerse activo y sentirse con energía sea cual sea tu edad. Por eso te sentirás y parecerás más joven durante más tiempo.
4. **Autoestima.** Cuidar de ti mismo te permite sentirte bien física y mentalmente. Esto refuerza directamente tu autoestima y la confianza en ti mismo.

5. **Prevención natural.** Si ahora adoptas un enfoque proactivo siguiendo un estilo de vida saludable, evitarás tener que tomar cartas en el asunto en un futuro. Si das prioridad a tu salud, evitarás la diabetes, el cáncer y las enfermedades coronarias; ralentizarás el proceso de envejecimiento y tu mente se mantendrá alerta.

6. **Mayor control de tu vida.** Cuando la vida te da limones, estarás más preparado física y mentalmente para hacer limonada. Te sentirás menos abrumado cuando tengas que afrontar los desafíos impredecibles de la vida y podrás asumirlos de un modo más productivo y eficaz.

7. **Mayor conciencia.** A lo largo de este proceso, serás mucho más consciente de las decisiones que tomas. Una mayor conciencia te permite escuchar a tu mente y cuerpo y saber qué les conviene para alcanzar su máximo bienestar.

El programa de 52 pequeños cambios enfoca la salud y la felicidad desde un punto de vista holístico. A lo largo de las próximas 52 semanas, abordarás muchos aspectos relacionados con la dieta y la nutrición, el ejercicio físico y la prevención, el bienestar mental y la vida natural. Todo ello es de vital importancia para mantener un estilo de vida saludable.

Al inicio de cada semana, verás un icono que indica el tipo de cambio que abordamos. Los cambios siguen un orden para evitar ocuparse del mismo tema dos semanas consecutivas. Esto te ayudará a conservar tu motivación e interés, dispondrás de más tiempo para ocuparte de aspectos más difíciles y te permitirá hacer un avance holístico hacia un estilo de vida más feliz y saludable. Éstos son los iconos:

Dieta y nutrición

Ejercicio y prevención

Bienestar mental

Vida sana

Al término de cada semana, encontrarás una **Tabla semanal de cambios** que te ofrece un listado de todos los cambios efectuados en las semanas anteriores para asegurar que sigues integrando esos cambios a tu estilo de vida.

La vida después de 52 semanas

Cuando ya hayas terminado el programa de 52 semanas, te sentirás más sano y feliz que en el día de hoy. Tendrás más energía, conocerás mejor lo que necesitas para conservar tu salud y, lo que es aún más importante, sabrás vivir de un modo saludable.

Sin embargo, preservar esos 52 cambios no siempre será fácil y podrás hallar obstáculos en el camino. Habrá momentos en los que la vida te planteará desafíos o tu horario planteará dificultades. Pero ésta es la realidad de la vida. No permitas que los deslices te hagan creer que has fallado. A veces la existencia nos llama a hacer sacrificios. Y cuando se producen estos momentos poco saludables, recuerda que mañana amanecerá un nuevo día y que esos momentos son sólo pasajeros. Procura que duren lo menos posible y aborda cada día con una nueva motivación y perspectiva.

Consulta con frecuencia la información contenida en *52 pequeños cambios*, ya que siempre te proporcionará una base para vivir con salud y felicidad. También puedes hacer de los *52 pequeños cambios* un proyecto que se renueve año tras año. Aquí no hay truco; un enfoque claro y sencillo te ayudará a conservar tu salud y felicidad a largo plazo.

Sigue tu camino

Aunque he diseñado el programa de *52 pequeños cambios* para que dure un año y siga una progresión ascendente, en última instancia se trata de emprender un viaje personal. Utiliza este libro como creas oportuno. Recomiendo encarecidamente que dediques una semana a integrar un cambio antes de pasar a otro nuevo, pero si uno de esos cambios te resulta sencillo o ya forma parte de tu vida, tómate la libertad de seguir adelante con otro cambio. Además, si no quieres seguir las secuencias que te propongo, también puedes hacerlo a tu manera. No obstante, debo hacer hincapié en un par de cuestiones: 1) tómate tu tiempo de manera que los cambios sean duraderos, y 2) no importa cuál sea tu marco temporal: asegúrate de incorporar todos los 52 cambios en tu vida, ya que están pensados para funcionar como un todo.

2
Los cimientos del éxito

Antes de embarcarte en el programa de 52 pequeños cambios, me gustaría que dedicaras unos instantes a reflexionar sobre el momento en el que te encuentras. Esto te proporcionará los cimientos sobre los que construir en las próximas 52 semanas. Para ayudarte en esta tarea, puedes completar el cuestionario *online* de SheerBalance.com en www.sheerbalance. com/52-small-changes-assessment. Al igual que el Programa de 52 pequeños cambios, este cuestionario adopta un punto de vista holístico sobre tu salud, y aborda aspectos de dieta y nutrición, ejercicio y prevención, bienestar mental y vida sana. Al final de este cuestionario, recibirás un resumen de tu situación actual en lo tocante a estas áreas para tener un punto de partida desde el que iniciar el programa.

Es importante mencionar que este cuestionario se basa en aspectos que puedes controlar, y no en los que no controlas. Es decir, no te hace preguntas sobre cuestiones genéticas ni tu historial médico, sino que sólo aspira a conocer tus elecciones sobre estilo de vida.

Asegurar el éxito

Saber gestionar tus expectativas durante las próximas 52 semanas te mostrará el camino hacia el éxito. Mantener una actitud positiva y unas expectativas realistas sobre ti mismo y el proceso que has iniciado te ayudará a permanecer inspirado y disfrutar de tus próximas 52 semanas de cambio.

1) **Acéptalo como un estilo de vida.** El programa de 52 pequeños cambios no es una dieta, no es un programa de ejercicios físicos y no es en

absoluto un programa de recuperación de la salud de efectos inmediatos. Se trata, simple y llanamente, de un estilo de vida, una nueva forma de vida. Entender que seguir un estilo de vida saludable requiere un enfoque holístico —que acoges por completo y que respetas, nutres y cultivas— es fundamental para llevarlo a cabo con éxito.

2) **Entender que se trata de un proceso.** Tal como hemos comentado anteriormente, este programa consta a propósito de 52 semanas y está pensado para ayudarte a efectuar un cambio duradero. Como resultado de ello, tómatelo como un proceso, o, mejor dicho, como un viaje. Aceptar que tu viaje requerirá algo de tiempo y paciencia te permitirá disfrutar a fondo de este proceso.

Lo que este libro no aborda

Aunque vas a aprender consejos verdaderamente útiles y a efectuar cambios importantes en las próximas 52 semanas, hay algunos temas que no tocaremos.

1. **Alcohol.** Aunque beber alcohol con moderación puede resultar beneficioso para la salud porque reduce el riesgo de padecer enfermedades coronarias, el consumo excesivo de alcohol puede ser perjudicial para tu salud. Beber en exceso provoca disfunciones hepáticas, pérdida de memoria y problemas de aprendizaje; deficiencias vitamínicas y minerales; osteoporosis; disfunciones pancreáticas y alteración de los patrones de sueño. Se recomienda que las mujeres no consuman más de una bebida alcohólica al día, y que los hombres no consuman más de dos.

2. **Tabaco.** Fumar es sumamente perjudicial para tu salud. Está demostrado que fumar puede provocar cáncer de pulmón, enfermedades coronarias y enfisema. Además, puede causar alteraciones cutáneas y favorecer el envejecimiento prematuro. Si fumas, recomendamos que te acojas a un programa para dejar de fumar lo antes posible.

3. **Drogas y fármacos.** Por lo general, conviene restringir cualquier dependencia a un fármaco y evitar el consumo de drogas recreativas. Los narcóticos, los fármacos vendidos sin receta y las drogas ilegales tienen la capacidad de cambiar nuestro metabolismo, y si tu cuerpo no los necesita, pueden causar daños en el cerebro, el corazón y otros órganos de vital importancia.

Si bebes en exceso, fumas o tomas drogas, te recomiendo encarecidamente que abandones estos hábitos. Si crees que la adicción al alcohol o las drogas es un problema, deberías recurrir de inmediato a la ayuda profesional para abandonar estos hábitos.

3) **Sé realista.** Alberga expectativas realistas sobre ti mismo y el programa. No ejerzas demasiada presión sobre ti. Cada persona es distinta, y por eso algunos cambios pueden resultarte más fáciles que otros, del mismo modo que unos te parecerán más agradables que otros. No dejes que esta circunstancia te desanime. Dedica un tiempo para acostumbrarte a cada cambio, de este modo el éxito de cada semana te inspirará para abordar la siguiente.

4) **Deja a un lado la negatividad.** Descarta cualquier pensamiento o palabra que sea negativa. Acoge una perspectiva positiva y piensa en

todo lo bueno que cosecharás como resultado de este programa. Céntrate en los resultados con frases como «Me siento muy bien», «Estoy previniendo enfermedades», «Me siento más conectado con mi familia y amigos» y «Me siento menos estresado», en vez de centrarte en lo que tienes que abandonar o sacrificar.

5) **Conviértelo en una elección.** Tu camino hacia la salud y la felicidad es una elección. Algo en tu interior te ha llevado a quererlo. Borra de tu mente cualquier frase que indique obligación: «Tengo que hacerlo», «Debería hacerlo» y «Se espera de mí que...» Sustituye estas frases por un «Porque lo quiero hacer».

6) **Comprométete con el cambio, pero también perdónate.** Con sólo leer *52 pequeños cambios* no vas a mejorar tu estado de salud. Pero si actúas al respecto sí ganarás salud. Comprométete con el cambio y asume que controlas tus acciones, tus logros y, en última instancia, tu salud. Pero al mismo tiempo debes perdonarte si resbalas en el camino o das un paso atrás. Debes comprender que a veces la vida te lo pone difícil para seguir en el buen camino, y que tendrás días mejores, así como otros menos saludables. Trátate bien a lo largo de este proceso.

7) **Ten en cuenta que todo esto no es nada del otro mundo.** Aunque la vida sana puede parecer muy complicada y exigente, no lo es. Seguir un estilo de vida saludable puede ser muy sencillo, y cuando entiendes este proceso, verás que se basa en el sentido común. Es posible que ahora no lo veas así, pero una vez terminado el programa de 52 pequeños cambios, sabrás conducirte por la vida con salud y bienestar.

Ahora que ya entiendes el momento en el que te encuentras y lo que costará completar con éxito tu viaje de 52 semanas, ¡empecemos!

Segunda parte
52 semanas de cambios

Semana 1
¡Bebe agua!

«El agua es la fuerza motriz de la naturaleza.»
Leonardo da Vinci

Aunque el agua no es la fuente principal de vitaminas o minerales, constituye una parte importante de tu dieta y de tu estado general de salud. Entre un 60 y un 70 por ciento de tu masa corporal se compone de agua, y el suministro diario de agua es de vital importancia para un correcto funcionamiento del organismo. El agua ayuda a transportar los nutrientes a las células y es importante para la digestión. Proporciona un entorno húmedo para los tejidos de las orejas, nariz y garganta, al tiempo que lubrica las articulaciones y protege los órganos vitales y los tejidos. Una hidratación adecuada te ayuda a expulsar toxinas de tu organismo, mantiene la sangre limpia y la piel tersa y tonificada. También te permite refrigerarte cuando pasas sofocos (especialmente cuando haces ejercicio).

El cambio

Bebe una cantidad suficiente de agua a diario para mantener un nivel saludable de hidratación.

Hoja de ruta para el éxito

Por lo general, cualquier líquido que incluya leche, zumo y las bebidas deportivas puede hidratar. Sin embargo, el agua es con diferencia la mejor opción: no aporta calorías y se absorbe rápidamente. Los estudios demuestran que favorece la prevención de enfermedades. Por estas razones, es recomendable que procures incrementar tu consumo diario de agua.

1. **Valora tus necesidades.** La cantidad de agua necesaria varía de una persona a otra. Entre los factores que inciden en tus requisitos personales están la temperatura y la humedad de la zona en la que vives, cuánto ejercicio y actividad física realizas durante el día, tu estado de salud general, y, en el caso de las mujeres, si estás embarazada o amamantando. Aunque existen distintos métodos comunes para evaluar cuánta agua se debe beber al día, yo me decanto por seguir el baremo del peso corporal.

    Bebe la cantidad de agua en decilitros que equivalga a tu peso en kilos dividido entre dos. Por ejemplo, si pesas 68 kilos, tendrías que beber unos 22 decilitros de agua al día. Utilízalo como baremo. Añade varios decilitros al día si te encuentras en alguna de estas situaciones:
    - **Ejercicio.** Bebe unos 3 decilitros extras de agua por cada 20 minutos de ejercicio.
    - **Alcohol.** Por cada bebida alcohólica, consume una cantidad equivalente de agua.
    - **Viaje.** Por cada hora de vuelo, bebe unos 3 decilitros adicionales de agua.
    - **Clima.** Si vives en un clima seco, bebe unos 6 decilitros más de agua.
    - **Amamantamiento.** Bebe unos 3 decilitros adicionales de agua antes de amamantar.
    - **Embarazo.** Bebe 3 decilitros adicionales de agua.

Por lo general, una buena regla de oro es beber suficiente agua de modo que 1) no pases sed, y 2) tu orina sea clara y no huela demasiado.

2. **A lo largo del día.** La mejor manera de tomar la dosis diaria de agua es hacerlo a lo largo del día. Bebe unos 3 decilitros de agua cada hora desde que te levantas por la mañana.
3. **Antes de cada comida y tentempié.** Bebe un vaso de agua antes de cada comida y tentempié. Esto no sólo te ayudará a beber la cantidad necesaria de agua al día, sino que también te saciará y evitará que comas en exceso.

Agua de sabores y otras bebidas

Productos como las aguas vitaminadas y otras aguas con sabores suelen contener ingredientes poco naturales, conservantes, azúcar y un exceso de calorías que no necesitas. Además, las bebidas de este tipo contienen sustancias químicas que suelen ser tema de controversia. Aunque el zumo cien por cien natural proporciona vitaminas y minerales, suele tener un alto contenido en calorías y azúcar. Por eso es muy recomendable hidratarte con agua mineral, sifón o agua mineral con gas.

4. **Bebe de una botella de agua que no sea de plástico.** En vez de beber de un vaso de cristal, compra una botella de agua que no sea de plástico o bien una de acero inoxidable. Llévatela contigo durante el día y llénala cuando se vacíe. Si lo haces siempre así te acordarás de beber agua, la tendrás a mano y es más barato que comprar botellas de agua.

5. **Recordatorios.** Cuando se empieza el programa, es importante establecer un sistema de recordatorios. Si dependes mucho de la tecnología, y eres usuario de un teléfono inteligente, un iPhone, o un calendario Outlook, puedes crear un aviso para acordarte de beber agua cada hora. Cuando te acostumbres a hidratarte con regularidad, seguramente ya no necesitarás ningún aviso. Pero al principio te ayudará a seguir por el buen camino y evitarás los olvidos.

6. **Elige lo auténtico.** Tal como ya he mencionado, es preferible beber agua. Pero si no te apetece, prueba las siguientes alternativas:
   - Consume bebidas descafeinadas y sin azúcar, como infusiones de hierbas o agua con gas.
   - Añade un chorrito de limón o exprime una lima para añadir sabor a tu agua con o sin gas.
   - Prepara una infusión de frutas o verduras. Algunas de las mejores opciones son las frambuesas, las naranjas, el melón, el limón o la lima. Para una infusión de verduras, prueba con los pepinos. Trocea las piezas de fruta o verdura y colócalas en un jarrón lleno de agua. Déjalo macerar durante un par de horas para que la fruta o la verdura se mezclen con el agua.

¿Sabías qué…?

Nuestros cuerpos dependen más del agua que de la comida.
Según las circunstancias, la temperatura y el esfuerzo físico, una
persona puede vivir entre cuatro y seis semanas sin alimento,
pero ¡sólo puede sobrevivir entre tres y cinco días sin agua!

Crédito extra

¿Ya te has hidratado? Ahora filtra el agua. Instala un filtro de agua en los grifos de tu casa. Esto favorece la eliminación de contaminantes que pueden hallarse en el suministro de agua (desde agentes industriales o agrícolas hasta sedimentos de metales pesados e incluso trazas de productos farmacéuticos). Cuando estés fuera de casa, llévate una botella de agua con filtro. Algunas de las mejores marcas del mercado son Clear2Go, Water Bobble, Canteen y Watergeeks.

Lista de control del cambio semanal	
	• Hidratarte con agua

Semana 2
A dormir

«Dormir es la mejor meditación.»
Dalái Lama

Los beneficios para la salud que se derivan de dormir bien son indiscutibles. Dormir suficiente nos ayuda a fortalecer y nutrir el sistema inmunológico, realza la función cognitiva, consolida los recuerdos, mantiene a raya las hormonas y nos hace sentir bien y tener buen aspecto.

Cuando no dormimos lo suficiente, pueden surgir problemas de salud, tanto a nivel físico como mental. A corto plazo, podemos experimentar irritabilidad y cambios en el estado de ánimo, dificultades para concentrarnos, cansancio y dolor de cabeza. Pero los efectos a corto plazo de la escasez de sueño nos pueden ralentizar el metabolismo, lo cual puede provocar un aumento de peso o diabetes, un incremento de la presión sanguínea e irregularidades en el ritmo cardíaco, pérdida de memoria, depresión, y una mayor predisposición a sufrir problemas de salud.

El cambio

Dormir entre siete y ocho horas de un sueño reparador.

> **¿Sabías qué...?**
> El vertido del petrolero *Exxon Valdez* de 1989 en Alaska, el desastre del trasbordador espacial *Challenger* y el accidente nuclear de Chernóbil fueron atribuidos a errores humanos achacables a la falta de sueño.

Hoja de ruta para el éxito

Los estudios demuestran que dormir entre siete y ocho horas al día es muy beneficioso para nuestra salud y bienestar. Si otorgas prioridad a dormir bien cada noche, notarás la diferencia. He aquí algunas pistas que te ayudarán a cerrar los ojos cuando corresponda:

1. **Optimiza tu entorno.** Si tu entorno no favorece el sueño, es posible que te despiertes con facilidad en mitad de la noche, alterando así las pautas del sueño y el REM, una fase importante del sueño. Para crear un entorno que favorezca un buen descanso, ten en cuenta lo siguiente:
   - **Iluminación.** Las luces brillantes del exterior o las luces de tu dormitorio pueden mantenerte despierto. Procura que tu habitación esté a oscuras para favorecer el sueño. Atenúa la iluminación de los despertadores o los puntos de luz en pasillos y baños. Utiliza persianas o cortinas para no dejar pasar la luz no deseada del exterior.
   - **Ruido.** Asegúrate de no tener que soportar ruidos en tu dormitorio. Si está situado en una parte de tu casa en la que el ruido es inevitable, compra un aparato reproductor de ruido blanco para enmascarar el del entorno.

- **Sábanas y ropa de cama.** Utiliza ropa de calidad para ti y tu cama; es mejor que no sea demasiado holgada ni apretada de modo que impida dormir cómodamente.

- **Temperatura ambiente.** Dormir con demasiado frío o calor puede alterar las pautas de sueño REM. Además, durante el sueño perdemos parte de nuestra capacidad para regular la temperatura corporal. Por eso es importante mantener una temperatura ambiente estable.

- **Humedad.** Las temperaturas extremas pueden alterar nuestro patrón del sueño, al igual que la humedad o la sequedad extremas. Si tu habitación es extremadamente seca, recurre a un humificador para humedecer el aire. Si, por el contrario, tu dormitorio es muy húmedo, compra un deshumidificador para que absorba la humedad extrema.

2. **Respeta tu horario de sueño.** Los patrones de sueño profundo dependen de un horario que es predecible y repetitivo. Acuéstate y levántate a la misma hora cada día para mantener tu reloj biológico y tus ritmos circadianos (los ritmos presentes en las pautas de sueño y de alimentación en los seres humanos) a raya. Si en la actualidad duermes menos del mínimo de siete horas, procura acostarte antes para llegar a las siete horas. Poco a poco ve modificando el horario cada noche acostándote quince minutos antes que la noche anterior hasta llegar a las siete u ocho horas de sueño.

3. **Planifica tu horario de ejercicio.** Si haces ejercicio poco antes de acostarte, tendrás dificultades para quedarte dormido. Lo idóneo es hacer ejercicio por la mañana o por la tarde. Si haces ejercicio después del trabajo, hazlo a diario de modo que tu cuerpo tenga tiempo para relajarse y prepararse para dormir.

4. **Crea tu ritual del sueño.** Con el fin de preparar a tu cuerpo y mente para dormir, establece tu propio ritual de relajación. Algunas ideas:

- Bebe una infusión descafeinada. El Té Bedtime de Yogi Tea es especialmente sabroso.
- Báñate con aceite de lavanda para relajar los nervios y la mente.
- Escucha música tranquila y relajante.
- Atenúa las luces antes de acostarte. Este gesto indica al cerebro que se acerca el momento de ir a dormir.
- Apunta tus pensamientos y tus actividades para el día siguiente. Haz una lista de todo lo que quieres abordar de modo que tu mente se relaje.

5. **Evita los inhibidores del sueño.** Evita las sustancias que estimulan el cerebro, como el azúcar y la cafeína. Estas sustancias no favorecen el sueño o provocan que te despiertes en mitad de la noche. Aunque cada persona es distinta, una buena recomendación es evitar los estimulantes después de las dos y media de la tarde. Sin embargo, conviene supervisar tus respuestas a estas sustancias para ver de qué modo inciden en ti y en tus pautas del sueño. Recuerda que el azúcar y la cafeína adoptan muchas formas, incluso se encuentran en los postres y el chocolate.

6. **Restringe el consumo de alcohol.** Aunque el alcohol puede favorecer la relajación y ayudarte a llegar al séptimo cielo, también puede alterar los patrones del sueño e impedirte que duermas a pierna suelta. El alcohol tiende a aligerar la profundidad del sueño y podrías despertarte durante la noche. Ello incide en el REM y en estados más profundos y reparadores de sueño.

7. **Fumar.** Aunque fumar es perjudicial para tu salud en general, también lo es para los patrones del sueño. Fumar mucho impide que duermas a pierna suelta, y esto a la vez reduce la duración del sueño REM. Además, los fumadores tienden a despertarse entre tres o cuatro horas antes de tiempo porque el cuerpo necesita su dosis de nicotina.

> ***¿Sabías que...?***
> El récord de privación prolongada del sueño es de 18 días, 21 horas y 40 minutos. Este récord se alcanzó durante una maratón de resistencia con mecedoras. La persona que ostenta este récord dijo haber sufrido alucinaciones, paranoia, visión borrosa, tartamudeo y pérdida de memoria y concentración.

8. **Comida.** Es mejor terminar de cenar al menos dos horas antes de acostarse, y que no sea más tarde de las nueve de la noche. De lo contrario se corre el peligro de no poder conciliar el sueño porque el tracto digestivo está activo. Asegúrate de que tu cena es equilibrada y se compone de carbohidratos complejos y proteínas sin grasa, y que no contiene un aporte elevado en grasas o carbohidratos simples (azúcares y alimentos elaborados con harina refinada). Por último, evita ingerir alimentos que provoquen algún tipo de incomodidad, reflujo ácido, o gases, ya que te mantendrán despierto.

9. **Líquidos.** A menos que quieras ir al lavabo varias veces durante la noche, conviene no beber en exceso (ni siquiera agua) entre dos o tres horas antes de acostarse. Asegúrate de beber la mayor parte del líquido durante el día.

Lista de control del cambio semanal	
	• Hidratarse con agua
	• Dormir entre 7 y 8 horas al día

Semana 3
Aléjate del sillón

«Una mente activa no puede existir en un cuerpo inactivo.»
General George S. Patton

Hace años, los humanos eran una especie activa. Cazaban, recolectaban, caminaban y corrían. La actividad formaba parte de su rutina diaria. Sin embargo, con el paso del tiempo los humanos fueron creando tecnologías que disminuyeron la necesidad de este nivel de actividad, y como resultado de ello nos hemos convertido en una especie más sedentaria.

En su libro *Las zonas azules,* Dan Buettner nos habla de cómo las personas más longevas viven en entornos que les obligan a estar en constante movimiento sin que se den cuenta de ello. Estas personas permanecen activas todo el día: caminan hasta el supermercado, cultivan el jardín, suben escaleras, etcétera.

Permanecer activo reporta otros muchos beneficios aparte de prolongar la vida; también mejora espectacularmente la calidad de tu vida. Hacer ejercicio con regularidad te ayuda a reducir el riesgo de diabetes de tipo 2 y el síndrome metabólico, que pueden desencadenar las enfermedades cardiovasculares. También puede reducir el riesgo de padecer ciertos cánceres, fortalece los huesos y los músculos, y mejora tu estado de ánimo general. Por último, evita las lesiones cuando eres mayor.

En definitiva, integrar una rutina de ejercicios a tu día a día obra milagros en tu estado de salud general y además te ayuda a conservarte joven.

El cambio

Aparte del ejercicio, integra una rutina de ejercicios a tu estilo de vida.

Hoja de ruta para el éxito

Tu cuerpo está diseñado para permanecer activo, y cuanto más lo está, más fácil le resulta esa actividad. Este cambio no consiste en ir al gimnasio una hora cinco días a la semana ni en correr cuatro kilómetros al día, sino en decantarse por el movimiento y olvidarse de la vida sedentaria.

Con el fin de incorporar este cambio, tienes que aprovechar todas las actividades de movimiento que se te presenten. Las elecciones más sencillas pueden marcar la diferencia.

1. **Caminar.** Caminar es una de las formas más sencillas y beneficiosas de aportar actividad a tu vida. Además, sumar unos cuantos escalones aquí y allí puede representar un recorrido de uno o más kilómetros. Opta por caminar en las siguientes circunstancias:
    *   **Ir caminando al trabajo.** Si vives en una ciudad, evita el transporte público y ve andando al trabajo. Si tu oficina está muy lejos, apéate una parada antes del tren o autobús para caminar unos quince minutos hasta llegar a tu destino.
    *   **Pasear al perro.** Los perros tienen que salir al menos dos veces al día. Si eres de los que deja suelto al perro, procura caminar con él. Si te gustan los animales pero no tienes ninguno, piensa en

hacerte con un perro para obligarte a salir. Las razas más activas son los perros pastores escoceses y los labradores.

- **Hacer recados.** Ve andando o en bicicleta a tu supermercado local, en vez de ir en coche. No sólo incrementas tu nivel de actividad yendo y viniendo, sino que también haces ejercicio al cargar con las bolsas.

- **Aparcar.** Aunque aparcar cerca de la entrada de un edificio puede parecer cómodo, haz un esfuerzo por aparcar más lejos. Estos tramos adicionales durante el día pueden sumar una distancia considerable.

- **Empezar o acabar el día.** Da un paseo antes del desayuno y/o después de la cena. Aunque sólo puedas encontrar diez minutos para ello, es mejor que nada. Caminar después de la cena es especialmente beneficioso porque favorece la digestión y reduce los efectos de irse a dormir con el estómago lleno.

2. **Almuerzo activo.** En vez de comer en tu escritorio o de salir con amigos a un restaurante, activa tu hora del almuerzo. Sal a pasear con un colega para compartir ideas. Haz recados, o sal de compras.

3. **En el trabajo.** Si te pasas todo el día sentado, levántate de tu escritorio cada hora para hacer estiramientos. Ve al despacho de un compañero en vez de llamarlo por teléfono. En lugar de ir al lavabo o a la cafetería de tu planta, hazlo en otra distinta.

4. **Televisión activa.** Ver la televisión es una de las opciones menos activas posibles, y además favorece un estilo de vida sedentario. No es necesario que dejes de ver la televisión, pero puedes hacer que ese tiempo invertido sea más activo.

- **Colada.** Cambia la colada de la lavadora a la secadora durante los anuncios, y levántate para doblar la ropa mientras miras tu programa preferido.

- **Limpieza.** Aunque no podrás pasar el aspirador debido al ruido, el tiempo invertido en ver la televisión es perfecto para quitar el polvo, ordenar, limpiar la sala de estar y otros espacios cercanos.

¿Sabías que...?

Según la Organización Mundial de la Salud, el estilo de vida sedentario es una de las causas principales de muerte, enfermedad y discapacidad. Cerca de dos millones de muertes al año se atribuyen a la falta de actividad física.

- **Cardio.** Si puedes pagarte una máquina de ejercicios cardiovasculares, compra una con la que puedas hacer ejercicios mientras ves la televisión. Las cintas de correr pueden hacer ruido, así que es mejor optar por otras máquinas más silenciosas, como una bicicleta estática o distintos tipos de *steppers*.
- **Ejercicios en el suelo.** Si no quieres invertir tiempo ni dinero en equipamiento cardiovascular, puedes hacer ejercicios de fortalecimiento en el suelo. Los abdominales, las flexiones y otros ejercicios de suelo son compatibles con ver la televisión.

5. **Sube las escaleras.** Por muy tentadoras que sean las escaleras mecánicas o el ascensor, opta por subir las escaleras hasta siete pisos de subida y nueve de bajada. Si son más de siete pisos, entonces recorre una parte en ascensor y el resto a pie.

6. **Autoempléate.** En vez de contratar a terceros para que realicen tareas domésticas, hazlas tú mismo. Limpia tu casa. Lava el coche. Ocúpate del jardín. Construye un cobertizo. Hacer este tipo de trabajos te mantiene activo.

7. **De pie.** Permanece de pie siempre que puedas. Por ejemplo cuando hables por teléfono, cuando veas la tele, cuando trabajes con el ordenador, cuando esperes a un amigo, o cuando viajes en autobús.

8. **Diviértete.** Una forma excelente de permanecer activo es disfrutar de actividades físicas que no parezcan ejercicio físico. Patina sobre hielo en invierno. Camina por la playa en verano. Observa a los pájaros en primavera. Disfruta de una o dos actividades de recreo a la semana para incrementar tu nivel de actividad general. Cuando tengas la oportunidad de pasar tiempo con otras personas, haz lo mismo. Deja el cine y el teatro y ve de excursión. Haz turismo caminando. Da un paseo por la playa en vez de tomar el sol. Apúntate a lecciones de baile con tu pareja.

9. **Desconecta.** La tecnología es el origen de muchos de nuestros hábitos sedentarios. Por ejemplo, nuestro mando a distancia nos evita desplazarnos para cambiar de canal. Las máquinas quitanieves evitan que retiremos la nieve con una pala. Siempre que sea posible, elige la versión manual de algunas tareas.

En definitiva, casi todas las actividades que realizamos hoy en día pueden hacerse activa o sedentariamente. Si puedes elegir, opta por el movimiento. Te sentirás mucho mejor.

¿Sabías qué...?

Subir escaleras durante 2 minutos varias veces al día puede hacer descender el nivel global de colesterol e incrementar el colesterol «bueno». Los estudios demuestran que las personas que suben 55 tramos de escalera a la semana tienen un riesgo menor de sufrir problemas coronarios. Subir dos tramos de escaleras al día puede llevarte a perder hasta 3 kilos al año.

Crédito extra

¿Ya eres una persona activa? Pasa al siguiente nivel con un podómetro y el desafío de dar diez mil pasos. Ya hace años que las autoridades sanitarias recomiendan caminar diez mil pasos al día para asegurar un nivel diario suficiente de actividad. Cuenta los pasos que das en un día normal y corriente. ¡Procura ir sumando pasos!

Lista de control del cambio semanal	
	• Hidratarse con agua
	• Dormir entre 7 y 8 horas al día
	• Practicar actividad física a diario

Semana 4
Lleva un diario de lo que comes

«Dime lo que comes, y te diré quién eres.»
Anthelme Brillat-Savarin

Muchas personas tienden a creer que sus hábitos alimentarios son más saludables de lo que son en realidad. En primer lugar, es posible que tengan una idea equivocada de lo que significa comer sano. En segundo lugar, forma parte de la naturaleza humana recordar las decisiones o los momentos saludables, como dejar de comer un donut o dejar la mitad de un plato copioso, mientras que solemos olvidar nuestras opciones menos saludables. Pero llevar un diario de lo que comemos nos ayuda a no cometer este tipo de errores, tomar decisiones saludables y seguir una dieta sana.

Documentar lo que ingieres a diario te hace responsable de las decisiones que tomas. El sencillo gesto de supervisar tu ingesta de alimentos es un recordatorio constante de que has elegido prestar atención a tu salud y bienestar. Documentar tus patrones de comida también te permite analizar tus sentimientos y emociones relativos a tus hábitos alimentarios. Entenderás mejor por qué eliges ciertos alimentos por razones emocionales, y detectarás patrones cuando tiendas a excederte o comer más de la cuenta. Si estás intentando hacer cambios saludables en tu dieta, un diario alimentario te permitirá seguir tus avances a lo largo del tiempo.

Este diario también te hace más consciente del valor nutritivo de tus ingestas. Empezarás a comprender de dónde proceden tus calorías y el equilibrio nutricional de tus comidas y tentempiés. Este conocimiento facilitará los cambios que efectúes en tu dieta según sea necesario.

Además, el diario te ayuda a documentar con precisión todo lo que comes, reduciendo así el riesgo de caer en la memoria selectiva o la subjetividad. Puedes apuntar incluso la ingesta de media galleta de chocolate, y eso significa que no queda espacio para la confusión. Si lo apuntas todo, te lo pensarás dos veces antes de consumir alimentos poco saludables.

Aunque existen numerosas normas generales que pueden aplicarse a cualquier dieta (siempre que el aporte de fibra sea suficiente), hay necesidades específicas que varían de una persona a otra (como las alergias o las intolerancias a algunos alimentos). Apuntar todo lo que comas te ayuda a discernir el modo en que tu cuerpo reacciona a ciertos alimentos, y te proporciona información sobre lo que altera a tu estómago, lo que te produce cansancio, hinchazón de estómago, etcétera. Esta información puede ayudarte a ser más selectivo en tu enfoque sobre la alimentación sana, y de este modo podrás valorar mejor lo que tu cuerpo quiere y necesita.

El cambio

Lleva un diario de lo que comes, y apunta todo lo que comas y bebas cotidianamente.

Hoja de ruta para el éxito

Al principio, llevar un diario de lo que comes puede resultar pesado, pero cuando te acostumbras a ello verás que es de lo más fácil.

Lo que debes anotar en el diario

1. **Comida y bebida.** Apunta las cantidades que ingieres y bebes, desde una naranja a una galleta o un vaso de agua. Esto te permitirá identificar los alimentos que te resultan más gratificantes en relación con tus niveles de apetito y desencadenantes emocionales. También podrás determinar si tus comidas y aperitivos son equilibrados. Incluye también el tamaño de tus porciones y las calorías que consumes. Muchas personas tienden a infravalorar el tamaño de sus porciones, y conviene medirlas con tazas, cucharas o balanzas para dejar constancia de las cantidades que consumes, especialmente al principio. Por último, no te olvides de los días en que comes de más, ya que esta información es igual de importante que la de tus días de conducta saludable.

2. **Apetito.** Puntúa tu apetito en una escala entre el 0 y el 5: el 0 representa «hambre extrema» y 5 sería «sentirse muy lleno». Evita en todo lo posible pasar hambre de modo que no llegues a registrar un 0, y tampoco te llenes en exceso hasta puntuar un 5. Deberías oscilar entre el 1 y el 4.

3. **Estado físico y emocional.** Conectar con el cómo, el porqué, el qué y el cuándo de tu consumo alimentario favorece el equilibrio, las decisiones y la aceptación de tus elecciones. Lleva un registro de cómo te sientes a nivel físico y mental antes, durante y después de tus comidas y tentempiés. Cuando tienes hambre y mientras comes, presta atención a tu estado físico y emocional. ¿Qué estabas haciendo cuando empezaste a sentir apetito? ¿Estabas pensando en algo concreto? ¿Te sentías abrumado por algo? ¿Deprimido? ¿Feliz? ¿Relajado? ¿Aburrido? Apunta tus sentimientos para entender los desencadenantes de tu apetito. ¿Tienes hambre de verdad? ¿Recurres a la comida para

llenar un vacío? ¿Recurres automáticamente a la comida cuando quieres celebrar algo? Apunta estas emociones de modo que aprendas a distinguir entre el hambre de verdad y el hambre emocional.

Cómo debes llevar el diario

El formato de tu diario es una cuestión de preferencias personales. Básicamente conviene elegir una plataforma que te resulte fácil de usar. Recomiendo encarecidamente que lleves parte de tu diario de lo que comes en formato digital. Un par de páginas web que merece la pena probar son Fitday.com y MyFoodDiary.com. También existen un montón de aplicaciones para iPhone y otros teléfonos inteligentes que puedes bajar para hacer un seguimiento apropiado de tus ingestas durante el día. La mayoría de estas herramientas son fantásticas para recabar datos cuantitativos, como la descomposición de nutrientes como la grasa, los carbohidratos y la proteína, así como tu aporte calórico. Pero para hacer un seguimiento de datos más cualitativos como las emociones y sentimientos, tal vez sea más sencillo tomar apuntes en un cuaderno. Utiliza el **Modelo de diario de lo que comes** que se incluye en la **Tercera parte. Herramientas y recursos** para ayudarte a estructurar tu diario para que puedas anotar la información necesaria.

Falsas alarmas de apetito

A menudo pensamos que tenemos hambre cuando no es así. Según la dietista y experta en salud y bienestar Brooke Joanna Benlifer, las razones principales que nos inducen a tener una sensación de apetito son las siguientes:

1. **Falta de equilibrio de nutrientes.** Si has comido una gran cantidad de carbohidratos y poca fibra, proteína o grasa sa-

ludable —nutrientes que favorecen la saciedad—, puedes registrar un descenso de azúcar en la sangre. En este caso, toma un tentempié sano, como una pieza de fruta o un cuarto de taza de frutos secos sin sal.

2. **Hambre emocional.** Solemos tener apetito cuando estamos aburridos, cuando tenemos miedo, nos sentimos estresados o solos. Si éstos son los desencadenantes, sal a pasear, habla con un amigo, medita, escucha música, o mastica chicle. Si se trata de una situación habitual, halla el modo de enfrentarte a estas emociones que provocan un falso apetito.

3. **Hambre debido a la falta de sueño.** Si no duermes un mínimo de 7 horas, entonces es muy probable que tengas hambre debido a tu falta de sueño. Si es así, sal a pasear por el barrio unos 10 minutos a paso ligero (el ejercicio y el aire fresco favorecen la circulación y nuestra capacidad de alerta). También puedes tomar una taza de té verde (con un alto aporte de antioxidantes y bajo en cafeína, si lo comparamos con el café) o un aperitivo sano y energético. Incluso respirar hondo puede ayudar a reducir el cansancio.

4. **Hambre debido a la sed.** A menudo confundimos la sed por el apetito. Procura beber un vaso o dos de agua para identificar si estás realmente hambriento o sólo un poco deshidratado, en cuyo caso el agua es el antídoto perfecto.

Conéctate con el lado emocional de la comida y aprende a distinguir entre el apetito falso y verdadero. Analiza los detonantes personales y busca soluciones para esas ocasiones en las que esos estímulos pueden contigo.

Cuándo hacer las entradas en el diario

Es mejor tomar apuntes en tu diario a lo largo del día. De este modo te asegurarás de no omitir nada y ganarás precisión en tus observaciones. Si esperas al final del día o incluso un par de horas después de comer o beber te olvidarás con más facilidad de los detalles.

¿Sabías que...?

Un estudio publicado en el *American Journal of Preventive Medicine* descubrió que las personas que siguen una dieta y un diario durante seis días a la semana —en el que apuntan todo lo que comen y beben— perdían hasta el doble de peso comparado con los que seguían el diario una vez a la semana o menos.

Crédito extra

¿Llevas tu diario de lo que comes a raja tabla? Pues empieza con un diario de ejercicios físicos. Puesto que la pérdida y la gestión del peso dependen de las calorías que se consumen en relación a las que se gastan, si haces un seguimiento de tu ejercicio físico podrás ver las dos caras de la moneda. Apunta el tipo de ejercicio, el nivel de intensidad, y la duración del ejercicio que practiques. También se puede hacer un seguimiento *online* utilizando algunos de las páginas web mencionadas anteriormente.

Lista de control del cambio semanal	
	• Hidratarse con agua • Llevar un diario de lo que comes
	• Dormir entre 7 y 8 horas al día
	• Practicar ejercicio a diario

Semana 5
El vaso medio lleno

«Un pesimista ve la dificultad en cada oportunidad;
Un optimista ve la oportunidad en cada dificultad.»
Winston Churchill

Una actitud positiva ante la vida puede ser una cualidad maravillosa en una persona y un activo valioso en la creación de una vida óptima. Este tipo de personas no permite que nada les deprima, y además suelen ser muy divertidos. Sin embargo, el aspecto más maravilloso de una actitud positiva es que te hace mucho bien.

Numerosos estudios han demostrado que las personas que ven el vaso medio lleno suelen gozar de salud y de una mayor esperanza de vida. Una visión optimista te ayuda a reducir el riesgo de enfermedad coronaria e hipertensión, disminuye la presión sanguínea y reduce el riesgo de una muerte temprana. En un estudio dirigido por las universidades de Harvard y de Boston, se demostró que los hombres pesimistas tenían el doble de posibilidades de desarrollar una enfermedad coronaria que los optimistas. Otro estudio demostró que los optimistas tenían un 9 por ciento menos de posibilidades de desarrollar una enfermedad de corazón y un 14 por ciento menos de fallecer por cualquier causa, si se comparaba con sus homólogos pesimistas. Los que registraban un grado elevado de «hostilidad cínica» tenían un 16 por ciento de posibilidades más que los demás de morir durante ese mismo lapso de tiempo.

Incluso en el caso de personas a las que se les diagnostica una enfermedad de larga duración, el optimismo desempeña un papel importante en su capacidad para superar un tratamiento, una operación quirúrgica, y alcanzar la plena recuperación. En otro estudio, los investigadores comprobaron el vínculo existente entre el optimismo y las condiciones médicas específicas, y descubrieron que los optimistas tenían la mitad de posibilidades que los pesimistas de volver a ser hospitalizados al cabo de seis meses de una operación quirúrgica.

Las personas que aprenden a reformular sus procesos de pensamiento para que éstos sean más positivos también obtienen un beneficio emocional de ello. Los que son optimistas tienden a gestionar mejor el estrés y suelen perseverar y superar situaciones y circunstancias difíciles. Los estudios demuestran que las actitudes positivas pueden reducir cualquier indicio de depresión y tristeza. Los optimistas tienden a creer en sí mismos y en sus capacidades, y esperan que ocurran cosas buenas. También están más dispuestos a asumir riesgos para crear sucesos más positivos en sus vidas. Como resultado de ello, los optimistas suelen rendir mejor, alcanzan sus objetivos y tienen éxito. Los escollos suelen verse como algo de menor importancia y los superan con facilidad. Por otro lado, los pesimistas suelen quedarse estancados en situaciones de riesgo, abandonan con facilidad y son proclives a un bajo rendimiento.

El cambio

Desarrolla una perspectiva optimista.

Hoja de ruta para el éxito

Ser optimista y practicar el pensamiento positivo no significa que tengas que ser poco realista o ignorar los desafíos que te plantea la existencia. Significa cambiar tu mentalidad para que sea más positiva y productiva. He aquí algunos consejos:

1. **Cambia el modo en que hablas contigo mismo.** Aunque es natural que seamos duros con nosotros mismos, hablar mal sobre ti es el origen del pesimismo. Las formas más comunes de este tipo de conducta son el filtrado, es decir, cuando magnificas lo negativo y diluyes lo positivo; la personalización, cuando te culpas automáticamente de las cosas que han salido mal; la polarización, cuando ves las cosas como si fueran blancas o negras, sin escala de grises; y el catastrofismo, cuando anticipas lo peor. Ninguna de estas pautas de pensamiento es productiva. Presta atención a tus reacciones y a tu monólogo interior a lo largo de la semana. Cuando percibas alguna de estas conductas, detente. Evita la autocrítica y practica en su lugar la autoaceptación y el autorrespeto. Cuanto más positivo seas contigo mismo, más positivo serás con el mundo que te rodea.

Cuando veas que se filtran pensamientos negativos, cambia a un patrón de pensamiento más positivo y productivo. Evita decirte cosas que no te atreverías a decir a terceros. Sé amable contigo mismo, cariñoso y alentador como lo serías con un niño o un anciano. He aquí algunos ejemplos:

Reacciones negativas	Reacciones positivas
No puedo hacerlo. No sé cómo hacerlo.	Puedo aprender a hacer eso. Aprenderé algo nuevo.

Reacciones negativas	Reacciones positivas
Eso no funcionará.	Encontraré el modo de hacerlo funcionar.
No soy bueno en esto.	¿Qué puedo hacer para mejorar?
Es demasiado difícil.	Intentémoslo.
No se están comunicando conmigo.	Encontraré un modo mejor de comunicarme con ellos.

2. **Afirmaciones.** Aunque las afirmaciones pueden parecer vacuas, en realidad son muy útiles para cultivar una perspectiva positiva. Recurre a las afirmaciones de forma genuina y cuidadosa para desechar cualquier pauta negativa del pasado y reprogramar tu mente de modo que tus pensamientos se vuelvan más positivos. Existen infinidad de libros sobre afirmaciones positivas. Emplea estos libros como punto de partida y luego escribe las tuyas en la **Lista de afirmaciones** que ofrecemos en la sección de **Herramientas y recursos**. Léetelas en voz alta cada vez que sientas que necesitas un poco de aliento.

3. **Ten sentido del humor.** Si las cosas no van como está previsto, halla el punto de humor de esa situación. Ríete, especialmente cuando pasas por momentos difíciles. La risa te ayuda a rebajar el nivel de estrés y tensión, y permite que te relajes en situaciones complicadas. Además, a la gente le gusta estar con personas que saben encontrar un punto de humor en las circunstancias más insólitas. Procura no tomarte demasiado en serio, ya que esto puede contribuir a la negatividad. Por último, evita la autocompasión, e intenta aligerar las situaciones más serias.

4. **Cuídate.** Cuidar de ti y de tu salud te ayuda a construir una imagen positiva de ti mismo. A la vez, esto te ayudará a paliar los efectos de un autodiálogo negativo, aparte de que reforzará la confianza en ti

mismo. Por otra parte, practicar ejercicio libera hormonas que favorecen tu estado de ánimo y te proporcionan una sensación de bienestar y felicidad, aparte de reducir el estrés.

5. **Cultiva relaciones saludables.** Rodéate de personas positivas que te hacen sentir bien, y evita a quienes te desgastan. Crea una red de apoyo a la que puedas recurrir cuando necesites consejo o ayuda. Si estás rodeado de personas negativas, reduce el tiempo que pasas con ellas para disminuir la negatividad que haya en tu vida. No tienes que aislarte de ellos, sólo delimita las fronteras y mantenlos a cierta distancia, aunque sea un amigo o pariente.

6. **Practica la gratitud.** Dedica un tiempo al día a acordarte de las buenas cosas que hay en tu vida. Sé agradecido contigo mismo y los demás. Una actitud de «nunca es suficiente» puede hacerte parecer negativo y desalentar a otras personas de tu entorno. En cambio, el agradecimiento te hace más atractivo y atrae energía positiva hacia ti.

7. **Suéltalo.** Suelta todo aquello que no puedas controlar. Siempre habrá circunstancias y personas que no puedes cambiar, y no está mal. Preocuparte de cosas sobre las que no puedes incidir sólo provocará más estrés y negatividad en ti. Cuando veas que te obsesionas por algo, pregúntate si vale la pena invertir tanta energía negativa en esa cuestión.

8. **Celebra tus virtudes y logros.** Todos tenemos nuestros puntos fuertes y hemos alcanzado logros importantes y significativos en nuestras vidas. Reconócelos con cierta regularidad. Haz un listado de las cosas que se te dan bien y los logros alcanzados en la **Lista de puntos fuertes** y **Lista de logros,** respectivamente, que se halla en **Herramientas y recursos** de la **Tercera parte.** Si te has quedado sin espacio, haz un listado en un cuaderno o diario. En cualquier caso, asegúrate de tener esa lista a mano para acceder a ella con regularidad. Repasa estos listados para ver tu vida desde una perspectiva más positiva.

9. **Olvida tus miedos.** La negatividad se alimenta del miedo y la ansiedad. Muchos de nosotros permitimos que el miedo a lo desconocido se interponga en nuestra capacidad para ser positivo, seguir adelante, y alcanzar logros que aportarían felicidad a nuestras vidas. Aleja de tu mente el miedo a lo desconocido y ábrete a las posibilidades que te ofrece la vida.

10. **Invoca la ley de la atracción.** Aunque últimamente se ha vuelto muy popular, la ley de la atracción ha existido desde hace siglos. Podemos definirla en términos sencillos como la capacidad para enfocarte en lo que quieres y lo que quieres atraer a tu vida, en vez de centrarte en lo negativo, las frustraciones o los desengaños. Cuando nos centramos en lo negativo, nuestra energía se malgasta en un lugar inmóvil. Sin embargo, centrarte en lo que quieres te ayuda a visualizar desenlaces positivos, lo cual te moviliza a convertirlos en realidad.

Crédito extra

¿Ya eres una persona positiva? Pasa al siguiente nivel ayudando a otras personas a adoptar un punto de vista positivo. Si te rodeas de personas positivas, más energía positiva podrás reunir en tu vida y serás más feliz.

Lista de control del cambio semanal	
	• Hidratarse con agua • Llevar un diario de lo que comes
	• Dormir entre 7 y 8 horas al día • Adoptar una perspectiva optimista
	• Practicar ejercicio a diario

Semana 6
Toma un suplemento multivitamínico

«A todos mis pequeños Hulkamaniáticos,
rezad vuestras oraciones, tomad vuestras vitaminas,
y todo irá bien.»
Hulk Hogan

A veces comemos bien, y otras no. A veces ingerimos todos los nutrientes, vitaminas y minerales que necesitamos para sentirnos sanos y funcionar adecuadamente. Pero en ocasiones sólo tomamos parte de estos nutrientes. Lo ideal sería recibir todos los nutrientes de los alimentos, especialmente de fuentes vegetales. Pero lo cierto es que a menudo es difícil completar el cien por cien de nuestra ingesta diaria recomendada de todos los nutrientes.

Aunque no es una buena estrategia tomar cualquier suplemento alimentario conocido, sí lo es tomar multivitamínicos. Considéralo una póliza de seguros de una dieta saludable. Te asegura la ingesta de la dosis recomendada de todos los nutrientes que necesitas, sean cuales sean las circunstancias. Esto no nos da luz verde para alimentarnos mal ni para dejar de pensar en lo que te metes en el cuerpo, sino que garantiza que tu organismo reciba todo lo necesario a pesar de los viajes, los almuerzos rápidos, los horarios frenéticos y todos los obstáculos que se crucen en tu camino.

Aunque la ingesta de vitaminas de forma individual puede parecer una buena manera de complementar tu dieta, en realidad puede ser perjudicial. Por ejemplo, tomar vitamina A, vitamina C, vitamina E, y cualquier otra vitamina antioxidante por sí sola puede tener un efecto prooxidativo, lo cual se relaciona con un descenso pronunciado de las defensas antioxidantes. Por otro lado, los multivitamínicos están pensados de tal modo que las vitaminas y los minerales se conjugan para aportar el máximo beneficio para la salud.

El cambio

Tomar un suplemento multivitamínico al día.

Hoja de ruta para el éxito

Cuando elijas un suplemento multivitamínico, fíjate en los que no superen el límite máximo (LM) de las ingestas diarias recomendadas (IDR) de vitaminas y minerales, ya que un exceso de ciertos nutrientes puede ser perjudicial.

Aunque existen regulaciones que deben cumplir los productos alimentarios antes de salir al mercado, las autoridades sanitarias controlan esos suplementos cuando ya están a la venta. Además, los fabricantes de estos suplementos no tienen que registrar sus productos con las autoridades competentes para recibir la aprobación antes de producir y vender sus productos. Como resultado de ello, conviene elegir un multivitamínico fabricado por una empresa conocida y de confianza.

Si sufres alguna dolencia o enfermedad, estás embarazada, o amamantando, consulta con tu médico antes de tomar un complejo multivitamínico.

Crédito extra

¿Ya tomas suplementos multivitamínicos? Considera también la posibilidad de tomar probióticos. Un proceso de digestión adecuado depende de la presencia de bacterias sanas en nuestros intestinos. Si no consumes alimentos fermentados, como el yogur*, de forma regular, no aportarás un mínimo de bacterias sanas a tu organismo que te permitan digerir adecuadamente. Contempla la opción de complementar tu dieta con probióticos, ya que favorecen la digestión y restablecen el equilibrio de las bacterias sanas en nuestros intestinos.

Lista de control del cambio semanal	
	• Hidratarse con agua • Llevar un diario de lo que comes • Tomar un complejo multivitamínico
	• Dormir entre 7 y 8 horas al día • Adoptar una perspectiva optimista
	• Practicar ejercicio a diario

* Nota: es importante observar que los yogures de baja calidad no proporcionan el mismo nivel de bacterias sanas que otros yogures. Busca las variedades más puras y naturales que no contengan demasiados aditivos.

Semana 7
No dejes entrar en casa agentes contaminantes

«Intenté averiguar qué tipo de alergia sufría, pero al final llegué a la conclusión de que tenía que ser una alergia a la conciencia.»
James Thurber

El aire que respiramos puede tener un gran impacto en nuestra salud y los niveles generales de comodidad en nuestra vida diaria. Los contaminantes, los alérgenos y las sustancias químicas pueden tener cierto impacto negativo en nuestros pulmones, ojos y nariz, provocando así que no nos sintamos del todo bien. Cada vez que entramos en casa, arrastramos un montón de sustancias poco saludables del exterior en nuestros zapatos, ropa y objetos personales. Algunos de los contaminantes de mayor impacto procedentes del exterior son el polvo, el polen, el moho y la suciedad, y cuando hace mal tiempo, el agua, la nieve, el hielo y el lodo.

Dedicar un espacio o una zona de paso en la que descalzarse o hacer la transición hacia tu espacio interior es útil para mantener un entorno limpio y saludable en tu casa. Esto te permitirá reducir los síntomas del asma y las alergias, mejorará la calidad del aire, disminuirá la presencia no deseada de contaminantes, y en algunos casos aumentará la eficiencia energética. Por último, ¡también podrás limpiar la casa con mayor facilidad!

> ### ¿Sabías que...?
> En Estados Unidos las alergias (fiebre del heno) son la quinta causa principal de enfermedad crónica entre los adultos y una de las causas principales del absentismo laboral y el «presentismo», lo cual da como resultado unos cuatro millones de días laborales perdidos al año, con un coste total de setecientos millones de dólares de pérdida de productividad.

El cambio

Descálzate en la puerta y crea un espacio de transición para reducir la presencia no deseada de contaminantes en tu casa.

Hoja de ruta para el éxito

Para que los contaminantes no entren en tu casa, sigue estas recomendaciones:

1. **Zapatillas y calcetines.** Establece una política de «zapatos fuera» en tu casa, incluso para los invitados. Descálzate inmediatamente después de llegar a casa. Camina descalzo o con calcetines o zapatillas en el interior de tu hogar. También puedes tener zapatillas o calcetines especiales para invitados. Todo ello reducirá espectacularmente la cantidad de suciedad, polvo, polen y otros contaminantes que se encuentren en tu casa.

2. **Espacio.** Designa una zona de paso allí donde sea más conveniente. Lo ideal sería cerca del punto de entrada principal de tu casa.

3. **Suelo.** Lo ideal sería que el suelo de tu zona de transición fuera una superficie dura y fácil de limpiar, resistente a la humedad y poco propensa a captar suciedad o polvo. Si no dispones de una superficie de este tipo en tu entrada, piensa en cambiar el suelo del vestíbulo. Lee el apartado **Crédito extra** para más información sobre el suelo adecuado.

4. **Complementos.** Tanto si dispones de una superficie dura en tu zona de paso como si no, utiliza los siguientes accesorios para reducir el nivel de suciedad y otros contaminantes no deseados en tu hogar.

   - **Limpiador para la suela de los zapatos.** Deja un limpiador para los zapatos a la entrada de tu casa para sacar los restos de lodo y nieve.
   - **Felpudo.** Coloca un felpudo en la puerta de entrada de tu casa para limpiar las suelas de los zapatos.
   - **Alfombrilla.** Coloca una pequeña alfombrilla o esterilla en tu espacio de transición que no resbale, que pueda lavarse y que absorba el polvo, el agua y la suciedad de los zapatos. Es una buena idea tanto si la superficie del suelo es dura como si está enmoquetada.
   - **Zapatero.** Para secar los zapatos, coloca un zapatero de goma impermeable o una alfombrilla en la zona de transición. Es mejor optar por una que recoja el agua que gotee del calzado para que no caiga al suelo.
   - **Una banqueta.** Aunque no es absolutamente necesario, colocar un banco o silla en ese espacio de transición te permitirá descalzarte con mayor facilidad. Busca un banco con capacidad para guardar zapatillas o calcetines, así puedes ponértelos justo al cruzar la puerta de entrada.
   - **Ventilador de extracción.** Tampoco es absolutamente necesario; pero si vives en un clima húmedo, un extractor te ayudará a

mantener el espacio seco para evitar que se forme moho y aparezcan humedades. También favorecerá el secado de la ropa y el calzado.

- **Ganchos y cestos.** Si no dispones de un armario para abrigos, coloca ganchos en tu zona de transición para colgar fácilmente tus prendas de abrigo en la entrada. También es importante tener un paragüero o un espacio similar para que los paraguas goteen sin mojar el suelo.

> *¿Sabías que...?*
> En un estudio reciente, el 50 por ciento de los hogares tenía al menos seis alérgenos detectables.

Crédito extra

¿Ya te has ocupado de no dejar entrar en casa agentes contaminantes, dispones de una zona de transición y dejas los zapatos junto a la puerta? Si ya tienes ese espacio, puedes perfeccionarlo con una segunda zona de transición (doble puerta de entrada). Esto no sólo mantiene a raya los contaminantes sino que también regenera el aire y reduce la cantidad de calor o frío extremos que entra en casa, con lo cual también ahorras en consumo energético.

1. **Suelo:**
   - **Baldosas de cerámica y piedra.** Las baldosas son un magnífico suelo para la segunda zona de transición. Las baldosas son resistentes al moho, fáciles de limpiar y bonitas. Asegúrate de que sean antideslizantes para evitar los accidentes, y elige colores oscuros porque tienden a ocultar la suciedad.

- **Cemento.** El cemento es fácil de limpiar y supone una alternativa atractiva a las baldosas o las piedras cuando se manchan o rayan.
- **Suelo de bambú.** El suelo de madera puede deteriorarse por efecto del agua y barro. Pero el suelo de bambú es una superficie sumamente dura que no se daña con facilidad. Además, es bonita y sostenible desde una perspectiva medioambiental.

2. **Zona para mascotas.** Si tienes una mascota, instala gateras o portillos para un uso eficiente de la energía.

Lista de control del cambio semanal	
	• Hidratarse con agua • Llevar un diario de lo que comes • Tomar un complejo multivitamínico
	• Dormir entre 7 y 8 horas al día • Adoptar una perspectiva optimista
	• Practicar ejercicio a diario
	• Mantener los alérgenos a raya

Semana 8
Come verdura

«Bienvenido a la Iglesia de la Santa Col. Recemos a la lechuga.»
Autor desconocido

Las madres saben lo que se dicen cuando insisten en que comamos verdura. Las verduras son una excelente fuente de energía para mantener un estado óptimo de salud. Contienen vitaminas y minerales, fibra, y fitonutrientes que nos ayudan a combatir la enfermedad, la obesidad y el envejecimiento. Las verduras son fuentes importantes de muchos nutrientes, incluido el potasio, el ácido fólico, la vitamina A, la vitamina E y la vitamina C, entre otros.

Las verduras fibrosas (los pimientos, zanahorias, verduras de hoja verde) son especialmente útiles para controlar el peso: aportan mucha agua y tienen muy pocas calorías y grasas, además te sacian con muy poco aporte calórico. También tienen un alto contenido en fibra, lo cual favorece la reducción de los niveles de colesterol en la sangre, reducen el riesgo de enfermedades coronarias y favorecen una digestión adecuada.

Los colores de las verduras proceden de algunos de los fitonutrients que contienen. Los fitonutrientes son compuestos vegetales que poseen cualidades beneficiosas para la salud. Aunque las verduras aportan otros muchos nutrientes, comer toda la variedad de colores del arco iris asegura la integración en tu dieta de un amplio espectro de nutrientes beneficiosos para la salud. Véase la tabla **Todos los colores del arco iris** para obtener una descripción de los nutrientes de las verduras más conocidas, así como sus colores y los beneficios de sus fitonutrientes.

Todos los colores del arco iris: verduras

Color	Fitonutriente	Verduras		Cómo actúa
Rojo	Antocianina Licopeno	Achicoria roja Pimiento rojo Rábano	Remolacha Ruibarbo Tomates*	• Favorece la salud del tracto urinario • Favorece la salud del corazón • Refuerza la memoria • Reduce el riesgo de cáncer
Amarillo/ naranja	Bioflavonoide Carotenoides Vitamina C	Berro amarillo Boniato Calabaza Calabaza almizclera Calabaza amarilla	Maíz Pimiento amarillo Tomates amarillos Zanahoria	• Fortalece el sistema inmunológico • Favorece la salud de los ojos • Reduce el riesgo de cáncer • Reduce el riesgo de enfermedad coronaria

* Aunque muchos creen que los tomates son verduras, en realidad son frutos. Sin embargo, a la hora de cocinarlos, prepararlos y comerlos se tratan más como verduras. Son muy bajos en calorías y una de las verduras que proporcionan más fibra.

Color	Fitonutriente	Verduras		Cómo actúa
Verde	Calcio Indoles Hierro Luteína Magnesio	Alcachofa Apio Arvejas Berro Brócoli Calabacín Cebollas verdes Col verde Coles de Bruselas Endivia Espárragos Espinacas Guisantes	Guisantes dulces Judías verdes Ocra Pepino Pimientos verdes Puerros Repollo Rúcula Tronco de brócoli Verduras de hoja verde	• Favorece la salud de los ojos • Reduce el riesgo de cáncer • Fortalece los huesos y los dientes
Azul/ morado	Antocianina Fenólicos	Berenjena Berenjena belga Berenjena morada Cebolla roja	Col roja Endivia Patatas moradas Pimientos morados	• Reduce el riesgo de cáncer • Refuerza la salud del tracto urinario • Mejora la memoria • Ayuda a combatir los efectos del envejecimiento
Blanco/ crema/ marrón	Alicina	Alcachofa de Jerusalén Cebollas Chalote Chirivía Coliflor	Jicama Maíz blanco Nabos Patatas Setas	• Favorece la salud del corazón • Reduce el riesgo de cáncer

El cambio

Consume como mínimo entre cuatro y seis raciones
de verduras fibrosas al día. (Una ración = media taza
de verduras sin hoja o una taza de verduras
con hoja.)

Hoja de ruta para el éxito

Tanto si te gustan las verduras como si no, es importante integrarlas en tu dieta para llevar un estilo de vida saludable. He aquí algunas recomendaciones:

1. **Empieza con las que más te gusten.** Si no comes mucha verdura, es posible que creas que no te gusta. En vez de centrarte en lo que no te gusta, consume las que más te agraden. Fíjate en la lista de verduras de la tabla **Todos los colores del arco iris.** Señala las que sabes que te gustan y empieza esta semana a comer entre cuatro y seis raciones al día.

2. **Experimenta.** Prueba una nueva verdura a la semana. Si no sabes muy bien cómo prepararlas, busca recetas en Internet para orientarte. Puedes encontrarlas en páginas web como www.eatingwell.com, www.recetasdecocina.es, www.cookinglight.com o www.sparkrecipes.com

3. **Prepárate con una semana de antelación.** Cuando planifiques las comidas de la semana, asegúrate de incluir una cantidad suficiente de verdura en tus platos. De este modo consumirás las cantidades recomendadas cuando comas en casa. Si cocinas para otras personas, multiplica las raciones. Incluye todas las verduras de tu elección en la

lista de la compra, y, siempre que sea posible, compra verduras frescas de temporada, ya que son más sabrosas.

4. **Busca alternativas cuando sea necesario.** Si las verduras frescas no son una opción, elige las congeladas. Las verduras congeladas (las que no llevan sal ni sodio añadidos) tienden a congelarse rápido y no contienen muchos aditivos. En cambio, las verduras enlatadas suelen tener conservantes y aditivos que es mejor evitar. La única excepción a esta regla son los tomates enlatados. Los tomates son el único alimento en lata que conserva todos sus beneficios. De hecho, algunos estudios demuestran que los tomates picados, estofados, o las salsas de tomate poseen una cantidad más elevada de licopeno —un importante antioxidante— que los tomates frescos, ya que son más concentrados. Busca productos de tomate que no tengan azúcares añadidos, y cíñete a los que sólo lleven tomate y especias.

5. **Elige sabiamente en el desayuno.** Añade un puñado de espinacas *baby* o pimientos troceados, cebolla, setas, espárragos o tomates a tus huevos o tortillas. El tomate fresco troceado es una opción indicada para reducir la fécula y las grasas adicionales.

6. **Almuerzo y cena:**
   - **Ensalada.** Una de las formas más sencillas de integrar la verdura en tu dieta es empezar en cada almuerzo y cena con una enorme ensalada de colores. También puedes prepararla como entrante e integrar proteínas sin grasa, como la pechuga de pollo asada, gambas o pescado. Incluye el mayor número posible de verduras, también las de hoja oscura (espinaca, rúcula o lechuga romana), brócoli, coliflor, pimientos, cebollas, tomates, setas, zanahorias, apio y pepinos. Si dispones de poco tiempo, compra bolsas de verduras prelavadas, o deja las verduras cortadas para el resto de la semana. Luego guárdalas en recipientes en la nevera para que preparar una ensalada sea fácil y rápido. También puedes añadir

fruta, como manzana, pera y uva, para darle un sabor dulce. Para reducir la ingesta de grasas y azúcares, no abuses de los aliños. Prepara tu propio aliño cuando sea posible, haciendo pruebas con aceite de oliva extra virgen y otros aceites con un alto contenido en grasa monosaturada (aceite de colza, aceite de cacahuete, aceite de sésamo), vinagre, mostaza y especias. Si empleas un aliño preparado, elige las vinagretas en vez de las elaboradas con crema o mayonesa.

- **Guarnición de verduras.** Si no has preparado un entrante de ensalada, entonces inclúyela como primer plato y añade una guarnición de verduras. Las verduras cocidas, hervidas o asadas son un plato sencillo y poco calórico de preparar. Los espárragos, las coles de Bruselas, las zanahorias, las judías verdes, el brócoli y la coliflor son sabrosas y conservan el frescor después de hervidas. Las espinacas, la col lombarda y las berzas salteadas con aceite de oliva, ajo y limón también son sabrosas. Si no te gustan las verduras cocidas, tómalas crudas también como guarnición.

- **Bocadillos.** Prepara tus bocadillos con muchas verduras para que sean un almuerzo saludable y sabroso. Además de lechuga y tomate, puedes añadir pimiento, pepino y cebolla, así como setas y zanahorias para un aporte nutritivo extra. También puedes acompañar con *hummus* o yogur griego sin grasa, para una dosis extra de proteínas, verduras con pepinos, pimientos asados, lechuga y cebollas.

- **Guisos, salsas y cocidos.** Las verduras como las cebollas y los pimientos son sencillos de añadir en muchas recetas, incluidas las salsas, las albóndigas, las sopas y los guisados, pero también lo son las calabazas, las zanahorias, el calabacín, la berenjena y el brócoli, entre otros. Añade una verdura nueva a tus platos para probar si te gusta.

7. **Tentempiés:**
   - **Verduras pretroceadas.** Prepara un tentempié rápido troceando las verduras y guardándolas en bolsas herméticas. Las mejores verduras para un tentempié, y las que conservan mejor su frescor, son los tomates cherry, el brócoli, los pimientos, las zanahorias y el apio.
   - **Combinaciones sencillas.** Si dispones de poco tiempo, prueba algunas de estas combinaciones para preparar un tentempié saciante y equilibrado repleto de vitaminas y minerales:
     — 1 taza de zanahorias y media taza de *hummus*.
     — 1 taza de tallos de apio y 30 gramos de queso no graso.
     — 1 taza de pepinos y media taza de yogur griego no graso con eneldo y ajo.

Alimentos con fécula o fibrosos

Aunque las verduras con fécula como el maíz y las patatas tienen nutrientes muy saludables, tienden a ser altos en calorías y se digieren con más rapidez que las verduras fibrosas. Por eso se recomienda comerlos con moderación y que te centres en incrementar tu consumo de verduras fibrosas.

Crédito extra

¿Ya comes verduras como un conejo? Sube un nivel centrándote en la variedad de tu ingesta de verduras. Asegúrate de consumir al menos una ración de verduras de cada color del arco iris cada día o cada dos días. Esto te asegurará un mayor aporte de vitaminas, minerales y fitonutrientes que combaten las enfermedades a través de la alimentación. Además, las verduras de colores intensos son mucho más ricas en nutrientes que sus homólogas de tonos claros. Por ejemplo, la espinaca es mucho más rica en nutrientes que la lechuga iceberg. Las verduras con muchos nutrientes incluyen el brócoli, los pimientos rojos, los pimientos naranjas, los tomates, las verduras de hoja oscura (como la espinaca y la col lombarda), las mezclas de verduras verdes, la col roja, el calabacín y la berenjena. También las verduras de la familia de las azucenas, como los espárragos, los cebollinos, las cebollas, el ajo, los puerros y los chalotes, tienen muchos compuestos del azufre que ayuden a combatir el cáncer.

Lista de control del cambio semanal	
	• Hidratarse con agua • Llevar un diario de lo que comes • Tomar un complejo multivitamínico • Tomar entre 4 y 6 porciones de verduras
	• Dormir entre 7 y 8 horas al día • Adoptar una perspectiva optimista
	• Practicar ejercicio a diario
	• Mantener los alérgenos a raya

Semana 9
Disfruta de la soledad

«Recupero mis fuerzas cuando estoy a solas.»
Marilyn Monroe

La vida es frenética. Nuestro día a día está tan lleno de obligaciones que tenemos la sensación de que no nos queda tiempo para lo que queremos hacer. Además, pasar mucho tiempo con otras personas no nos proporciona la capacidad de apretar el botón de reinicio y soltar lastre. Tener muy poco tiempo para nosotros o para las cosas que son importantes para nosotros puede desembocar en estrés, frustración, cansancio, resentimiento o, lo que es peor, algún problema de salud. Pero hallar un «tiempo para ti» te reportará enormes beneficios, lo cual te permitirá endulzar tu vida y hacerla más manejable.

Pasar tiempo contigo mismo te brinda la oportunidad de reflexionar sobre cuestiones personales. El tiempo en solitario te permite disfrutar de aficiones, explorar nuevas pasiones y recuperar otras antiguas, así como establecer objetivos que crean la vida que quieres. Por desgracia, muchas personas se debaten con alcanzar metas debido a su incapacidad de establecer las prioridades de sus propias necesidades. Sin embargo, pasar un tiempo a solas te obliga a tomar un respiro de las responsabilidades diarias y las demandas de los demás para dedicar más tiempo a perseguir tus objetivos, satisfacer tus necesidades personales y seguir explorando tus aspiraciones. Te ayuda a romper con la monotonía para sentir la emoción y el afán de vivir.

El tiempo en solitario te aporta una perspectiva nueva, ya que te brinda la oportunidad de aclarar tu mente y filtrar los pequeños asuntos del día. La claridad de pensamiento te permite ir al corazón de lo que es importante para ti sin influencias externas. Ello te ayuda a tomar decisiones basadas en tu propio sistema de creencias sin distracción alguna. Aunque muchas personas se esfuerzan por no estar solas y creen que la soledad es incómoda, superar esta sensación te ayudará a reforzar tu confianza en ti mismo y tu independencia. También te permitirá ser más autosuficiente y aprenderás a confiar mejor en tus instintos y en las decisiones que tomas. Con el paso del tiempo, te sentirás con mayor capacidad para tomar decisiones acertadas y asumirás el control de tu vida.

Por último, pasando tiempo a solas puedes gestionar mejor el estrés. Te permite dar un paso atrás, respirar hondo, relajar la tensión y la presión que registras a diario. La capacidad para gestionar tus tensiones diarias es fundamental para tu estado mental general, además de favorecer tu bienestar físico.

El cambio

Busca un mínimo de media hora para ti al día.

Hoja de ruta para el éxito

Dedicarte media hora al día puede parecer mucho, pero considéralo de este modo: una hora es $1/24$ del día: no es demasiado si lo comparas con el resto de la jornada, ¿verdad? Para encontrar tiempo para ti mismo, debes planificar; y lo que es aún más importante: debes establecer prioridades. He aquí unas recomendaciones:

1. **Crea ese tiempo.** Cada día de esta semana, levántate media hora antes o acuéstate media hora más tarde. Es cierto que quieres mantener la media de siete u ocho horas al día de sueño, así que no debes sacrificar ese tiempo. Si vas muy ajustado con el horario, piensa en el modo en que puedes incluir esa media hora a lo largo del día. Por ejemplo, si trabajas fuera, sal a almorzar a solas y haz algo que sea importante para ti. Si trabajas en casa o eres ama de casa, contrata a alguien para que se ocupe de tu hijo durante una hora. Elije entre las opciones que tienes a tu alcance y sé un poco creativo al buscar y planificar tiempo para ti.

2. **Concierta una cita.** Si tienes una agenda, asigna un tiempo para ti en solitario como si fuera una cita. De este modo reservas el espacio y no lo ocuparás con otra actividad.

3. **Toque de queda tecnológico.** Apaga el teléfono, el ordenador portátil y otros aparatos electrónicos que pueden distraerte a partir de las ocho de la noche. Apágalos hasta una hora determinada por la mañana para que tus ojos y tu mente se relajen de las distracciones constantes de la tecnología.

4. **Organiza los horarios de tus hijos.** Si tienes hijos, organiza sus horarios para poner orden en tus asuntos.

Qué hacer

Cuando ya dispongas de más tiempo para ti, es posible que no sepas qué hacer con él. Aunque he ofrecido algunas ideas, lo más importante es que hagas algo que te guste. Recuerda que es un tiempo para ti, y que deberías invertirlo en algo que te resulte gratificante.

1. **Ejercicio.** Si reservas un poco de tiempo por la mañana, es un buen momento para hacer ejercicio. Sal a dar un paseo, ve al gimnasio o apúntate a una clase de yoga. Estas actividades te ayudan a desper-

tarte y a preparar el día. Si te resulta difícil ir al gimnasio, puedes comprar máquinas de hacer ejercicio y practicarlo en casa con absoluta comodidad.

2. **Lee.** Si quieres estar al día de las noticias o sumergirte en la trama de una novela, la lectura es una forma excelente de disfrutar de tu tiempo a la vez que te evades de tu realidad.

3. **Vínculo con la naturaleza.** Pasar tiempo en un entorno natural te ofrece la oportunidad de volver a lo básico, de conectar con tu lado creativo y hallar inspiración. Aclara tu mente respirando aire puro, observando la belleza de tu entorno y escuchando los sonidos de la naturaleza.

4. **Aprende.** Apúntate a una clase, asiste a una conferencia o mira un documental. Descubre una nueva pasión o afición con la que puedas disfrutar con regularidad o sólo de vez en cuando.

5. **Explora.** Tanto si vas a pie, en coche, en bicicleta o en patinete, explora una nueva zona de tu ciudad o vecindario.

6. **Enriquece tu cultura.** Escucha música, ve al teatro o a un concierto. Visita un museo. Amplía tus horizontes asistiendo a actos culturales.

7. **Empieza un proyecto.** ¿Has intentado organizar los armarios? ¿Siempre has querido emprender reformas en tu casa? Emplea el tiempo que tienes para ti para empezar y terminar proyectos que has ido posponiendo.

8. **Mímate.** Dedica una hora a un masaje o una limpieza de cutis. No te olvides de la manicura y la pedicura. No permitas que la culpa te disuada de asignar tiempo para ti mismo. ¡Disfrútalo!

Crédito extra

¿Ya dedicas un mínimo de media hora de tiempo de calidad al día para estar a solas? Concierta citas semanales para ti con el fin de ir incrementando ese espacio en solitario. Ve de excursión, acude a un balneario o haz una salida en coche. Haz algo que te divierta te haga sentir bien y feliz.

Lista de control del cambio semanal	
	• Hidratarse con agua • Llevar un diario de lo que comes • Tomar un complejo multivitamínico • Tomar entre 4 y 6 porciones de verduras
	• Dormir entre 7 y 8 horas al día • Adoptar una perspectiva optimista • Disfrutar de un tiempo a solas
	• Practicar ejercicio a diario
	• Mantener los alérgenos a raya

Semana 10
Ejercicios de estiramiento

*«Benditas sean las personas flexibles, porque nunca se doblegarán
por no estar en forma.»*
Anónimo

Para muchas personas, el ejercicio físico suele querer decir una rutina aeróbica o de resistencia. Entrenar nuestra flexibilidad, es decir, hacer estiramientos, tiende a quedar relegado. Lo que muchas personas no saben es que los estiramientos pueden ayudarles a alcanzar un nivel elevado de bienestar físico a lo largo de toda la vida.

El ejercicio aeróbico y de resistencia nos obliga a contraer y flexionar nuestros músculos. A medida que pasan los años nuestros músculos pierden elasticidad y disminuye nuestra flexibilidad. Esto nos hace ser más propensos a sufrir lesiones. Sin embargo, los estiramientos mejoran nuestro rendimiento diario e incrementan nuestra flexibilidad. Como resultado de ello, reducimos el riesgo de sufrir lesiones y gozamos de un estilo de vida más activo.

Los ejercicios de estiramiento también son importantes para liberar y gestionar el estrés. Tendemos a acumular tensiones en varios músculos de nuestro cuerpo. Algunos lo hacemos en la parte baja de la espalda; otros en la parte inferior del cuello. No importa dónde se aloje el estrés, los estiramientos nos permiten relajar los músculos y rebajar tensiones. Además, mejora la circulación al incrementar el flujo sanguíneo hacia los músculos, lo cual incrementa los niveles de energía y favorece la recuperación muscular.

El cambio

Haz un mínimo de 20 minutos de estiramientos tres veces a la semana para preservar tu flexibilidad.

Hoja de ruta para el éxito

Para hacer estiramientos no necesitas un equipamiento especial ni una gran dedicación de tiempo. Puedes hacerlos en cualquier parte. Si sufres alguna dolencia o lesión crónica, consulta primero con tu médico o fisioterapeuta antes de emprender una tabla de ejercicios de estiramiento.

Cuándo hacer los estiramientos

Aunque puedes hacer estiramientos en cualquier momento y lugar, siempre es mejor empezarlos cuando te dispones a hacer ejercicio. Estírate después de practicar ejercicios intensos para enfriar el cuerpo. En ese momento los músculos están preparados y eso facilita y hace más efectivos los estiramientos.

Si practicas estiramientos en otras ocasiones, primero calienta los músculos dando un paseo de cinco minutos a paso ligero y moviendo los brazos para incrementar el nivel de circulación de la sangre. Asimismo, si tienes una zona especialmente tensa de tu cuerpo, estírala más a menudo o durante el día.

Algunas normas

Asegúrate de hacer estiramientos de forma adecuada y segura, prestando atención a las recomendaciones siguientes:

1. **Duración.** Haz cada estiramiento entre dos y cuatro veces, y mantenlo entre diez y treinta segundos.
2. **Con qué músculos empezar.** Siempre es mejor empezar por un grupo de músculos grandes (piernas, espalda, pecho), y dejar los pequeños para el final (hombros, bíceps, y tríceps).
3. **Conoce tus límites.** Los estiramientos deberían causar cierta tensión o incomodidad, pero si te duelen demasiado, eso significa que te has excedido. Si sientes dolor, rebaja la tensión hasta que el dolor remita. Cuando ya no lo sientas, empieza el estiramiento a partir de ese punto. Trata de aislar los músculos centrándote en uno cada vez para no forzar ni lesionar otros músculos.
4. **Sin rebotes.** Los estiramientos estáticos, que implican un estiramiento gradual de todo un músculo hasta que se perciba resistencia, momento en que se mantiene el estiramiento durante diez a treinta segundos, son los más seguros para ir incrementando la flexibilidad. Aunque el movimiento de rebote era muy popular hace dos décadas, puede producir pequeños desgarros en el músculo, además de rigidez muscular y lesiones. Por eso siempre practica los estiramientos estáticos para evitar lesiones.
5. **Respira.** Siempre debes mantener una pauta constante de respiración profunda cuando haces estiramientos. Lleva un tiempo alargar los músculos, especialmente si están tensos. Sé paciente, haz respiraciones largas y profundas durante el estiramiento, y no corras.

Cómo hacer estiramientos

La mayoría de gimnasios y clubs de *fitness* ofrecen clases de estiramiento, así como otras sesiones que incorporan este tipo de ejercicios en sus clases. Si nunca has hecho estiramientos, empezar con unas clases es la mejor manera de familiarizarte con las rutinas. El yoga y el Pilates son estupendos para comenzar a estirarte. Muchas prácticas de yoga y Pilates incorporan la flexibilidad, las respiraciones profundas y ejercicios de resistencia, lo cual te aporta un régimen completo de ejercicios. Por último, favorecen los estiramientos profundos, y muchas personas notan un incremento de la flexibilidad, rango de movimientos y estado de salud general.

Ejercicios de estiramiento

Si quieres hacer estiramientos por tu cuenta en casa, puedes empezar de muchas maneras. No obstante, los siguientes ejercicios son sencillos y cubren los grupos musculares más importantes. Asegúrate de mantener el estiramiento un mínimo de diez segundos, a menos que se apunte lo contrario.

Parte superior de la espalda. De pie con los pies separados y alineados con los hombros, las rodillas ligeramente flexionadas. Junta las manos delante de tu cuerpo. Levántalas de modo que queden a la altura del pecho. Imagínate sosteniendo una pelota de playa delante de ti, y luego separa las manos de tu cuerpo mientras miras hacia el suelo. Fíjate en cómo tus hombros se separan ligeramente para percibir el estiramiento de la parte superior de la espalda. (Véase *Ilustración: Estiramiento de la parte superior de la espalda*.)

Ilustración: Estiramiento de la parte
superior de la espalda

Ilustración: Estiramiento
del pecho

Pecho. De pie con los pies separados y alineados con los hombros, las rodillas ligeramente flexionadas y los brazos caídos a ambos lados. Luego lleva los brazos detrás de ti con las palmas frente a frente. Junta las manos por la espalda y tira hacia el suelo para notar cómo se estiran tu pecho y hombros. Con las manos aún hacia atrás, súbelas sin grandes esfuerzos. Si no puedes cerrar las manos por la espalda, prueba una de estas dos alternativas: 1) coloca las manos sobre la parte inferior de la espalda y ejerce presión de un codo hacia otro hasta sentir un estiramiento en el pecho, o 2) sostén una bufanda, u cinturón o una cinta por detrás de la espalda con ambas manos lo más juntas posible. Pero no deben estar demasiado juntas de modo que fuerces las articulaciones. Mientras mantienes los brazos en línea recta, levántalos poco a poco hasta que no puedas hacerlo más o hasta sentir el estiramiento. (Véase *Ilustración: Estiramiento de pecho.*)

Cuádriceps. Coloca una silla a tu derecha. Apóyate en ella con la mano derecha, dobla tu pierna izquierda por detrás de modo que el pie toque tus nalgas. Sostén tu tobillo izquierdo con la mano izquierda. Luego acerca suavemente el pie izquierdo hacia las nalgas para intensificar el estiramiento mientras permaneces erguido. (Véase *Ilustración: Estiramiento del cuádriceps.*) Cuando termines, repítelo con la otra pierna.

Ilustración: Estiramiento del cuádriceps

Músculos isquiotibiales. Túmbate en el suelo. Dobla las piernas de modo que los pies toquen planos el suelo. Luego levanta la pierna derecha hacia el techo. Junta las manos por detrás de tu muslo derecho y tira suavemente de la pierna derecha hacia el pecho. Haz lo posible para mantener la pierna recta, pero no fuerces la rodilla. Mantén esta postura unos diez segundos. (Véase *Ilustración: Estiramiento de los* *músculos isquiotibiales.*) Deja caer la pierna y repite el ejercicio con la pierna izquierda.

Ilustración: Estiramiento de los músculos isquiotibiales

Parte inferior de la espalda. Apoya las rodillas y las manos en el suelo. Tus muñecas deberían quedar alineadas a la altura de los hombros, y las rodillas a la altura de la cadera. Mientras inspiras, dobla los dedos de los pies hacia abajo y arquea la espalda levantando el pecho, escondiendo la barriga y estirando el coxis hacia arriba. Asegúrate de levantar la vista hacia el techo durante esta parte del estiramiento. (Véase *Ilustración: Estiramiento de la parte inferior de la espalda 1.)* Coloca los pies de forma que recuperen una posición neutral (la parte superior de los pies deberían tocar el suelo). Espira y dobla la parte inferior de la espalda hacia el techo (como lo haría un gato) mientras escondes el ombligo y dejas caer la cabeza de modo que mires tus piernas. (Véase *Ilustración: Estiramiento de la parte inferior de la espalda 2.)* Repite seis veces.

Ilustración: Estiramiento de la parte inferior de la espalda 1

Ilustración: Estiramiento de la parte inferior de la espalda 2

Pantorrillas. Sitúate a un brazo de distancia de una pared o detrás de una silla. Inclínate hacia delante y coloca ambas manos sobre la pared o el respaldo de la silla. Apoyándote sobre el pie izquierdo, levanta el pie derecho hacia atrás de modo que el talón toque el suelo. Inclínate hacia la silla o pared con las caderas y torso hasta que sientas el estiramiento de la pantorrilla derecha. Para un estiramiento más intenso, lleva el pie hacia atrás. Cuando hayas acabado, repítelo con el otro lado. (Véase *Ilustración: Estiramiento de la pantorrilla.*)

*Ilustración: Estiramiento
de la pantorrilla*

*Ilustración: Estiramiento
de hombros*

Hombros. De pie, con los pies separados y alineados con los hombros, las rodillas ligeramente flexionadas. Cruza tu brazo derecho a la altura del pecho. Sin mover el torso, ejerce una ligera presión sobre tu brazo derecho hacia el tronco con la mano izquierda. (Véase *Ilustración: Estiramiento de hombros*.) Cuando hayas terminado, repítelo con el otro brazo.

Nuca. De pie, con los pies separados y alineados con los hombros, las rodillas ligeramente flexionadas. Inclina la cabeza hacia abajo de manera que veas el suelo. Ejerce una ligera presión con ambas manos sobre la cabeza de modo que sientas un estiramiento en la nuca. (Véase *Ilustra-ción: Estiramiento de la nuca.*)

Ilustración: Estiramiento
de la nuca

Ilustración: Estiramiento
del costado del cuello

Costado del cuello. Mira hacia delante, inclina la cabeza hacia la derecha de modo que tu oreja derecha quede cercana a tu hombro derecho. Ejerce una suave presión con la mano derecha sobre el costado izquierdo de la cabeza de modo que percibas un estiramiento en el lado izquierdo del cuello. Cuando hayas terminado, estira hacia el otro lado. (Véase *Ilustra-ción: Estiramiento del costado del cuello.*)

Bíceps. De pie con los pies separados y alineados con los hombros, las rodillas ligeramente flexionadas. Levanta los brazos hacia los costados y llévalos a la altura de los hombros. Gira las muñecas de manera que las palmas de las manos miren hacia la espalda y estén ligeramente levantadas. (Véase *Ilustración: Estiramiento del bíceps.*)

Tríceps. De pie con los pies separados y alineados con los hombros, las rodillas ligeramente flexionadas. Levanta tu brazo derecho por encima de la cabeza. Dobla el brazo de modo que el codo mire hacia arriba y la mano toque la espalda. Valiéndote de tu mano izquierda, ejerce una suave presión sobre la parte exterior del codo para estirar los tríceps. (Véase la *Ilustración: Estiramiento del tríceps*). Cuando hayas acabado, repítelo con el otro brazo.

Ilustración: Estiramiento del bíceps   *Ilustración: Estiramiento del tríceps*

Crédito extra

¿Ya practicas estiramientos? Mantén un buen ritmo de circulación sanguínea y un nivel alto de energía integrando estiramientos a tu rutina diaria aparte de tu tabla de ejercicios.

1. **Por la mañana.** Durante el sueño, los músculos tienden a tensarse debido a la falta de actividad. Aunque es mejor estirar los músculos en caliente, hacer unos estiramientos suaves por la mañana te permite aliviar la tensión muscular e incrementar la circulación de la sangre, lo cual te ayuda a despertarte. No fuerces los estiramientos para no lesionarte.

2. **Después de permanecer mucho tiempo sentado.** Tanto si estás en el trabajo, como si viajas en avión o ves la televisión, estar sentado durante mucho tiempo tensa y agarrota los músculos. Si has estado sentado durante una hora, levántate, camina, y haz algunos de los estiramientos que se describen en esta sección.

Lista de control del cambio semanal
• Hidratarse con agua • Llevar un diario de lo que comes • Tomar un complejo multivitamínico • Tomar entre 4 y 6 porciones de verduras
• Dormir entre 7 y 8 horas al día • Adoptar una perspectiva optimista • Disfrutar de un tiempo a solas
• Practicar ejercicio a diario • Hacer ejercicios de estiramiento durante 20 minutos, tres veces al día
• Mantener los alérgenos a raya

Semana 11
Lee el envoltorio

«No comas nada que tu abuela no hubiera reconocido
como comida.»
Michael Pollan

En todo lo relativo a los alimentos y productos envasados, puedes saber lo saludable (o nocivo) que es un producto con sólo leer la lista de ingredientes y la tabla de información nutricional que figuran en el envoltorio. Aprender a interpretar estas etiquetas te proporcionará el conocimiento y la capacidad para tomar decisiones inteligentes cuando realizas tus compras.

El cambio

Aprende a interpretar la lista de ingredientes y la tabla de información nutricional de los productos envasados, de modo que puedas tomar decisiones saludables.

Hoja de ruta para el éxito

La lista de ingredientes y la tabla de información nutricional deben ser analizadas, aunque cada una proporciona datos distintos. Cuando se analizan conjuntamente, ofrecen una descripción de la calidad de ese alimento y la de sus ingredientes, así como de su equilibrio nutricional.

> ### ¿Sabías que...?
> Según un estudio publicado en el *Journal of the American Dietetic Association*, casi el 40 por cierto de norteamericanos no se fijan en la tabla de información nutricional cuando realizan sus compras. Además, el 50 por ciento no lee la lista de ingredientes, el 53 por ciento no presta atención al tamaño de las raciones, y el 56 por ciento ni siquiera se da cuenta de las advertencias acerca de los riesgos para la salud.

Para empezar

Acércate a los armarios de tu cocina y elige algunos alimentos envasados. Mientras repasas las explicaciones detalladas de la lista de ingredientes y la tabla de información nutricional, analiza cada producto para determinar si te parece saludable o no. Consulta las tablas de **Análisis de las etiquetas nutricionales** incluidas en la sección de **Herramientas y recursos.**

Listado de ingredientes

El listado de ingredientes te proporciona información sobre qué alimentos, especias y posibles sustancias químicas componen ese alimento. Los ingredientes de la lista siguen un orden según el peso (los ingredientes predominantes aparecen primero) y los secundarios después (porque tienen un peso menor en ese producto). Esta lista te permite conocer el nivel de calidad de los ingredientes de ese producto. Evita los alimentos que contengan algunas de las sustancias siguientes:

- Harinas refinadas, blanqueadas o no blanqueadas.
- Ingredientes procesados que no son integrales ni se encuentran en estado natural.
- Ingredientes que no puedas pronunciar, que jamás hayas oído, o que lleven el adjetivo *artificial* como denominación.
- Un listado sumamente largo de ingredientes (más de cinco).
- Grasas y azúcares añadidos (o derivados de estos ingredientes) que aparezcan en la parte superior de la lista.

Debes saber que los azúcares y las grasas añadidos pueden adoptar muchos formatos distintos y esconderse tras una amplia variedad de denominaciones.

Denominaciones para el azúcar

Azúcar	Cristales de caña	Lactosa	Sirope de maíz con alto contenido en fructosa
Azúcar bruto	Dextrosa	Maltosa	
Azúcar de caña	Edulcorante de maíz	Melazas	
Azúcar de maíz		Miel	Sirope de malta
Azúcar invertido	Fructosa	Néctar de agave	Turbinado
Azúcar moreno	Fructosa cristalina	Sacarosa	Zumo de caña
Concentrados de zumo de fruta	Glucosa	Sirope	Zumo de caña evaporado
		Sirope de maíz	

Denominaciones para la grasa

Aceite de coco	Crema
Aceite de grano de palma	Manteca
Aceite de palma	Manteca de cerdo
Aceites hidrogenados	Mantequilla
Aceites parcialmente hidrogenados	Mono y diglicéridos

Tabla de información nutricional

La tabla de información nutricional ofrece un desglose de la composición de nutrientes de los alimentos y productos envasados, lo cual nos permite tomar decisiones que favorecen la salud. Básicamente nos ofrecen una exclusiva de la composición de los distintos productos. Para llegar a comprender los detalles de esta tabla, consulta el esquema de información nutricional que se incluye más adelante.

Mitad superior de la tabla

Se trata de la parte más importante de la tabla de información nutricional. Estos datos resultan muy útiles cuando intentas averiguar si un producto es saludable o no.

1. **Tamaño de las raciones.** El tamaño de las raciones determina la cantidad recomendada por ración. Si no estás familiarizado con ello, pesa o mide estas raciones hasta conocerlas. Debes saber que si comes más o menos de la ración recomendada, el resto de la información incluida en la tabla tendrá que ajustarse en consonancia. Es decir, si tomas el doble de la ración recomendada, todos los valores nutricionales tendrán que multiplicarse por dos. Por último, cuando compares los productos alimentarios, asegúrate de que lo haces sobre porciones equivalentes.

2. **Calorías.** Las calorías te proporcionan la cantidad de energía que aporta cada porción. Recuerda, si tomas dos raciones de un alimento, significa que consumes el doble de calorías que aparecen en el listado. Los alimentos de 100 calorías por ración, o menos, son alimentos relativamente bajos en calorías, mientras que los que superan las 350 calorías son alimentos relativamente altos en calorías.

3. **Calorías procedentes de la grasa.** Indica el número de calorías grasas por cada ración recomendada. Cada gramo de grasa equivale aproximadamente a nueve calorías. Por lo general, entre el 20 y el 30 por ciento de tu ingesta calórica debería proceder de la grasa. Por eso deberías consumir un máximo de 30 calorías de grasa por cada 100 calorías de alimento.

4. **Desglose total de las grasas.** Siempre conviene reducir tu consumo de alimentos poco saludables y tomar los de grasas sanas. La siguiente información te ayudará a comprender el tipo de grasas que se encuentran en un producto.

   a) **Grasa total.** *La grasa total* detalla qué cantidad de grasas saludables (monoinsaturadas y poliinsaturadas) y no saludables (saturadas y trans) se encuentran en el producto. Para permanecer dentro del rango de un 20 y 30 por ciento, esta cifra no debería superar los 3 gramos por cada 100 calorías.

b) **Grasa saturada.** Las grasas saturadas son relativamente poco saludables. Pueden hallarse en la mantequilla; la margarina; las grasas de la carne, las aves y el cerdo; los productos lácteos enteros; los huevos; los aceites de palma y coco, así como muchos platos de comida rápida. Es mejor evitar o limitar al máximo los alimentos que tienen un elevado contenido en grasa saturada. Limita tu ingesta a no más de un gramo por 100 calorías.

c) **Grasa trans.** Las grasas trans se crean durante la cocción y el procesamiento de alimentos, y a menudo se hallan en la bollería industrial. Deberías erradicarlos de tu dieta, y buscar productos que tengan 0 gramos en el listado de la tabla de información nutricional.

d) **Grasas poliinsaturadas y monoinsaturadas.** Desgraciadamente, no toda la información nutricional incluye datos sobre el contenido en grasas monoinsaturadas y poliinsaturadas. En estos casos, el mejor modo de determinar si el producto contiene alguna de estas grasas es comparar el contenido de *grasa saturada* y *grasa trans* con el contenido en *grasa total*. Si las cifras suman o se acercan al total de grasa en gramos, entonces puedes estar relativamente seguro de que hay muy pocas grasas saludables en ese producto. Por lo tanto, es mejor evitarlo.

5. **Colesterol y sodio.** Cuando compares productos envasados, opta siempre por el alimento que tenga la menor cantidad de colesterol y sodio por ración (asegúrate de comparar raciones equivalentes).

a) **Colesterol.** Según la FDA (la agencia que regula los medicamentos en Estados Unidos), conviene no consumir más de 300 miligramos de colesterol al día. Hace poco, el nivel de colesterol dietario ha sido un tema de controversia. Aunque el nivel de colesterol en la sangre es preocupante, el colesterol dietario puede no serlo. Los estudios científicos han demostrado que existe una cierta relación entre la cantidad de colesterol que se consume de los alimentos y el que se halla en la sangre. Para muchas personas, la cantidad de colesterol que se consume por los alimentos tiene muy poco impacto en el nivel de colesterol en la sangre. Sin embargo, para algunos puede tener un potente efecto. Por eso, si sufres de colesterol alto, o tienes un historial familiar de colesterol alto, es mejor limitar el aporte de colesterol que se encuentra en los alimentos. Consulta con tu médico para más información sobre este tema.

b) **Sodio.** Es bien sabido que un exceso de sodio en la dieta es perjudicial para la salud. Es mejor consumir menos de 2.300 miligramos diarios.

6. **Desglose de carbohidratos.** En lo referente a los carbohidratos, es mejor reducir los procedentes del azúcar o los que son refinados, y procura consumir los complejos o los que tienen un alto contenido en fibra.

a) **Carbohidratos totales.** El total de carbohidratos incluye carbohidratos simples y azúcares, así como los carbohidratos complejos y la fibra. Cada gramo de carbohidratos equivale aproximadamente a cuatro calorías. Lo ideal es que entre un 40 y un 60 por ciento de tu aporte calórico proceda de los carbohidratos, lo que equivale a unos 10 y 15 gramos por 100 calorías.

b) **Fibra dietética.** La fibra es sumamente importante en una dieta sana. Se encuentra en la mayoría de alimentos vegetales, como cereales integrales, frutas, verduras y alubias. Se recomienda que ingieras entre 25 y 35 gramos de fibra al día, o una media de 2 gramos de fibra por cada 100 calorías.

c) **Azúcares.** Procura que la cantidad de gramos de azúcar sea lo más bajo posible. Es mejor no consumir más de un total de entre 32 y 36 gramos de azúcar añadido al día. («Azúcar añadido» no incluye el azúcar que se encuentra de forma natural en la fruta o los productos lácteos.)

7. **Proteína.** Siempre se recomienda mantener un equilibrio entre proteínas, carbohidratos y grasas en una comida o tentempié. Si un producto contiene muy poca proteína, o ninguna, será mejor combinarlo con otro alimento que sí aporte proteínas a tu tentempié o comida saludable. Al igual que los carbohidratos, cada gramo de proteína equivale aproximadamente a cuatro calorías. Lo ideal sería que entre el 20 y el 40 por ciento de tu aporte calórico proceda de las proteínas, o entre 5 y 10 gramos por 100 calorías.

8. **Valores de porcentajes diarios.** El listado de valores diarios muestra qué dosis recomendada diaria de grasa, colesterol, sodio, carbohidratos y fibra aporta cada ración. Estos porcentajes se basan en una dieta de 2.000 calorías. Un valor del 5 por ciento se considera bajo; un valor del 20 por ciento es elevado. Si consumes más o menos de 2.000 calorías al día, estos porcentajes pueden cambiar. Así pues, estos números son sólo orientativos.

Mitad inferior de la tabla

Esta información no resulta demasiado útil para la mayoría de consumidores. Gran parte de ella se basa en una dieta de 2.000 calorías. Además, la información no es del todo completa y debería utilizarse sólo a título orientativo. Por eso se ofrece sólo una descripción de cada sección.

9. **Vitaminas y minerales.** Estas cifras nos informan de los porcentajes del aporte diario recomendado de unas cuantas vitaminas y minerales que se encuentran en la ración de un producto. Tal como mencioné en la sexta semana, conviene tomar un multivitamínico al día para asegurar una ingesta del 100 por ciento de todas las vitaminas y minerales requeridos.

10. **Cantidades recomendadas.** Esta información proporciona la cantidad diaria recomendada de cada nutriente en una dieta de 2.000 y 2.500 calorías. Si necesitas consumir más o menos de estas calorías al día para mantener un peso corporal saludable, las cantidades recomendadas de grasa, colesterol, sodio y carbohidratos cambiará.

11. **Calorías por gramo.** Tal como se ha mencionado anteriormente, la grasa, los carbohidratos y las proteínas tienen distintos valores calóricos por gramo. Esta parte de la etiqueta nos recuerda el peso calórico de cada nutriente.

Resumen de la tabla de información nutricional

Para simplificar algunos de los detalles presentados esta semana, la siguiente tabla te ofrece un resumen del peso calórico de cada nutriente (allí donde corresponda), el número de gramos de cada nutriente que deberías incorporar a tu dieta, así como el porcentaje general de calorías que deberían dedicarse a cada nutriente (allí donde corresponda). Utiliza esta tabla como referencia rápida cuando leas el envoltorio de los alimentos envasados.

Nutriente	Calorías por gramo*	Cantidad de gramos que deberías consumir	Porcentaje de ingesta calórica al día
Grasa	9	2,5-3 g por 100 calorías	20-30%
Grasa saturada	-	< 1 g por 100 calorías	< 10%
Colesterol	-	< 300 mg por día	-
Sodio	-	< 2.300 mg por día	-
Carbohidratos	4	10-15 g por 100 calorías	40-60%
Fibra	-	25-35 g por día	-
Azúcar (añadido)	-	32-36 g por día	-
Proteína	4	5-10 g por 100 calorías	20-40%

* Se trata de una cifra aproximada, pero es el baremo de la industria.

Utiliza lo aprendido

Cuando hayas aprendido a interpretar estas etiquetas, lleva tu conocimiento al supermercado y haz algunas comparativas de los productos habituales que compres. Compara salsas para pasta, pan, yogur, o cualquier otro producto de tu cesta de la compra. Empieza a prestar atención a los ingredientes de los alimentos, así como a su composición y equilibrio nutricional, así podrás tomar decisiones saludables.

Lista de control del cambio semanal	
	• Hidratarse con agua • Llevar un diario de lo que comes • Tomar un complejo multivitamínico • Tomar entre 4 y 6 porciones de verduras • Leer las etiquetas nutricionales
	• Dormir entre 7 y 8 horas al día • Adoptar una perspectiva optimista • Disfrutar de un tiempo a solas
	• Practicar ejercicio a diario • Hacer ejercicios de estiramiento durante 20 minutos, tres veces al día
	• Mantener los alérgenos a raya

Semana 12
Respira hondo

*«Ya que el aliento es la vida, si respiras bien podrás vivir
más tiempo en esta tierra.»*
Proverbio sánscrito

Tendemos a no prestar atención al modo en que respiramos; lo hacemos
inconscientemente y sin pensar. Pero la respiración profunda y consciente es una acción que puede reportar grandes beneficios. Favorece la reducción del estrés, hace bajar la presión sanguínea y es beneficiosa para
la digestión.

La mayoría de personas practica la respiración superficial, también
llamada costal o torácica. Además, cuando nos sentimos estresados,
nuestra respiración tiende a ser superficial, limitando así nuestra toma de
oxígeno, lo cual nos hace sentir más tensos y ansiosos. La respiración
profunda, o abdominal, alcanza el diafragma o el abdomen y la parte
baja de tus pulmones. La activación de estos músculos profundos envía
un mensaje al cerebro de calma y relajación. Luego este mensaje se transmite a tu organismo, lo cual hace descender en última instancia el ritmo
cardíaco, disminuyendo así los patrones de respiración y la presión sanguínea.

Cuando no respiramos hondo, somos más susceptibles a desarrollar
dolores de cabeza cuya causa es la tensión muscular, ya que empleamos
nuestro cuello y hombros para levantar nuestra caja torácica y expandir

el pecho. Por otro lado, la respiración profunda relaja los músculos, protegiéndonos así de cualquier tensión y rigidez no deseadas.

Por último, debido a que la respiración profunda emplea nuestros músculos abdominales y el diafragma, surte una especie de efecto-masaje en nuestros órganos abdominales. A su vez, esto puede favorecer la digestión y facilitar el tránsito intestinal.

Respiración superficial y respiración profunda

Nivel de respiración	Músculos implicados	Cantidad de aire respirado	Impacto en el organismo
Respiración poco profunda	Pulmones	Una taza de té de oxígeno	La respiración superficial hace que el cerebro genere ondas cerebrales más cortas y agitadas
Respiración profunda	Pulmones Diafragma Abdomen	Un cuarto de oxígeno	La respiración abdominal hace que tu cerebro genere ondas cerebrales más largas y lentas, parecidas a las que genera cuando estás tranquilo y relajado

El cambio

Una vez al día, dedica entre 5 y 10 minutos
a respirar hondo.

Hoja de ruta para el éxito

La respiración profunda no sólo es fácil de llevar a cabo, sino que además puede practicarse en cualquier sitio y momento. Hay varias formas de hacerla, como la que describe esta guía básica orientativa:

1. Siéntate cómodamente con la espalda erguida. A menudo cruzamos las piernas al sentarnos.
2. Coloca una mano sobre el pecho y la otra sobre el estómago.
3. Respira hondo por la nariz. La mano de tu estómago debería levantarse, mientras que la del pecho debería moverse muy poco o nada en absoluto.
4. Espira por la boca, expulsando tanto aire como puedas al tiempo que contraes los músculos abdominales. La mano de tu estómago debería moverse mientras espiras, pero la otra debería moverse poco.
5. Sigue respirando por la nariz y expulsando el aire por la boca. Trata de inspirar de modo que la parte inferior del abdomen siga subiendo y bajando.
6. Continúa esta práctica durante diez respiraciones o hasta que te sientas relajado.

Si tienes dificultades para respirar profundamente estando sentado, túmbate en el suelo, coloca un libro sobre el estómago y procura respirar de modo que el libro se levante al inspirar y descienda al espirar.

> ### ¿Sabías que...?
> La respiración profunda rejuvenece los pulmones. Ben Douglas, autor de *Ageless: Living Younger Longer* (Quail Ridge Press, 1980), afirma que si no respiras hondo al menos dos veces al día, tu capacidad pulmonar a los 70 años de edad será una tercera parte de lo que era cuando tenías 20 años.

Crédito extra

¿Ya te has acostumbrado a respirar profundamente? Pasa a otro nivel practicando el siguiente ejercicio dos o tres veces al día. También puedes probar estas técnicas adicionales de respiración profunda:

Respiración 4-7-8

1. Siéntate cómodamente con la espalda erguida.
2. Coloca una mano sobre el estómago y la otra sobre el pecho.
3. Respira honda y lentamente desde el estómago y cuenta en silencio hasta cuatro mientras inspiras.
4. Contén la respiración, y cuenta en silencio hasta siete.
5. Espira completamente mientras cuentas hasta ocho en silencio. Tendrías que haber expulsado todo el aire al llegar a ocho.
6. Repite entre tres y siete veces o hasta que te sientas relajado.

Respiración de vuelta. Se denomina de este modo por el movimiento que realiza tu cuerpo con este tipo de respiración. Te centrarás en el ritmo de tu respiración al tiempo que amplías tu capacidad pulmonar. Cuando aprendas este ejercicio, hazlo estirado con las rodillas flexionadas y los pies en el suelo:

1. Coloca tu mano izquierda sobre el estómago y la derecha sobre el pecho.
2. Respira hondo por la nariz de modo que tu abdomen se levante al inspirar y el pecho permanezca quieto. Espira por la boca. Hazlo entre ocho y diez veces.
3. Después de repetir el paso 2 entre ocho y diez veces, inspira por la nariz de modo que tu abdomen se levante, y cuando lo haya hecho por completo, sigue inspirando aire, elevando la parte superior del pecho. Si lo haces de este modo, el pecho se alzará, mientras que el abdomen empezará a descender.
4. Espira lentamente por la boca mientras sueltas un leve siseo, al tiempo que tu abdomen y luego tu pecho descienden. Al espirar, siente cómo tu cuerpo se va relajando.
5. Sigue respirando de este modo entre tres y cinco minutos.
6. Cuando ya hayas dominado este ejercicio sobre el suelo, podrás practicarlo allí donde te parezca más oportuno.

Nota: si te mareas, disminuye el ritmo de la respiración, y levántate siempre lentamente cuando termines este ejercicio.

Lista de control del cambio semanal	
	• Hidratarse con agua • Llevar un diario de lo que comes • Tomar un complejo multivitamínico • Tomar entre 4 y 6 porciones de verduras • Leer las etiquetas nutricionales
	• Dormir entre 7 y 8 horas al día • Adoptar una perspectiva optimista • Disfrutar de un tiempo a solas • Respirar hondo
	• Practicar ejercicio a diario • Hacer ejercicios de estiramiento durante 20 minutos, tres veces al día
	• Mantener los alérgenos a raya

Semana 13
Come cereales

«Desayuna como un rey, almuerza como un príncipe,
y cena como un mendigo.»
Adelle Davis

Tanto si eres un colegial como si eres un ejecutivo que viaja, o una madre ocupada, el desayuno es la comida más importante del día. Si has oído esta frase antes pero no te la has creído, déjame decirte que es absolutamente cierta.

Los estudios demuestran que las personas que desayunan tienen más energía, una mejor función cognitiva y memoria, así como un índice de masa corporal menor que los que se saltan el desayuno. Además, tomar un desayuno equilibrado es importante para estabilizar el azúcar en la sangre y combatir el cansancio.

Aunque muchas personas se saltan el desayuno porque intentan perder peso, proceder de este modo puede sabotear tus esfuerzos y la pérdida de peso. Desayunar regularmente guarda relación con una pauta saludable de alimentación, ayuda a controlar las raciones, evita los tentempiés a media noche, y reparte equitativamente el aporte calórico a lo largo del día, con lo cual estimulas el metabolismo. Por otro lado, saltarse el desayuno genera hábitos alimentarios de poca calidad, como por ejemplo incrementar el consumo de grasas, disminuir la ingesta de frutas, optar por comidas copiosas y picar entre horas.

> **¿Sabías que...?**
> Las personas que se saltan el desayuno con regularidad registran un riesgo 4,5 veces mayor de padecer obesidad.

El cambio

Empieza el día con un desayuno saludable.

Hoja de ruta para el éxito

Desayunar sano marca la tónica del día. Te ayuda a funcionar a un nivel óptimo y alienta los hábitos saludables a lo largo de la jornada. Para asegurar que tu desayuno es beneficioso para ti y tu estado de salud, sigue las siguientes pautas:

- **Equilibrio.** Un desayuno saludable debería contener proteína sin grasa, lo cual te sacia por la mañana, y carbohidratos con alto contenido en fibra, ya que te proporcionan energía, favorecen el tránsito intestinal y te llenan. Las mejores fuentes de proteína sin grasa son las claras de huevo o los huevos enteros, la leche y el yogur descremados o semidescremados, las alubias y la carne no grasa —como el tocino canadiense o el jamón—. Las fuentes óptimas de fibra durante el desayuno incluyen cereales integrales y la avena, el pan integral y la fruta.

- **Inclúyelo en la lista.** Cuando prepares la lista de la compra de la semana, asegúrate de pensar en el desayuno. Incluye alimentos que te apetezca tomar. Si tus mañanas son frenéticas, elige las opciones que sean rápidas de preparar o fáciles de llevar contigo, como una pieza de fruta o un yogur griego con bajo contenido graso.

- **Planifica.** Si tienes dificultades para encontrar tiempo para el desayuno, levántate unos quince minutos antes para que encaje dentro de tu jornada. Por la noche piensa en lo que vas a tomar a la mañana siguiente, de este modo sólo tendrás que prepararlo.
- **Evita el azúcar refinado y la bollería.** Muchos tipos de desayuno están cargados de azúcar, harinas y cereales refinados. Evita los cereales con un elevado contenido en azúcar, así como los panecillos, las pastas, los donuts, las madalenas y la bollería elaborada con harinas refinadas. Estos alimentos tienen un contenido pobre en fibra y se digieren rápidamente, lo cual provoca que los niveles de azúcar en la sangre suban rápidamente, decaigan los niveles de energía y vuelvas a tener hambre dos horas después de desayunar.

Ideas para un desayuno saludable

1. **Batidos caseros.** Los batidos son deliciosos, nutritivos y fáciles de preparar. Recomiendo que compres una batidora para facilitar las cosas. He aquí un par de mis recetas preferidas:
   - **Pera y chocolate:** mezcla estos ingredientes hasta que quede una textura de batido. *(267 calorías, 2,8 g de grasa, 10%; 38,9 g de carbohidratos, 55%; 22,3 g de proteína, 35%; 11,6 g de fibra)*
     - 1 pera
     - 2 cucharillas de polvos de cacao no azucarados
     - ½ taza de avena cruda
     - 2 cucharillas de proteína de suero orgánico (20 g)
     - 1 cucharilla de canela
     - ¾ de taza de agua

- **Sueño de arándanos.** Mezcla los siguientes ingredientes hasta que quede una textura de batido. *(229 calorías, 5 g de grasa, 20%; 32,3 g de carbohidratos, 52%; 15,6 g de proteína, 28%; 8 g de fibra)*
  - 1 taza de arándanos silvestres
  - $^1/_2$ taza de yogur natural desnatado
  - $^1/_2$ taza de avena cruda
  - $^1/_2$ taza de semilla de linaza molida
  - 1 cucharilla de canela
  - $^1/_2$ taza de agua

2. **Desayuno equilibrado rápido.** Si tienes dificultades para preparar un desayuno equilibrado, prueba estas sencillas combinaciones para asegurar un aporte de proteína y fibra:
   - 1 naranja + 1 tostada de pan integral + 1 loncha de tocino canadiense + 3 claras de huevo. *(225 calorías; 3,2 g de grasa, 13%; 28,7 g de carbohidratos, 48%; 20,5 g de proteína, 39%; 4,1 g de fibra)**
   - 1 taza de arándanos + $^3/_4$ de taza de cereales integrales + 1 taza de leche desnatada. *(288 calorías; 1,2 g de grasa, 3%; 59,7 g de carbohidratos, 79%; 13,5 g de proteína, 18%; 8,9 g de fibra)**
   - $^1/_2$ plátano + 1 taza de avena cocinada + 1 cucharadita de almendras troceadas + $^1/_2$ taza de leche desnatada *(303 calorías; 7,5 g de grasa, 21%; 48,4 g de carbohidratos, 63%; 13,2 g de proteína, 16%; 6,6 g de fibra)**
   - 1 manzana + 1 cucharadita de miel + 1 cucharadita de avellanas troceadas + $^3/_4$ de yogur griego natural desnatado + 1 tostada de pan integral. *(301 calorías; 6,1 g de grasa, 17%; 44,8 g de carbohidratos, 57%; 19,4 g de proteína, 26%; 4,8 g de fibra)**

* *Fuente: Fitday.com*

3. **Mezcla y compara:** La siguiente tabla te ofrece ideas para tres tipos de categorías de alimentos: frutas, cereales integrales y proteínas, así como algunos «extras» que deberían consumirse de vez en cuando debido a su elevado contenido en grasas o azúcares. Elige una opción de cada categoría para preparar un desayuno equilibrado:

Fruta	Cereales integrales	Proteína	Extras
1 naranja	1 tostada integral	½ taza de yogur natural descremado	1 cucharadita de mantequilla de cacahuete
1 taza de arándanos	¾ de taza de cereales integrales	1 taza de leche desnatada	1 cucharadita de mantequilla de almendras
1 manzana	½ taza de avena cruda	3 claras de huevo	1 cucharadita de frutos secos troceados
½ pomelo	1 madalena de harina integral	1 loncha de tocino canadiense	1 cucharadita de miel
½ plátano de tamaño mediano o grande	½ panecillo integral	2 cucharaditas de proteína de suero (sin sabor y sin azúcar añadido)	

Crédito extra

¿Ya eres todo un defensor del desayuno? Pasa al siguiente nivel preparando todos los componentes del desayuno y cocinando con harinas integrales cuando prepares pastas, panes o bollería para tus desayunos.

Lista de control del cambio semanal	
	• Hidratarse con agua • Llevar un diario de lo que comes • Tomar un complejo multivitamínico • Tomar entre 4 y 6 porciones de verduras • Leer las etiquetas nutricionales • Tomar un desayuno equilibrado
	• Dormir entre 7 y 8 horas al día • Adoptar una perspectiva optimista • Disfrutar de un tiempo a solas • Respirar hondo
	• Practicar ejercicio a diario • Hacer ejercicios de estiramiento durante 20 minutos, tres veces al día
	• Mantener los alérgenos a raya

Semana 14
Todo limpio… y ecológico

«La tecnología moderna debe a la ecología una disculpa.»
Alan M. Eddison

Mantener tu casa limpia es importante, pero cómo la limpias es incluso más importante. En lo relativo a los productos de limpieza domésticos que hay en el mercado, muchos contienen sustancias tóxicas que pueden ser dañinas para tu salud y la de tu familia. Muchos productos se han elaborado con sustancias que producen asma, cáncer, cambio hormonal, neurotoxicidad y toxicidad reproductiva, entre otras dolencias. Además, muchas sustancias químicas agresivas pueden provocar quemaduras en la piel y los ojos si no se emplean adecuadamente, e incluso pueden provocar una disfunción pulmonar.

El cambio

Elimina las sustancias químicas tóxicas de tu casa y emplea alternativas ecológicas.

Hoja de ruta para el éxito

Afortunadamente, podemos encontrar productos de limpieza que son ecológicos. Dicho esto, cabe añadir que con frecuencia, en relación con la «limpieza verde», las empresas hacen afirmaciones sobre sus productos que no son del todo ciertas. Por eso es importante saber elegir bien tus productos ecológicos de limpieza.

1. **Toxicidad.** Conoce los ingredientes que son más tóxicos para ti y tu familia de modo que tus decisiones de consumo estén informadas y sepas lo que debes buscar cuando realizas tus compras. Aunque existen muchos ingredientes tóxicos que conviene evitar, consulta la tabla de **Componentes de limpieza a evitar** para conocer los peores.

2. **Investiga.** Puesto que los fabricantes no están obligados a facilitar un listado completo de los ingredientes que emplean en sus productos, muchas etiquetas de productos de limpieza y pesticidas no dan una idea global de su composición. Por eso es mejor llamar a la compañía y pedir un listado de componentes o consultar su página web. También puedes consultar la pagina web de Environmental Working Group (www.ewg.org), la de Environmental Protection Agency (www.epa.gov) y las de las agencias del consumidor de tu país para obtener información nueva y actualizada sobre leyes, políticas, productos e ingredientes.

3. **Ingredientes ambiguos.** Muchos productos contienen ingredientes con información ambigua sobre su nivel de toxicidad o no toxicidad. Por ejemplo, los «conservantes» y los «surfactantes» son términos generales que no especifican el tipo de sustancia química. Es mejor evitar los productos que se definen con estas denominaciones.

4. **Cuando tengas dudas, pásate a lo certificado.** Continuamente aparecen nuevos productos en el mercado. Muchos se promocionan

como productos seguros cuando en realidad no lo son. Elige productos que tengan el «sello» o certificado verde de tu país.

5. **Fuera con lo viejo.** Revisa tus armarios de cocina en busca de los productos de limpieza y pesticidas que tengas. Tira los que contengan ingredientes incluidos en la tabla de **Componentes de limpieza a evitar,** y llévalos a una planta de reciclaje local de productos tóxicos. No los tires por el desagüe, ya que las sustancias tóxicas de ese listado también son perjudiciales para el medio ambiente y los animales.

Componentes de limpieza a evitar

Ingrediente	Por qué es malo
2-butoxietanol (también etilenoglicol monobutil éter y otros éteres de glicol)	• Daña los glóbulos rojos y puede provocar anemia • Crea una contaminación ambiental que supera los límites permitidos en un entorno de trabajo • Se relaciona con problemas de fertilidad y toxicidad reproductiva y del desarrollo • La Agencia de Protección Medioambiental de Estados Unidos (EPA) la considera como un posible agente carcinógeno para humanos
Alquilfenoletoxilado	• Se descompone en alquilfenoles, que son los responsables de las alteraciones hormonales detectadas en humanos y el medio ambiente • Aunque la Unión Europea y Canadá los han prohibido en el mercado de productos de limpieza, Estados Unidos no lo ha hecho • Otras denominaciones: nonil y octilfenoletoxilato, o no- y octoxinol

Ingrediente	Por qué es malo
Tinte	• Término genérico que puede significar muchas cosas, entre ellas algunas sustancias tóxicas • Conviene evitarlos
Etanolamina	• Puede producir asma • Algunos son carcinógenos o neurotóxicos • Busca las variantes: mono-, di- y tri-etanolamina
Fragancia	• Puede contener centenares de sustancias químicas no probadas, entre ellas ingredientes tóxicos como los ftalatos y los almizcles sintéticos, que provocan alteraciones hormonales • Son alérgenos conocidos
Pino o aceite de cítrico	• Forma formaldehído carcinógeno si se emplea en días nublados o con un índice elevado de ozono
Compuestos de amonio cuaternario (quats)	• Puede producir asma • El uso prolongado puede provocar una resistencia bacteriana a estas sustancias químicas y a otras que maten gérmenes • Busca también: alquil dimetil bencil cloruro de amonio (ADBAC), cloruro de benzalconio y didecil dimetil bencil cloruro de amonio

Crédito extra

¿Ya utilizas productos ecológicos en casa? Lleva esta práctica a otro nivel limpiando con productos caseros. Son la forma más segura y natural de ceñirte a lo ecológico. Consulta la tabla de **Componentes seguros de limpieza doméstica** para conocer sus propiedades de limpieza.

Componentes seguros de limpieza doméstica

Componente doméstico	Propiedades de limpieza
Bicarbonato de sodio	Abrasivo; limpiador; desodorante; ablandador del agua
Almidón de maíz	Limpia ventanas; pule muebles; limpia alfombras y moquetas
Alcohol etílico o alcohol puro	Desinfectante
Limón	Reduce la grasa; sirve de ambientador; elimina bacterias
Jabón (evita los destilados de petróleo)	Limpiador biodegradable
Sosa (carbonato sódico)	Reduce la grasa; elimina las manchas; ablanda el agua; limpia paredes, baldosas, fregaderos y desagües. Puede irritar las membranas mucosas. No utilices sobre superficies de aluminio
Vinagre blanco	Reduce la grasa; elimina bacterias, moho y gérmenes; reduce los olores, algunas manchas y la acumulación de cera. No lo emplees sobre mármol ni superficies porosas

Aunque no se trata de una guía completa, guíate por las siguientes recetas caseras para crear distintas soluciones limpiadoras. Ten en cuenta que, aunque estas recetas ayudan a reducir el uso de sustancias tóxicas en tu hogar, los resultados pueden ser muy variados. Prueba las soluciones en zonas pequeñas siempre que sea posible, y guíate por el sentido común. Etiqueta las fórmulas que guardes y mantenlas fuera del alcance de los niños.

Cocina

1. **Superficies (distintas a la piedra o el mármol).** Una parte de vinagre por cada una de agua. Frota las superficies con la solución.
2. **Mostradores y otras superficies.** Rocía los mostradores con bicarbonato de sodio y frota con un trapo húmedo. También funciona sobre fregaderos de acero inoxidable, tablas de cortar, superficies de horno y frigoríficos.
3. **Microondas.** Hierve dos cucharadas de bicarbonato de sodio en una taza de agua. Frota las superficies del interior con la solución.
4. **Detergente para lavavajillas.** Vierte la mitad de una copa de vinagre en el compartimento del detergente para lavavajillas. Ponlo en funcionamiento con normalidad.
5. **Platos.** Corta un limón por la mitad y rocía bicarbonato de sodio sobre una mitad. Frota los platos con el limón.
6. **Desodorante para el cubo de la basura.** Tira las pieles sobrantes de un limón (o una naranja) en el cubo de basura y remuévelo. Déjalas dentro unos diez minutos y luego lava con agua.
7. **Ambientador.** Guarda una caja abierta de bicarbonato de sodio en la nevera para evitar los malos olores.
8. **Limpiahornos.** Unta el interior del horno con una pasta hecha con agua y bicarbonato de sodio. Deja la pasta durante toda la noche, y frota las superficies al día siguiente. Limpia con una esponja o un paño húmedo.

Cuarto de baño:

1. **Moho.** Rocía la superficie con zumo de limón o vinagre. Déjalo reposar unos cuantos minutos y luego frota con un cepillo duro.

2. **Lavabo.** Vierte tres tazas de vinagre en el retrete y otras tres tazas en el tanque una vez a la semana, así se mantendrá fresco.

3. **Desagües.** Vierte una taza de bicarbonato de soda en el desagüe atascado, seguido de una taza de vinagre. Déjalo reposar unos quince minutos, luego abre el grifo de agua caliente. Repite la operación si el desagüe está atascado.

Superficies:

1. **Ventanas y espejos.** Mezcla dos cucharaditas de vinagre blanco con un litro de agua en una botella con dosificador. Rocía las ventanas y los espejos y utiliza papel de periódico para secar (los papeles de cocina dejan marca).

2. **Ventanas y espejos sin marcas.** Diluye un cuarto de taza de maicena en un cuarto de agua en una botella con dosificador. Rocía las ventanas y los espejos y seca con un trapo de felpa hasta retirar todo rastro de humedad.

3. **Superficies de madera.** Mezcla un cuarto de taza de vinagre blanco y 9 decilitros de agua caliente en una botella con dosificador. Rocía un trapo hasta que quede bien humedecido y friega el suelo.

Lista de control del cambio semanal
<ul><li>Hidratarse con agua</li><li>Llevar un diario de lo que comes</li><li>Tomar un complejo multivitamínico</li><li>Tomar entre 4 y 6 porciones de verduras</li><li>Leer las etiquetas nutricionales</li><li>Tomar un desayuno equilibrado</li></ul>
<ul><li>Dormir entre 7 y 8 horas al día</li><li>Adoptar una perspectiva optimista</li><li>Disfrutar de un tiempo a solas</li><li>Respirar hondo</li></ul>
<ul><li>Practicar ejercicio a diario</li><li>Hacer ejercicios de estiramiento durante 20 minutos, tres veces al día</li></ul>
<ul><li>Mantener los alérgenos a raya</li><li>Utilizar productos de limpieza no tóxicos</li></ul>

Semana 15
El grano integral

«En la era de las bellotas, antes de la época de Ceres, un solo grano
de cebada tenía más valor para la humanidad que todos los diamantes
de las minas de la India.»
Henry Brooke

Todos los cereales empiezan siendo integrales. Los cereales integrales contienen la semilla entera, y están repletos de fibras, proteínas y nutrientes, por eso nos nutren y nos sacian. Además, los estudios han demostrado que las dietas ricas en cereales integrales, en comparación con las compuestas de cereales refinados, ayudan a reducir el riesgo de muchas enfermedades crónicas, incluidos infartos, diabetes de tipo 2, afecciones del corazón, asma, inflamaciones, cáncer colonorrectal, pérdida de dentadura y deterioro de las encías. Por último, los cereales integrales permiten regular el nivel de azúcar en la sangre y los niveles de presión sanguínea, reducen el colesterol y facilitan el mantenimiento del peso óptimo.

Sin embargo, muchos alimentos se elaboran con cereales y harinas refinados, entre los cuales están muchos panes, pastas, cereales y productos de bollería. Los granos refinados pierden dos partes del cereal (el salvado y el germen), con lo cual se reduce su aporte en fibra, su proteína y muchos de sus nutrientes. Como resultado de ello, los cereales refinados pueden acabar convirtiéndose en alimentos desprovistos de calorías con muy poco aporte nutricional y que no te sacian.

El cambio

Elige cereales integrales en vez de refinados.

¿Sabías que...?

Si eres celíaco o tienes alergia al gluten, puedes seguir una dieta integral. Los cereales sin gluten son el amaranto, el trigo sarraceno, el maíz, el mijo, la montina (hierba de arroz india), quínoa, arroz, sorgo, pan de teff y arroz salvaje.

Hoja de ruta para el éxito

Se recomienda que consumas tres raciones (48 gramos) de cereales integrales al día. Una de estas raciones integrales puede incluir lo siguiente:

- ¹/₂ taza de cebada, arroz integral u otro cereal cocido.
- ¹/₂ taza de pasta cien por cien integral hervida.
- ¹/₂ taza de cereal caliente, como la avena.
- 1 rebanada de pan cien por cien integral.
- 1 taza de cereal cien por cien integral frío.

1. **Conoce los cereales.** Existen muchas variedades de cereales integrales, aparte del trigo, el arroz y la avena. Otras variedades son:

Amaranto	Farro	Teff
Arroz integral	Grano	Trigo de bulgur
Avena	Kamut	Trigo sarraceno
Cebada	Maíz	Trigo trítico
Centeno	Mijo	
Escanda	Quínoa	
Espelta	Sorgo	

- **Lee las etiquetas.** Muchos productos envasados llevan un etiquetado confuso. Algunas expresiones muy comunes, como «multicereal» o «harina de trigo», no significan necesariamente que ese alimento esté elaborado con cereales integrales. Para asegurar que compras cereales integrales, sigue estas recomendaciones:
  - o **Sellos de cereal integral.** En 2005 el Consejo de Cereales Integrales de Estados Unidos emitió dos sellos para ayudar a los consumidores a identificar los productos que contienen cereales integrales. El «Sello básico de cereal integral» se utiliza para identificar los productos que contienen al menos 8 gramos de grano integral por ración. Ten en cuenta que los

Cortesía de Oldways y Whole Grains Council,
wholegrainscouncil.org

127

alimentos con este sello también pueden contener ingredientes refinados. El «Sello básico de cereal integral 100 por cien» se aplica a los productos que contienen un 100 por ciento de cereal integral, y proporcionan una ración o más (al menos 16 gramos) de cereal integral por ración.

o **Calidad de los ingredientes.** Si no encuentras el equivalente de uno de estos sellos de calidad de tu país en el producto, entonces fíjate en la lista de ingredientes. Consulta la tabla **¿Cuán integral es el grano?** de la página siguiente, en la que figuran los ingredientes integrales, los cuestionables y los que no son en absoluto integrales.

2. **Desayuno.** Empieza el día comiendo cereales integrales. Busca las marcas que utilicen cereales integrales, así como las que incluyen el sello de calidad integral. Los mejores desayunos constan de avena pura cortada o en copos, tiras de trigo sin edulcorar, copos de salvado sin edulcorar, muesli, o cualquier otro cereal con un alto contenido en fibra. Asimismo, si quieres mezclar los cereales con un yogur, añade avena cruda y bayas frescas a un yogur natural griego desnatado.

3. **Pan.** Para empezar, optan por el pan de trigo integral o de cereales integrales, en vez de por el pan blanco para preparar tus tostadas y bocadillos. También el pan de pita integral es más saludable que el típico blanco.

¿Cuán integral es el grano?

Ingredientes	¿Es realmente integral?
• Arroz integral • Avena, harina de avena (incluye la harina de avena tradicional y la instantánea) • [Grano] integral molido a la piedra • [Nombre del grano] integral • Trigo integral • [Otro grano] integral • Grano de trigo	*Sí, éstos son cereales integrales*
• Trigo duro o trigo candeal • Multicereal (puede describir varios cereales integrales o refinados, o una combinación de ambos) • Harina orgánica • Semolina • Harina de trigo	*Tal vez: parte de estos ingredientes de cereal pueden faltar. Por eso puedes estar perdiéndote los beneficios del grano integral*
• Salvado • Degerminado (en la harina de maíz o maicena) • Harina enriquecida • Germen de trigo	*No, estos ingredientes nunca describen a los cereales integrales*

Fuente: Whole Grains Council.

4. **Cocinar con cereales.** Existe una diferencia de sabor entre los cereales integrales y los refinados. Pero cuando te acostumbras a esa diferencia, seguramente te acabarán gustando más los cereales integrales que los alimentos de granos y harinas refinadas. Ve aumentando las proporciones de granos integrales mientras reduces las refinadas hasta que hayas completado el cambio.

- **Arroz.** Cambia el arroz blanco por el integral, el kasha o el bulgur integral. Cuece el arroz integral solo o añádelo a las sopas, guisados, cazuelas o ensaladas.
- **Pastas.** Cambia la pasta tradicional por la de harina 100 por cien integral o la de cereales integrales.
- **Harina.** Cuando cocines con harina, elije la de trigo integral o la de cereal integral. La pasta de harina de trigo integral suele molerse muy fina para añadir textura a tus platos y tu bollería.
- **Pan rallado.** Cuando estás preparando una receta que requiere pan rallado, utiliza el pan de harina integral. Si no puedes encontrarlo, hazlo tú mismo cortando migajas muy pequeñas de pan y asándolas al horno.
- **Con carne.** Añade tres cuartos de taza de avena cruda, pan rallado de harina integral o arroz integral cocido a la carne picada para preparar albóndigas, hamburguesas o pasteles de carne.
- **Ensaladas.** Prueba las ensaladas de grano integral, como el tabulé integral (elaborado con trigo bulgur partido), o quínoa, o cebada.

Crédito extra

¿Ya eres de los que consume cereales integrales? Pasa a otro nivel con las siguientes recomendaciones:

1. **Salir a comer fuera.** A menos que el menú de un restaurante especifique que los platos se elaboran con harina o cereales integrales, es más que probable que los panes, las pastas, los postres y la pastelería procedan de harina refinada. Sin embargo, los restaurantes están empezando a amoldarse a las opciones más saludables. Podemos encontrar pizza con masa integral, pastas de harina integral, arroz integral con sushi, etcétera. Pregunta si ofrecen algunos de sus platos con cereales integrales, y, si es así, pídelos.

2. **Explora cereales nuevos.** Empieza a experimentar con algunos de los cereales que aparecen en el primer listado de la **Hoja de ruta para el éxito** de esta semana. Busca las recetas en Internet para idear nuevos y sabrosos platos.

3. **Pásate a la pastelería.** La pastelería y la bollería pueden ser difíciles de elaborar cuando sustituyes la harina refinada por la integral. Empieza sustituyendo la harina blanca de trigo por la de trigo integral o la harina pastelera de trigo integral para tus galletas, madalenas, bizcochos y pastelillos. Experimenta con otras harinas, como la de salvado, avena, espelta y harina de maíz integral. Cuando cuezas al horno con harinas integrales, la consistencia del plato puede variar. Por eso conviene empezar a sustituir la mitad de las cantidades hasta que domines por completo la cocción con harinas de cereales integrales.

Lista de control del cambio semanal	
	• Hidratarse con agua • Llevar un diario de lo que comes • Tomar un complejo multivitamínico • Tomar entre 4 y 6 porciones de verduras • Leer las etiquetas nutricionales • Tomar un desayuno equilibrado • Elegir cereales integrales
	• Dormir entre 7 y 8 horas al día • Adoptar una perspectiva optimista • Disfrutar de un tiempo a solas • Respirar hondo
	• Practicar ejercicio a diario • Hacer ejercicios de estiramiento durante 20 minutos, tres veces al día
	• Mantener los alérgenos a raya • Utilizar productos de limpieza no tóxicos

Semana 16
Reírse a carcajadas

«Estoy agradecido a la risa, salvo cuando me sale la leche por la nariz.»
Woody Allen

Los bebés y recién nacidos sonríen y se ríen a los pocos meses de vida. Sin embargo, a medida que nos hacemos mayores, muchos perdemos la espontaneidad de sonreír y reírnos. Parte de ello puede deberse a que tenemos más responsabilidades, hemos aprendido nuevos hábitos, nos relacionamos con familiares de porte serio, o nos hemos enfrentado a las dificultades de la vida. Desgraciadamente, esta falta de risa puede tener un impacto negativo en nuestra salud.

La risa nos proporciona beneficios físicos, emocionales y sociales. A nivel físico reduce el estrés, relaja nuestros músculos, apacigua el dolor, refuerza nuestro sistema inmunológico y fortalece nuestro corazón. La risa provoca que las «hormonas de la felicidad» —las endorfinas— se liberen en nuestro organismo, al tiempo que contiene a las hormonas del estrés como el cortisol, la epinefrina y la dopamina. Cuando reímos, también ejercitamos nuestro corazón, el diafragma y los músculos abdominales, mejoramos la circulación y la función de los vasos sanguíneos.

A nivel mental, la risa reduce la ansiedad y el miedo, mejora nuestro estado de ánimo y perspectiva de la vida, y nos permite superar situaciones difíciles y desengaños con mayor facilidad. Nos vuelve más resistentes y aporta felicidad y dicha a nuestras vidas. La risa nos permite apartar la atención de las emociones negativas, como el enfado, el resentimiento y la preocupación, y centrarnos en emociones más positivas. Proporciona una válvula de limpieza emocional, que a la vez traslada nuestro punto de vista serio a otro más ligero.

Como acción espontánea por sí misma, la risa nos permite vivir en el momento, liberar inhibiciones y expresar sentimientos verdaderos. Tener sentido del humor también nos ayuda en la resolución de problemas, nos brinda la capacidad de ver las situaciones desde cierta distancia, nos hace más creativos y resolvemos los problemas con mayor facilidad y eficiencia.

Por último, la risa nos aporta ventajas de tipo social. Nuestra capacidad para reírnos nos hace más atractivos, fortalece nuestras relaciones, disminuye el conflicto y estrecha los vínculos con otras personas. Desata sentimientos positivos, alienta las conexiones emocionales profundas y mejora las interacciones sociales porque uno se siente bien al liberarse de tensiones.

Si llegados a este punto no te has divertido demasiado con el plan de 52 pequeños cambios, prepárate para pasarlo bien y disfrutar del cambio de esta semana.

El cambio

Haz de la risa un ejercicio diario.

Hoja de ruta para el éxito

De todos los cambios que emprendas durante el año, éste debería ser el más fácil y divertido. A fin de cuentas, ¿acaso podemos afirmar que la risa no es diversión? Si crees que la risa no es una actividad diaria, entonces ha llegado el momento de construirla activamente día a día.

1. **Empieza con una sonrisa.** Sonreír es la chispa que enciende una risa. Sin una sonrisa, la risa no puede comenzar. Haz un esfuerzo por sonreír más. Sonríe a los demás cuando te los cruzas en tu camino. Sonríe cuando veas algo agradable. Sonríe cuando estás con tus seres queridos y amigos. Convierte la sonrisa en una parte habitual de tu expresión facial durante el día.

2. **Rodéate de alegría.** Elige pasar tiempo con personas que te hacen reír y que son juguetonas por naturaleza. Su personalidad te influenciará y te sentirás más alegre y juguetona. Los niños, al igual que las mascotas, también nos proporcionan diversión y entretenimiento, así como un medio para relajarnos y disfrutar. Evita a las personas que se toman muy en serio o tienen ideas negativas, ya que seguramente reducirán tu coeficiente de risa.

3. **No te tomes muy en serio.** No te atormentes por tus errores o por haber hecho algo «equivocado» o tonto. A veces conviene compartir esos momentos de bochorno con los demás y aprender a reírse de uno mismo. No sólo resulta más atractivo para quienes te rodean, sino que te ayudará a construir una actitud más positiva y una mejor relación contigo misma. Probablemente conozcas a personas que se toman a sí mismas y todo lo que hacen demasiado en serio. Es muy posible que no sean divertidas. Acuérdate de esas personas de vez en cuando para evitar copiar esa conducta.

4. **No te tomes la vida demasiado en serio.** Aunque algunos asuntos requieren seriedad (como la muerte), la mayoría de cosas de nuestra vida no son tan graves. Encuentra el sentido del humor en las situaciones adversas o difíciles. Fíjate en la ironía de la vida, y aprende a ver su punto divertido, en vez del preocupante. Muchas cosas de nuestra vida

se escapan a nuestro control, especialmente otras personas y sus conductas. Aprende a reírte de esas conductas (y personas) que encuentras irritantes, molestas e incluso maleducadas. Ello puede ayudarte a combatir el estrés y a mejorar tu enfoque de la vida. Puedes hacerte las siguientes preguntas para cambiar de perspectiva: ¿Realmente merece la pena preocuparme por todo ello? ¿Es realmente mi problema? ¿Es tan malo como me parece? ¿Es verdaderamente tan importante?

5. **Gestión del estrés.** El estrés entra en conflicto constante con la risa. Gestiona el estrés de un modo saludable para que tengas espacio para la risa.

6. **Diviértete.** Dedica más tiempo al ocio y haz cosas que te parezcan divertidas y agradables. Por ejemplo, mira más comedias por televisión, y menos dramas. Averigua si hay un club de la comedia en tu ciudad y frecuéntalo. Lee las tiras cómicas de los periódicos. Organiza una noche de juegos con amigos. Lee libros divertidos. Cuenta chistes y anima a los demás a contar chistes también. Habla con tus amigos sobre sus últimas anécdotas más divertidas. Ve a los bolos, a cantar al karaoke, a jugar al minigolf o a una montaña rusa. ¡Compórtate como un crío!

7. **Cuando te asalte la duda, finge.** Nadie quiere fingir, pero si la sonrisa y la risa no brotan naturalmente de tu cara, tendrás que practicar un poco. Fuerza la sonrisa y la risa en la privacidad de tu hogar. Cuanto más practiques, más fácil y espontáneamente surgirán a la menor oportunidad que se presente.

¿Sabías que...?

Los efectos de la risa, liberando el estrés y relajando los músculos, pueden mantenerse durante 45 minutos después de hacer el ejercicio.

Crédito extra

¿Ya eres todo un experto en reír? Mejora tu técnica ayudando a los demás a reírse. Cuanto más se rían tus seres queridos, más sólidas serán tus relaciones con ellos. Si eres una persona especialmente divertida, puedes probar suerte como comediante o apuntarte a un curso del club de la comedia.

Lista de control del cambio semanal	
	• Hidratarse con agua • Llevar un diario de lo que comes • Tomar un complejo multivitamínico • Tomar entre 4 y 6 porciones de verduras • Leer las etiquetas nutricionales • Tomar un desayuno equilibrado • Elegir cereales integrales
	• Dormir entre 7 y 8 horas al día • Adoptar una perspectiva optimista • Disfrutar de un tiempo a solas • Respirar hondo • Reírse a menudo
	• Practicar ejercicio a diario • Hacer ejercicios de estiramiento durante 20 minutos, tres veces al día
	• Mantener los alérgenos a raya • Utilizar productos de limpieza no tóxicos

Semana 17
Cinco huecos al día

«Una de las cosas más agradables de la vida es el modo en que
tenemos que parar todo lo que estamos haciendo para dedicar
nuestra atención a comer.»
Luciano Pavarotti y William Wright, *Pavarotti, mi historia*

Comer en exceso, comer poco, o saltarse comidas puede alterar tu metabolismo, hacerte pasar hambre o que te sientas incómodamente lleno. Mientras que mantener un ritmo regular de comidas es beneficioso para tu salud.

Para empezar, racionalizar tu ingesta de alimentos te permite controlar el apetito. Si te alimentas de pequeñas raciones durante el día, tu cuerpo no tiene tiempo de pasar hambre. Comer con regularidad también significa que tu cuerpo recibe el combustible y los nutrientes que necesita para funcionar adecuada y eficazmente de modo que puedas mantener tu productividad y energía.

Por último, puesto que tu cuerpo necesita energía para digerir, absorber y metabolizar los alimentos, quemas más calorías cuando comes que cuando no lo haces, y ello a la vez favorece el metabolismo. Por otro lado, si esperas demasiado entre comidas, tu cuerpo cree que está pasando hambre, y eso provoca que disminuya el metabolismo.

El cambio

Mantén un ritmo de comidas regular para sentirte satisfecho todo el día.

Hoja de ruta para el éxito

En lo que concierne al modo en que comemos para favorecer la salud, cada persona es un mundo distinto. Sin embargo, muchos expertos coinciden en que dos comidas principales y un par de tentempiés entre medio es un enfoque que funciona para la mayoría de hombres y mujeres. Cuesta un poco acostumbrarse a comer cinco o seis veces al día, pero si lo haces, verás que tus niveles de energía se estabilizan durante la jornada y que asumes un mayor control sobre tu apetito. He aquí algunas recomendaciones:

1. **Empieza por el desayuno.** Tal como he mencionado anteriormente, en la **Semana 13. Come cereales**, es importante empezar el día con un desayuno sano y equilibrado. Los estudios demuestran que las personas que desayunan bien tienden a pesar menos que las que no lo hacen. Asegúrate de tomar un desayuno equilibrado al cabo de una hora y media de despertarte.
2. **Reduce las comidas principales y añade tentempiés.** Reduce el tamaño de las porciones de tus comidas y reparte el aporte calórico en distintos tentempiés. Éste sería un buen horario de comidas:
    *   Desayuno: 07.30-09.00.
    *   Tentempié media mañana: 10.30-11.30.
    *   Almuerzo: 14.00-15.00.
    *   Merienda: 16.30-17.00.
    *   Cena: 20.00-21.00.

3. **Planifica.** Recuerda que saltarse comidas reduce el ritmo metabólico y produce una sensación de hambre. Cuando esto ocurre, es posible que acabes comiendo más de lo necesario, o que elijas opciones poco saludables. Si sabes que estarás fuera de casa todo el día, o que tendrás un horario muy ajustado, llévate contigo tentempiés sabrosos y sanos que te sacien. Entre ellos están las barritas de cereales, o los paquetitos de fruta con frutos secos. Si tu horario es impredecible, asegúrate de llevar tentempiés todo el tiempo para tener algo a mano que comer.

4. **¿Qué hay para cenar?** Una cosa es tener un día ajetreado, pero si sabes que toda la semana va ser frenética, prepara varios platos el domingo para llevarte en una fiambrera a lo largo de la semana. Puedes preparar un par de platos saludables para no aburrirte.

Lista de control del cambio semanal
• Hidratarse con agua • Llevar un diario de lo que comes • Tomar un complejo multivitamínico • Tomar entre 4 y 6 porciones de verduras • Leer las etiquetas nutricionales • Tomar un desayuno equilibrado • Elegir cereales integrales • Tomar 5 pequeñas comidas al día
• Dormir entre 7 y 8 horas al día • Adoptar una perspectiva optimista • Disfrutar de un tiempo a solas • Respirar hondo • Reírse a menudo
• Practicar ejercicio a diario • Hacer ejercicios de estiramiento durante 20 minutos, tres veces al día
• Mantener los alérgenos a raya • Utilizar productos de limpieza no tóxicos

Semana 18
Haz ejercicio

«La falta de actividad destruye la salud del ser humano,
mientras que el movimiento y el ejercicio físico metódico la salvan
y la preservan.»
Platón

Seguramente ya anticipaste que este cambio formaría parte del programa de 52 pequeños cambios. Hacer ejercicio aeróbico con regularidad es la mejor forma de mantenerte en forma, sentirte bien y rejuvenecido durante muchos años. Mejora la resistencia física y los niveles de energía durante la jornada, además de ayudarte a dormir bien por la noche. Puesto que el ejercicio aeróbico hace que tu cuerpo libere hormonas que estimulan el estado de ánimo y las endorfinas, también te ayuda a gestionar el estrés y la depresión, y mejora tu perspectiva de la vida y el ánimo general. El ejercicio aeróbico también te ayuda a mantener el peso y a perder grasa corporal. Pero lo más importante es que el ejercicio cardiovascular regular fortalece tu corazón y pulmones al incrementar tu ritmo cardíaco y la toma de oxígeno. Por eso el ejercicio aeróbico regular es la clave para prevenir las enfermedades, especialmente las del corazón, la diabetes, la obesidad y la hipertensión.

El cambio

Practica ejercicio aeróbico con regularidad hasta incrementar tu ritmo cardíaco en un 60-80 por ciento de tu ritmo cardíaco máximo durante 30 minutos, tres veces a la semana.

¿Sabías que...?

Debido a la capacidad para mejorar la imagen corporal, la energía, la autoestima y el tono físico general, la práctica del ejercicio regular mejora nuestra vida sexual.

Hoja de ruta para el éxito

Lo mejor que puedes hacer para empezar un programa de ejercicios aeróbicos es que sea algo sencillo. Quieres que esos ejercicios sean divertidos, convenientes y prácticos; de lo contrario no te apetecerá hacerlos. Además, tampoco quieres pasarte de la raya ni forzar la marcha, de lo contrario corres el riesgo de lesionarte o de sentirte frustrado. Si últimamente no has practicado ejercicio con regularidad, consulta con tu médico antes de empezar un nuevo programa de ejercicios.

1. **Haz algo que te guste.** Aunque creas que el ejercicio aeróbico consiste en correr varios kilómetros, la actividad aeróbica de calidad puede adoptar muchas formas distintas. Lo más importante es que eleva tu ritmo cardíaco a una intensidad media-alta durante 30 minutos. Siempre que eso se cumpla, puedes hacerlo de la manera que quieras, aunque eso signifique perseguir a tus hijos por el jardín. Algunas de

las opciones más populares incluyen caminar, correr, ir en bicicleta, bailar, hacer excursionismo, patinar, boxear, nadar, jugar al tenis e ir a clases de aeróbic. Prepara un listado de las actividades que más te gustan y empieza a partir de ahí.

2. **Haz algo que te convenga.** No importa lo mucho que te guste algo. Si no te resulta cómodo o requiere demasiado esfuerzo, acabarás no haciéndolo. Ahora fíjate en tu lista y señala las actividades que te resulten más cómodas. Deberías centrarte en ellas durante las primeras semanas de este cambio.

   Si eres relativamente nuevo en el hábito del ejercicio físico, caminar es una actividad que puede practicarse casi en cualquier parte. Caminar a paso ligero constituye un ejercicio estupendo y no requiere ningún tipo de equipamiento, excepto ropa cómoda y unas zapatillas. Además, como ya sabes caminar no tienes que aprender nada nuevo.

3. **Apúntalo.** Determina objetivos y planifica semanalmente tu tabla de ejercicios. Esto te ayuda a crear una actitud adecuada al ver que dispones de tiempo suficiente para hacer ejercicio, y a la vez te hace responsable de cumplir tus objetivos. Elige tres días a la semana para planificar tu actividad aeróbica. Señálalo en la agenda y apunta los detalles: el momento del día, la duración, el lugar y la actividad que tienes previsto realizar. Asegúrate de tener todo lo necesario, como las zapatillas de deporte y la ropa cómoda, así ninguna excusa boicoteará tus planes. También tienes que ser realista al elegir los horarios. Si es menos probable que hagas ejercicio por la mañana que por la noche, no elijas hacer ejercicio a primera hora.

4. **Comprender los niveles de intensidad.** Si estás empezando un programa de ejercicios, completar esos ejercicios es un logro en sí mismo. No obstante, es importante ir incrementando el ritmo hasta que puedas ver y sentir los beneficios. Para ello, puedes ayudarte de las siguientes pruebas para medir la intensidad de tu ejercicio:

- **Test de conversación.** Esta prueba mide si eres capaz de mantener una conversación mientras practicas ejercicio. Si te cuesta hablar, seguramente te estás excediendo en tu práctica y deberías rebajar la intensidad. Pero si puedes mantener una conversación sin registrar ningún cambio en la pauta de respiración, entonces tu ejercicio es demasiado ligero. El punto óptimo es el que te permite mantener una conversación con ciertas dificultades, pero no tantas que te impidan hablar.
- **Percepción del esfuerzo.** Basándote en cómo te sientes durante la práctica de ejercicio, este método requiere que prestes atención a tu cuerpo para saber si estás ejercitándolo lo suficiente. Si notas que te estás esforzando, que se eleva el ritmo cardíaco y que estás sudando, entonces seguramente te estás ejercitando de forma adecuada. Por otro lado, si notas que no te esfuerzas demasiado, que tu ritmo cardíaco sólo registra un ascenso moderado y que apenas estás sudando, entonces deberías intensificar el ritmo de tu ejercicio.
- **Ritmo cardíaco.** La forma más eficaz y precisa de determinar la intensidad de tu ejercicio es medir tu ritmo cardíaco. Puedes hacerlo con un monitor de cardio, pero si no dispones de uno, puedes simplemente medir tu pulso cardíaco. Para medir la intensidad de tu ejercicio, es mejor tomarte el pulso después del ejercicio cuando hayas llegado a su nivel máximo de intensidad durante 10 minutos. En ese momento, mide el pulso durante 10 segundos en alguno de estos puntos:
  o **Tu cuello.** Por lo general, es el punto más sencillo en el que localizar el pulso. Coloca tus dedos índice y corazón justo debajo de la oreja y a la altura de la mandíbula. Desciende los dedos hasta el hueco del cuello, justo debajo del costado de tu mentón. Tendrías que notar el pulso en ese punto.

o **Tu muñeca.** Gira la mano izquierda de modo que la palma mire hacia fuera. Coloca tus dedos índice y corazón de la mano derecha en el centro de la parte exterior de tu muñeca izquierda. Deberías notar el pulso en este punto.

Cuando ya lo hayas encontrado, cuenta los latidos de tu pulso durante 10 segundos. Comprueba las cifras en esta tabla por edades para ver si tu pulso se corresponde con los números de la columna del 60% y la del 80%. También incluye los baremos por minuto.

Edad	60% máximo ritmo cardíaco pulsaciones durante 10 segundos/pulsaciones durante 1 minuto	80% máximo ritmo cardíaco pulsaciones durante 10 segundos/pulsaciones durante 1 minuto
20	20/120	27/160
25	20/117	26/156
30	19/119	25/153
35	19/111	25/148
40	18/108	24/144
45	18/105	24/140
50	17/102	23/137
55	17/99	22/132
60	16/96	21/128
65	16/93	21/124
70	15/90	20/120
75	15/87	20/116
80	14/84	19/112

Si tu pulso es inferior a la cifra de la columna del 60%, entonces deberías ejercitarse con más intensidad. Si tu pulso supera la cifra de la columna del 80%, entonces deberías hacerlo con menos intensidad.

5. **Lleva un diario de tu actividad.** Cuando ya hayas acabado una tabla de ejercicios, incluso el que no tenías previsto hacer ese día, apúntalo de todos modos. Puedes utilizar Fitday.com, que te permite dejar constancia de tus actividades al igual que de tu consumo de alimentos. De este modo tendrás un registro de todos tus logros dietéticos y de ejercicio. Apunta el tipo de ejercicio que practicaste, la duración y la intensidad. Pero si llevas un diario a mano, consulta la tabla **Registro de actividades** que se incluye en la **Tercera parte. Herramientas y recursos.**

6. **Motívate.** Es muy probable que, cuando ya hayas entrado en una rutina de ejercicios, quieras incrementar ese ritmo paulatinamente. Comenzarás a sentirte bien contigo misma y tu cuerpo, habrás rebajado el nivel de estrés y te sentirás con fuerzas para ocuparte de todas tus actividades diarias. Dicho esto, es posible que al principio necesites un poco más de motivación. He aquí algunos consejos que pueden ayudarte:

   • **Que suene la música.** Lleva contigo un reproductor de MP3 o un iPod. Crea un listado de canciones para escuchar durante los ejercicios, especialmente las que tengan buen ritmo o las que te inviten a bailar. La música estimulante hace incrementar tu nivel de energía y te motiva a practicar ejercicio, incluso cuando no tienes ganas de hacerlo. Evita la música melódica o lenta, ya que puede interferir en tu motivación y niveles de energía.

   • **Compañerismo.** Hacer ejercicio con un familiar o amigo es una forma excelente de mantener la motivación y también de ayudar a otros a hacer ejercicio. Pero asegúrate de elegir a un compañero comprometido y que puedas confiar en él para que te motive cuando más lo necesitas.

- **Llévate lo justo y apropiado.** Asegúrate de vestir con la ropa apropiada para hacer ejercicio. No lleves prendas ajustadas ni demasiado holgadas. Si eres mujer, no te olvides de llevar un sujetador reforzado (y otro de repuesto). Si tienes previsto hacer ejercicio al aire libre, procura que tu atuendo sea el adecuado. Por último, invierte en un par de buenas zapatillas de deporte para que tus pies estén cómodos y sujetos.
- **Céntrate en los beneficios.** Si algún día no te sientes con ganas de hacer ejercicio, piensa en los beneficios que te reporta esta práctica. Piensa en lo bien que te sentirás después. Recuérdate que los beneficios a corto plazo son la reducción del estrés y la elevación del estado de ánimo, y que los beneficios a largo plazo inciden en la salud y la prevención de enfermedades.

Crédito extra

¿Ya practicas una actividad aeróbica durante 30 minutos, tres veces a la semana? Pásate al siguiente nivel siguiendo estas recomendaciones:

1. **Un paso más.** Incrementa tu nivel de actividad invirtiendo más tiempo o aumentando la frecuencia de tus ejercicios. Por ejemplo, puedes incrementar el rango de tiempo de 30 a 40 minutos por sesión. O aumentar la frecuencia de tres días a cuatro o cinco por semana.
2. **Explora.** Abandona tu zona de confort y prueba una nueva actividad aeróbica. Prueba una nueva tabla de ejercicios en un gimnasio, monta en bici o practica un deporte en grupo con amigos o compañeros de trabajo. Si siempre tienes algo nuevo que explorar, mantendrás un nivel de interés alto.

3. **Diversificar.** Aunque la práctica del ejercicio repetitivo es mejor que no ejercitarse en absoluto, los estudios han demostrado que la diversificación de tus rutinas y tablas da mejores resultados y reduce el riesgo de lesiones. Si estás acostumbrado a caminar, prueba a montar en bicicleta, subir y bajar escalones (o puedes hacerlo con un *stepper*), o haz ejercicio con una bicicleta elíptica una o dos veces por semana para probar algo nuevo.

4. **Desafío personal.** Supérate a ti mismo con un nuevo objetivo. Por ejemplo, apúntate a una media maratón o un triatlón, o bien a una carrera para recaudar fondos para una causa benéfica. Crea un grupo para salir a correr. Encuentra el modo de desafiarte a ti mismo a la vez que estableces nuevos objetivos que te motiven.

Lista de control del cambio semanal
• Hidratarse con agua • Llevar un diario de lo que comes • Tomar un complejo multivitamínico • Tomar entre 4 y 6 porciones de verduras • Leer las etiquetas nutricionales • Tomar un desayuno equilibrado • Elegir cereales integrales • Tomar 5 pequeñas comidas al día
• Dormir entre 7 y 8 horas al día • Adoptar una perspectiva optimista • Disfrutar de un tiempo a solas • Respirar hondo • Reírse a menudo
• Practicar ejercicio a diario • Hacer ejercicios de estiramiento durante 20 minutos, tres veces al día • Practicar actividad aeróbica 30 minutos, tres veces por semana
• Mantener los alérgenos a raya • Utilizar productos de limpieza no tóxicos

Semana 19
Por amor a la fruta

«Una manzana al día mantiene alejado al médico.»
Refrán galés del siglo xix

Las frutas, al igual que las verduras, son alimentos fundamentales para favorecer y mantener tu estado de salud. También están repletas de vitaminas y minerales, fibra y fitonutrientes. Todas ellas, tal como se menciona en la **Semana 8. Come verdura**, te ayudan a combatir las enfermedades, la obesidad y el envejecimiento. Los fitonutrientes, también conocidos como antioxidantes, son especialmente útiles en neutralizar las moléculas que provocan daño celular, lo cual puede desembocar en un problema de salud.

Los colores que encontramos en las verduras nos indican el tipo de fitonutrientes que contienen, y lo mismo ocurre con la fruta. En la página siguiente encontrarás la tabla de **Todos los colores del arco iris** adaptada para mostrarte cada categoría de color en la fruta. Verás que algunos fitonutrientes se hallan con más facilidad en la fruta que en la verdura, y al revés. Eso se debe a la coloración natural de la fruta comparada con la de las verduras. Por ejemplo, las antocianinas y el licopeno tienden a hallarse más en frutas que en verduras debido a la propensión de los colores rojos, azules y morados de la fruta de color. Por otro lado, verás que los nutrientes que se hallan en los alimentos de hoja verde predominan en las verduras, no tanto en las frutas, debido a la amplia variedad de verduras que tienen un pigmento verde natural. Por eso las frutas y las verduras son tan importantes en una dieta sana. Como la fruta tiene un contenido más alto en calorías que las verduras fibrosas, se recomienda que consumas entre dos y cuatro piezas de fruta al día, mientras que la ración aconsejada de verduras fibrosas es de cuatro a seis raciones al día.

Todos los colores del arco iris. Fruta

Color	Fitonutriente	Fruta		Cómo actúa
Rojo	Antocianina Licopeno	Arándonos rosa/rojos Bayas de acai Cerezas Frambuesa Fresas Granada	Manzanas rojas Melón Naranjas rojas Peras rojas Pomelo	• Mantiene sano el tracto urinario • Mantiene sano el corazón • Refuerza la memoria • Reduce el riesgo de cáncer
Amarillo/ naranja	Bioflavonoide Carotenoides Vitamina C	Albaricoque Caquis Grosella Higos amarillos Kiwi dorado Limones Mandarina Mango Manzanas amarillas Melocotones	Melón amarillo Melón de Cantalupo Naranjas Nectarinas Papaya Peras amarillas Piña Uva Uvilla	• Mantiene sano el sistema inmunológico • Favorece la función y la salud ocular • Reduce el riesgo de cáncer • Reduce el riesgo de enfermedades coronarias

Color	Fitonutriente	Fruta		Cómo actúa

Verde	Calcio
	Indoles
	Hierro
	Luteína
	Magnesio
		Aguacates
		Kiwi
		Limas
		Manzanas
		  verdes
			Peras verdes
			Uvas verdes
				• Favorece la
				  función y la
				  salud ocular
				• Reduce el
				  riesgo de
				  cáncer
				• Fortalece los
				  huesos y los
				  dientes

Azul/
púrpura
	Antocianina
	Fenoles
		Arándanos
		Ciruelas
		Ciruelas
		  pasas
		Grosellas
			Higos
			  púrpura
			Pasas
			Uvas rojas
			Zarzamoras
				• Reduce el riesgo
				  de cáncer
				• Óptimo para la
				  salud del tracto
				  urinario
				• Mejora la función
				  de la memoria
				• Ayuda a
				  combatir los
				  efectos del
				  envejecimiento

Blanco/
crema/
marrón
	Alicina	Dátiles
		Melocotones
		  blancos
		Nectarinas
		  blancas
			Peras
			  Conference
			Plátanos
				• Favorece
				  la salud del
				  corazón
				• Reduce el
				  riesgo de
				  cáncer

El cambio

Consume entre 2 y 4 piezas de fruta al día.
(1 ración = 1 taza de bayas u otras frutas, o 1 pieza de fruta
de tamaño medio, o medio plátano o pomelo).

Hoja de ruta para el éxito

Puesto que las piezas de fruta son fáciles de llevar contigo y puedes tomarlas fuera de casa, es relativamente sencillo incorporarlas a tu dieta. He aquí algunas recomendaciones para ceñirte a la recomendación de tomar entre dos y cuatro piezas de fruta al día.

1. **Empieza con lo que te gusta.** Consulta el listado de frutas que aparece en la tabla **Todos los colores del arco iris. Fruta**. Elige la pieza de fruta que más te guste e incorpórala a tu día a día.
2. **Experimenta.** Al igual que con las verduras fibrosas, prueba nuevos tipos de fruta cada semana. Cuando cocines o incluyas fruta en tus recetas, consulta las páginas web sobre recetas sanas.
3. **Prepárate para la semana.** No te olvides de incluir la fruta en tu lista de la compra, y adquiere la necesaria para que te dure toda la semana.
4. **Compra antes de que madure.** Si compras fruta para toda la semana, sale a cuenta elegir la que todavía no está madura. De este modo, te aseguras de que te durará y que no se echará a perder antes de consumirla. La fruta que aún no está madura es dura al tacto, y los plátanos tienen un tono verdoso.
5. **Desayuno.** La fruta es un alimento que encaja de forma natural en el desayuno. Complementa tu tazón de cereales o copos de avena con un puñado de bayas o medio plátano. Come una naranja en vez de tomar un zumo. O, si quieres preparar un desayuno rápido que puedas llevarte fuera de casa, prepara un delicioso batido de frutas y proteínas (véase **Semana 13. Come cereales** para un par de ideas de receta).

Azúcar, antojos y la conexión frutal

Nuestros cuerpos desean física y emocionalmente tomar azúcar. Mucho antes de aprender a refinar el azúcar, nuestros antepasados sentían un deseo biológico de comer fruta dulce porque les proporcionaba micronutrientes que los protegían de las enfermedades, les ayudaba a mantener sano el sistema inmunológico, y eran de vital importancia para la salud. A nivel emocional, deseamos tomar azúcar porque cuando comemos alimentos dulces la serotonina —un neurotransmisor que afecta nuestro sentido de bienestar y ayuda a regular nuestro estado de ánimo, los ciclos del sueño y el apetito— se libera en nuestro cerebro. De este modo, el azúcar que deseamos es el modo que tiene nuestro cuerpo de decirnos que necesita micronutrientes, energía y hormonas del «bienestar» que proceden de la ingesta de la fruta.

Así que la próxima vez que te apetezca algo dulce, come una pieza de fruta. Seguramente será justo lo que tu cuerpo y tu mente necesitan.

6. **Almuerzo y cena:**
   - **Ensaladas.** Añade fruta a la ensalada para darle un gusto dulce. Las mejores son las naranjas, las uvas, las manzanas, las peras, las grosellas, las fresas, los arándanos, los pomelos y las uvas pasas.
   - **Bocadillos.** Agrega trocitos de manzana o pera a los bocadillos con un poco de queso para un sabor dulce y apetitoso. En vez de patatas fritas o una ensalada de patata o de pasta, elige una guarnición de naranjas, una manzana o una macedonia para complementar tu bocadillo.

• **Postre.** En lugar de comer una galleta o un trozo de tarta, opta por una pieza de fruta con una pequeña tableta de chocolate (con un 70 por ciento o más de contenido en cacao) para terminar tu comida.

Zumos y suplementos de antioxidantes concentrados

Desde hace un tiempo prolifera una oleada de suplementos antioxidantes en el mercado. Sin embargo, las frutas y las verduras no sólo contienen las vitaminas y los minerales mencionados anteriormente, sino que también reportan beneficios de forma natural que se pierden cuando esos nutrientes se extraen y se embotellan, se procesan como pastillas o se venden en polvo. Por eso es mejor ceñirse a lo auténtico y comer la fruta y la verdura lo más íntegra posible.

---

7. **Tentempiés:**
   • **Está en el cuenco.** Cuando queremos tomar un tentempié, tendemos a elegir lo más cómodo. Evita los tentempiés poco sanos como los dulces o los aperitivos fritos, y sustitúyelos por la fruta. Ten a mano un cuenco de fruta que no requiera refrigeración, como manzanas, plátanos, naranjas, uvas, peras, cerezas y mandarinas. Ten fruta en tu trabajo para tomar un tentempié a media mañana o por la tarde.
   • **Combinaciones sencillas.** Si andas corto de tiempo, prueba algunas de estas combinaciones para un tentempié nutritivo y repleto de vitaminas y minerales:
     o 1 pera y $\frac{1}{4}$ de taza de almendras.

o   1 manzana troceada y esparcida sobre 1 tostada de pan integral.

o   ½ plátano y 1 cucharadita de mantequilla de cacahuete.

¿Sabías que…?

Comparado con las piezas de fruta, los zumos de fruta —incluso los elaborados con zumo 100 por cien natural— tienden a ser altos en calorías y aportan muy poca fibra. Por eso, beber un zumo puede provocar una subida del azúcar en la sangre. Por ejemplo, una naranja tiene cerca de 65 calorías y contiene 3 gramos de fibra, mientras que un vaso de zumo de naranja tiene 85 calorías y ningún aporte fibroso. Ésa es la razón por la cual las piezas de fruta se digieren despacio, sacian y son mejores que los zumos para estabilizar el nivel de azúcar en la sangre.

Crédito extra

¿Ya eres un fanático de la fruta? Pasa al siguiente nivel:

1. **Céntrate en la variedad.** Como con el consumo de verduras, sale a cuenta tomar una amplia variedad de fruta de distintos colores. Procura consumir al menos dos piezas de fruta a la semana de cada color del arco iris.
2. **Convence a los amigos, familiares e hijos.** Anima a tus amigos, compañeros de piso o familiares a tomar fruta en sus tentempiés. Comparte un cuenco de cerezas con alguien mientras miras la televisión. Comparte un racimo de uvas con un compañero de trabajo. Enseña a tus hijos a preparar batidos de arándanos para tomar en el postre.

Lista de control del cambio semanal

	• Hidratarse con agua • Llevar un diario de lo que comes • Tomar un complejo multivitamínico • Tomar entre 4 y 6 porciones de verduras • Leer las etiquetas nutricionales • Tomar un desayuno equilibrado • Elegir cereales integrales • Tomar 5 pequeñas comidas al día • Tomar 2 o 3 piezas de fruta
	• Dormir entre 7 y 8 horas al día • Adoptar una perspectiva optimista • Disfrutar de un tiempo a solas • Respirar hondo • Reírse a menudo
	• Practicar ejercicio a diario • Hacer ejercicios de estiramiento durante 20 minutos, tres veces al día • Practicar actividad aeróbica 30 minutos, tres veces por semana
	• Mantener los alérgenos a raya • Utilizar productos de limpieza no tóxicos

Semana 20
Vivir con propósito

«*El propósito de la vida es una vida llena de propósito.*»
Robert Byrne

La vida es un regalo maravilloso, y es una bendición poder estar aquí. Puede parecer muy sentimental, pero piensa en ello: ¿no es increíble que de la totalidad del universo, y de todas las épocas, estemos aquí? Vivimos. Respiramos. Aprendemos. Amamos. Existen muchas cosas que no podemos explicar acerca del cómo y por qué estamos aquí, pero una cosa es seguro: vivir con propósito nos da una razón para seguir viviendo y aporta un sentido a la vida.

Vivir con propósito significa que somos proactivos en la creación de la vida que queremos, una vida con sentido y significado. Nos da un incentivo para asumir la responsabilidad de nuestras acciones, nuestras decisiones y nuestro sendero en la vida, permitiéndonos así cierta independencia mental. No se trata de las cosas tangibles como nuestro trabajo, sino de quiénes somos como personas y la huella que dejamos en la sociedad. Una vida llena de propósito nos proporciona una gran claridad para saber lo que es importante para nosotros, nos ayuda a comprender quiénes somos, refuerza nuestros valores esenciales y nos brinda la oportunidad de vivir con pasión para crear la vida que queremos.

Tener un propósito también evita que vivamos estancados. Ayuda a moldear nuestras acciones, nuestros pensamientos y sentimientos, y nos motiva para tomar la vida por los cuernos y hacerlo sin lamentaciones, o, lo que sería peor, vivir presos del temor. Cuando atravesamos momentos difíciles, el propósito nos ayuda a superar los desafíos de la vida para que sigamos nuestro camino siendo lo mejor que podemos ser.

El cambio

Halla tu propósito en la vida y vívelo a diario.

Hoja de ruta para el éxito

Como eres un ser único e individual, también lo es tu propósito en la vida así como el modo en que descubres ese propósito. Seguramente será muy distinto del propósito de tus amigos, familiares o compañeros de trabajo. Hallar y vivir tu vida con propósito es un viaje, puede llevar algo de tiempo, y además puede cambiar en el transcurso de tu vida.

Autodescubrimiento

El primer paso para encontrar tu propósito es el autodescubrimiento. Es importante saber quién eres, cuáles son tus valores y qué es lo importante para ti. Para ello, empieza por contestar las siguientes preguntas:

1. **¿Qué quieres?** No importa la edad que tengas, dedícale tiempo y atención a lo que quieres de la vida. Hazlo independientemente de todo lo demás y de cualquier otra persona. Sólo tú tienes la respuesta. No respondas atendiendo a tus miedos, tus resentimientos o tu enfado. También debes evitar dar una respuesta a esta pregunta tan im-

portante basándote en tu necesidad de aprobación o de demostrar algo al mundo. Busca en tu interior y piensa en lo que esperas de la vida y el tipo de persona que deseas ser. Las siguientes consideraciones pueden ayudarte:

- Cuando haga examen de mi vida a los setenta años de edad, a los ochenta o noventa, ¿qué querré haber logrado hasta entonces?
- Si tuviera un hijo, ¿qué me gustaría que pensara de mí?
- Si tuviera nietos, ¿qué me gustaría que pensaran de mí?
- Si falleciera, ¿qué me gustaría que incluyera mi epitafio?
- ¿Qué necesito en la vida o qué necesito hacer que 1) me proporcione un inmenso placer, 2) me satisfaga más, 3) me haga sentir lleno y feliz?

2. **¿Cuáles son tus pasiones?** Ahora que ya sabes lo que quieres de la vida, ha llegado la hora de pensar en tus pasiones. Tus pasiones son lo que te impulsa y hace que tu vida valga la pena vivirla. Son las cosas que te aportan gozo y felicidad. Son las cosas que haces por amor, no por un sentimiento de culpabilidad. Son lo que conforman tu predisposición natural, al margen del dinero o el reconocimiento social.

3. **¿Cuáles son tus puntos fuertes?** Ahora es el momento de reconocer aquello que se te da bien. ¿Cuáles son tus talentos? ¿Qué haces mejor que la mayoría de otras personas? A menudo nuestros puntos fuertes se vinculan a nuestras pasiones, pero no siempre es así. Por ejemplo, puedes ser un apasionado de la música, pero no tener oído musical. Tocar un instrumento no sería uno de tus puntos fuertes. En cambio, es posible que sientas pasión por el medio ambiente, y que tengas aptitudes para la diplomacia y la escritura, y todo ello te convierte en una persona idónea para dedicarte a la política medioambiental. Sea cual sea tu caso, tus respuestas a esta pregunta deberían ser automáticas. Ya sabes lo que se te da bien y lo que no. Repasa el **Listado de puntos fuertes** de la **Tercera parte. Herramientas y recursos.**

4. **¿Qué es lo que te importa?** Si tuvieras que unirte a una causa, ¿cuál sería? ¿Hay algo que te enciende por dentro? ¿Hay algo acerca de tu comunidad o el mundo en que vivimos que te gustaría cambiar o mejorar? ¿Hay algo que te impulsa a levantarte y pasar a la acción?

Escribe una declaración de misión personal

En el mundo de los negocios, las empresas hacen un resumen de sus intenciones y propósito en un documento llamado *mission statement* o declaración de la misión. Esto proporciona a la empresa un sentido de dirección y un mensaje coherente en todas sus acciones. Básicamente, su declaración de la misión es su marca. Ahora que ya te conoces mejor, procura establecer tu declaración de intenciones y tu misión. Describe en unas cuantas frases lo que crees que es tu propósito en la vida. Incluye todos los aspectos que acabas de considerar: aquello que quieres, tus pasiones, tus fortalezas y las cosas que te importan. ¿Por qué estás aquí? ¿Qué quieres dar al mundo? ¿Qué tipo de influencia quieres ejercer? ¿Qué te motiva al levantarte por la mañana? Esta declaración debería ser algo con lo que puedas identificarte y de lo que te sientas orgulloso. También tendría que guiarte en tus decisiones y a saber tomarlas de un modo sano y productivo. Redacta esta declaración en la **Declaración de propósito y misión** de la **Tercera parte. Herramientas y recursos.** Si necesitas orientación, un magnífico recurso para redactar tu declaración de misión personal es la página web de construcción de misiones personales de Franklin Covey: www.franklincovey.com. En Internet puedes encontrar otras páginas web que pueden guiarte sobre este tema.

Haz un plan

Después querrás diseñar un plan que te permita vivir en consonancia con tu propósito y misión. Establece objetivos para tu vida y piensa en lo que quieres conseguir. Atrévete a soñar, a tomar posiciones y, lo que es más importante, ¡cree en ti mismo! ¿Cuál será tu legado? Piensa en los pasos que debes tomar para alcanzar tus objetivos. Pueden cambiar a lo largo del tiempo, pero marcarse objetivos en torno a tu propósito te situará en un camino lleno de significado que te permitirá navegar por la vida con lucidez. Cuando surjan las oportunidades, podrás valorar si están en consonancia con tu plan; y cuando no sea así, tendrás el valor para tomar las decisiones correctas para ti.

> ### ¿Sabías que...?
> Según Dan Buettner, autor de *Las zonas azules*, las personas que pueden articular su propósito en la vida con una sola frase son un 20 por ciento más felices que las que no pueden hacerlo.

Vivir tu propósito y misión

1. **Compromiso con tu decisión.** Estás eligiendo activamente crear una vida con propósito. Repasa tu declaración de misión personal a menudo, ya que suele evolucionar. Recuerda que vivir con propósito no tiene tanto que ver con tu trabajo o con las obligaciones de la vida, sino con las decisiones que tomas, tu contribución a la sociedad y la persona que eliges ser.

2. **Abierto al cambio.** A medida que pasa el tiempo vas cambiando, el mundo cambia y las circunstancias de la vida también cambian. Todo ello sigue el curso natural de la existencia. La clave está en el modo en que reaccionas a estos cambios. Debes comprender que la flexibilidad te ayudará a ajustarse a esos cambios cuando se producen. Ve ajustando el plan según las necesidades del momento, y sigue viviendo con el propósito que tenga sentido para ti.

3. **Práctica diaria.** Cuanto mayor es el nivel de propósito de tu vida, más fácil te resultará vivirlo. Recuerda a diario tus compromisos. Cuando te levantes por la mañana, lee tu declaración de misión. Hazte la pregunta: ¿cuáles son mis objetivos del día y cómo voy a cumplirlos?

Crédito extra

¿Ya estás viviendo con propósito? ¡Difunde tu abundancia! Anima a los demás a vivir también con propósito. Redacta una declaración de misión familiar, o haz lo mismo en tu trabajo con una declaración de misión de equipo. Ayuda a los demás a apreciar el valor de crear una vida significativa en torno a un propósito, y a que éste se convierta en realidad.

Lista de control del cambio semanal	
	• Hidratarse con agua • Llevar un diario de lo que comes • Tomar un complejo multivitamínico • Tomar entre 4 y 6 porciones de verduras • Leer las etiquetas nutricionales • Tomar un desayuno equilibrado • Elegir cereales integrales • Tomar 5 pequeñas comidas al día • Tomar 2 o 3 piezas de fruta
	• Dormir entre 7 y 8 horas al día • Adoptar una perspectiva optimista • Disfrutar de un tiempo a solas • Respirar hondo • Reírse a menudo • Vivir con propósito
	• Practicar ejercicio a diario • Hacer ejercicios de estiramiento durante 20 minutos, tres veces al día • Practicar actividad aeróbica 30 minutos, tres veces por semana
	• Mantener los alérgenos a raya • Utilizar productos de limpieza no tóxicos

Semana 21
Pásate a lo orgánico

«En casa sirvo la clase de comida cuya historia conozco.»
Michael Pollan

Tanto si eres un consumidor de productos ecológicos como si no lo eres, seguramente conocerás el movimiento orgánico. Lo orgánico va más allá de la alimentación. Algunos aseguran que ha ido incluso demasiado lejos. Ahora tenemos productos de consumo, personales, para el hogar, e incluso ropa cuyos fabricantes dicen que son orgánicos. No importa cuál sea tu opinión sobre el movimiento orgánico en su conjunto, resulta difícil ir en contra de los beneficios que ofrece lo orgánico en lo relativo a la alimentación y las prácticas agrícolas.

La agricultura orgánica y la convencional difieren de muchas maneras. En primer lugar, la agricultura convencional emplea fertilizantes químicos, mientras que la orgánica utiliza en sus cultivos fertilizantes naturales, como el estiércol o el compost. La agricultura convencional emplea insecticidas para combatir las plagas, mientras que la orgánica recurre a insectos y aves beneficiosos, alteraciones en las pautas de apareamiento, o trampas para reducir las plagas y las enfermedades. Asimismo, la agricultura convencional emplea herbicidas químicos para eliminar las malas hierbas, mientras que la orgánica realiza una rotación adecuada de los cultivos y su labranza, arranca las hierbas a mano o las cubre con paja durante un tiempo para contenerlas. La ganadería convencional implica que a los animales se les administra antibióticos, hormonas de crecimiento y otros medicamentos para evitar las enfermedades e incrementar sus pautas de crecimiento. Además suelen estar encerrados y apenas tienen espacio para pastar o moverse. La ganadería orgánica no permite ninguno de estos métodos, y aplica medidas preventivas para controlar las enfermedades. También deja que los animales pasen tiempo en el exterior para campar a sus anchas, tal como harían en un estado natural.

¿Lo orgánico merece un precio elevado?

Muchas personas se preguntan si el dinero de más que pagamos por los alimentos orgánicos merece la pena. La respuesta a esta pregunta es que sí, lo vale. Hay muchas razones de peso para comprar productos orgánicos. Los alimentos orgánicos certificados por una agencia gubernamental se producen sin pesticidas sintéticos, sin fertilizantes, antibióticos, hormonas del crecimiento, ni pienso procedente de desechos animales, que son de una naturaleza muy cuestionable para tu salud. Lo orgánico es especialmente importante para los niños, que son más sensibles a estas sustancias químicas poco saludables, así como para las mujeres embarazadas o las que amamantan, ya que pueden transmitir estos componentes al feto o al bebé recién nacido.

Desde una perspectiva de la producción, lo orgánico asegura que la fruta, la verdura, los cereales y otros alimentos de origen vegetal crezcan sin el uso de pesticidas. Años antes de que se vincularan a enfermedades hepáticas, renales o sanguíneas, así como al cáncer, la Agencia de Protección Medioambiental estadounidense aprobó muchos pesticidas que se siguen utilizando hoy en día. Ahora, la EPA reconoce que el 60 por ciento de herbicidas, el 90 por ciento de fungicidas y el 30 por ciento de insecticidas son posibles agentes carcinógenos. El Departamento de Agricultura estadounidense ha descubierto que, aunque los productos de agricultura convencional se laven bien, contienen niveles más altos de residuos de pesticida que los de agricultura orgánica. Otra razón para elegir productos orgánicos es que, según las investigaciones, contienen más nutrientes y saben mejor que los productos de agricultura convencional.

En cuanto a los productos de origen animal, eso significa que los animales crecen sin el uso de antibióticos, hormonas del crecimiento y RbGH; tampoco se alimentan de pienso con desechos animales. En lo que concierne a la carne de vacuno, se trata de un detalle importante, ya que la «enfermedad de las vacas locas» —que es mortal para los humanos— se contagia cuando las vacas ingieren pienso elaborado con desechos de animales muertos. Además, el uso de antibióticos en los animales puede provocar cepas de bacterias resistentes a los antibióticos, mientras que las hormonas del crecimiento se han vinculado a un mayor riesgo de cáncer. Por último, desde la perspectiva de los derechos de los animales, muchas granjas orgánicas tratan a sus animales de un modo más humano. Busca la denominación «ave de corral» o «de granja» para saber qué productos proceden de animales que no vivieron en cautividad y se les permitió pastar al aire libre.

La agricultura orgánica también es más saludable para el medio ambiente. Las prácticas de agricultura orgánica ayudan a mantener un equilibrio que favorece un ecosistema sano. Las técnicas de agricultura orgánica son aptas para las capas superficiales del suelo y conservan el agua subterránea. No erosionan el suelo ni contaminan el suministro de agua. Los animales son una parte fundamental de la fertilización natural del suelo en las granjas orgánicas, mientras que las industriales generan una enorme cantidad de desechos que contaminan los pozos subterráneos con bacterias *E. coli* y otros agentes patógenos. Por último, las granjas industriales operan con combustibles fósiles no renovables, hacen un uso abusivo de la energía y contaminan el medio ambiente.

El cambio

Siempre que sea posible, compra fruta, verdura y productos animales de origen orgánico.

Hoja de ruta para el éxito

Aunque ahora pagues más por ello, comprar alimentos orgánicos es mejor para tu salud, lo cual significa que a largo plazo te sale a cuenta. He aquí algunos consejos para convertirte en un consumidor orgánico inteligente:

1. **Comprueba la etiqueta.** Todos los alimentos orgánicos deben corresponderse con los baremos gubernamentales de calidad del Departamento de Agricultura de Estados Unidos para ser etiquetados como orgánicos. Si un agricultor o un productor de alimentos etiqueta un producto como orgánico, debe tener la certificación oficial.

Si un alimento está procesado o preparado, debe ser un 95 por ciento orgánico, o más, para recibir el sello oficial de producto orgánico. Alimentos como los productos lácteos, los huevos u otros alimentos de un único ingrediente deben ser 100 por cien orgánicos.

2. **Los doce más sucios y los quince más limpios.** En general, la fruta de piel fina, como las manzanas, las peras y las bayas, así como muchas lechugas y verduras de piel fina, como las espinacas, los pimientos y las patatas, tienden a retener los pesticidas incluso después de lavarlos. En cambio, la fruta de piel dura, como los plátanos, los aguacates y los pomelos, así como las verduras de «capas» duras, como las cebollas o el maíz, tienden a ser más seguros. Cada año el Grupo de Trabajo para el Medio Ambiente (EWG en sus siglas en inglés) elabora un listado de los productos de consumo habitual basándose en la cantidad de residuos hallados en ellos. Publican la lista de «Los doce más sucios», en la que se incluyen los productos más contaminados que convendría adquirir de cultivo orgánico. También publican la lista de «Los quince más limpios», es decir, los más seguros de comprar en su modalidad convencional. Puedes consultar las informaciones más recientes sobre esta cuestión en www.ewg. org para tomar decisiones informadas acerca de cómo deberías priorizar tus compras de productos orgánicos.

3. **Bajos en pesticidas.** Elige productos, especialmente los vegetales, que sean menos propensos a sufrir plagas, ya que habrán necesitado menos pesticidas para crecer. Algunas verduras que se incluyen en esta categoría son los espárragos, el brócoli, la col y las cebollas.

> **¿Sabías que...?**
>
> La salud supera al medioambiente en las razones por las cuales nos pasamos a lo orgánico. En un estudio dirigido por Nielsen Company, se descubrió que el 76 por ciento de los consumidores de todo el mundo compran productos orgánicos porque creen que es una opción más saludable, mientras que sólo el 49 por ciento lo hacía por considerar que era mejor para el medio ambiente.

4. **Productos animales.** Según la legislación vigente, los productos de ganadería orgánica, carne y lácteos, no contienen ni antibióticos, ni hormonas añadidas ni hormonas de crecimiento humano. Es mejor consultarlo con las autoridades competentes en este ámbito para asegurarse de que la marca que compras o los productos del mercado en el que realizas esas compras sean realmente orgánicos. En Estados Unidos, el Cornucopia Institute publica informes sobre huevos y productos lácteos: www.cornucopia.org. Asimismo, el EWG recomienda comprar productos lácteos, carne y otros alimentos de la Organic Valley Family of Farms, que es una cooperativa de más de 1.300 agricultores orgánicos certificados en más de treinta estados el territorio estadounidense.

Crédito extra

¿Ya eres de los que compra productos orgánicos? He aquí algunas pautas para que puedas subir de nivel:

1. **Mercadillos de productos frescos.** Ayuda a los productores locales comprando sus alimentos en los mercadillos al aire libre y cooperativas.

2. **Agricultura comunitaria.** Los mejores productos orgánicos son de origen local y de temporada. Unirse a un grupo de agricultura comunitaria o una cooperativa local es la mejor manera de garantizar que los alimentos sean frescos, de temporada y procedentes de granjas locales durante todo el año (o en su mayor parte). Estos grupos y cooperativas comercializan alimentos de temporada directamente al consumidor ofreciendo lotes, que suelen contener productos lácteos, pero que también incluyen carnes y aves de corral. Los miembros reciben una caja de productos cada semana según su participación en el grupo. Consulta la página web de la SEAE (Sociedad Española de Agricultura Ecológica) www.agroecologia.net para más información.

3. **Cultivo casero.** Si eres propietario de una casa con un huerto o jardín suficientemente grande, empieza a cultivar tus propios productos y monta un pequeño gallinero para obtener huevos frescos. Esto te permitirá tener cierto control sobre la procedencia de tus alimentos. Asegúrate de emplear técnicas naturales —no pesticidas— para combatir las plagas y las malas hierbas. Aprende también el modo de criar y alimentar a los pollos.

Lista de control del cambio semanal
• Hidratarse con agua • Llevar un diario de lo que comes • Tomar un complejo multivitamínico • Tomar entre 4 y 6 porciones de verduras • Leer las etiquetas nutricionales • Tomar un desayuno equilibrado • Elegir cereales integrales • Tomar 5 pequeñas comidas al día • Tomar 2 o 3 piezas de fruta
• Dormir entre 7 y 8 horas al día • Adoptar una perspectiva optimista • Disfrutar de un tiempo a solas • Respirar hondo • Reírse a menudo • Vivir con propósito
• Practicar ejercicio a diario • Hacer ejercicios de estiramiento durante 20 minutos, tres veces al día • Practicar actividad aeróbica 30 minutos, tres veces por semana
• Mantener los alérgenos a raya • Utilizar productos de limpieza no tóxicos • Comprar productos orgánicos

Semana 22
Reduce el consumo de lácteos

«La leche sienta bien.»
Asociación Nacional de Productores de Productos Lácteos

Un helado en un caluroso día de verano, la leche de tus cereales, el queso en tu tortilla... Si tienes suerte de no sufrir intolerancia a la lactosa, es más que probable que los productos lácteos sean una parte importante de tu dieta. Y por una buena razón: tienen un alto contenido en calcio y proteínas. Desgraciadamente, los productos lácteos también son altos en grasa saturada. Tal como hemos visto en la **Semana 11. Lee el envoltorio**, conviene evitar la grasa saturada, y por tanto consumir muchos productos lácteos puede ser poco saludable.

La buena noticia es que no tienes que dejar de consumir productos lácteos para efectuar un cambio saludable. Un sencillo cambio de la leche entera a la leche baja en grasa te ahorra casi 50 calorías y 6 gramos de grasa saturada por cada vaso de leche. Si luego te pasas a la leche descremada, notarás un ahorro de 60 calorías y 8 gramos de grasa saturada por ración. Si tienes por costumbre beber un vaso de leche al día, este gesto representaría una pérdida de peso de entre 2 y 3 kilos en un año sólo con aplicar este sencillo cambio.

Otra buena noticia: este sencillo cambio puede aplicarse en todos los productos lácteos, incluido el yogur, el queso e incluso los helados. Si consumes lácteos con regularidad, tu cuerpo te agradecerá que hagas este cambio.

El cambio

Pasa de los productos lácteos enteros a los de contenido bajo en grasas (1 por ciento) o desnatados.

¿Qué puedes hacer si tienes intolerancia a la lactosa?

Si sufres calambres, gases, náuseas o diarrea después de consumir productos lácteos, es posible que seas intolerante a la lactosa. Esto significa que tienes dificultades para digerir la lactosa —un azúcar natural que se encuentra en la leche— debido a la falta de lactasa (una enzima digestiva que descompone la lactosa) en tu sistema digestivo. Pero si eres intolerante a la lactosa puedes seguir disfrutando de los productos lácteos.

En primer lugar, hay muchos productos en el mercado para personas que sufren intolerancia a la lactosa, como la leche y lácteos con reducción de lactosa. Además, según el doctor Michael Martini del Departamento de Ciencias de la Alimentación y Nutrición de la Universidad de Minnesota, consumir productos lácteos con una comida ayuda a reducir los problemas digestivos en casi el 70 por ciento de las personas que sufren intolerancia a la lactosa. Eso se debe a que la comida ayuda a reducir la absorción de la lactosa en los intestinos, facilitando así la digestión. Por último, este tipo de intolerancia varía en intensidad según la persona. La intolerancia extrema a la lactosa es poco frecuente. La mayoría de quienes la padecen pueden seguir consumiendo productos fermentados como el queso fresco, el yogur, y los quesos curados debido a su bajo contenido en lactosa. O bien pueden consumir leche de otros animales, como la leche de cabra o de oveja, sin ningún problema. Además, los estudios han demostrado que las personas intolerantes a la lactosa que siguen tomando leche pueden tolerar hasta 3 decilitros de leche al día debido a las adaptaciones de las bacterias de los intestinos.

Otras fuentes de calcio

Una de las razones por las cuales los productos lácteos forman una parte importante de una dieta saludable es su fuente inmejorable de calcio, un nutriente fundamental para la salud de los huesos. La Agencia de Alimentos y Medicamentos estadounidense recomienda que los adultos tomen 1.000 miligramos de calcio al día. Una ración de leche desnatada proporciona el 30 por ciento de tu aporte diario de calcio. Aunque los lácteos son una de las fuentes más importantes de calcio, también hay otros productos ricos en calcio:

- **Sardinas** (85 g enlatadas con aceite y espina): 325 mg
- **Verduras de berza** (1 taza hervidas y escurridas): 266 mg
- **Espinacas** (1 taza hervidas y escurridas): 245 mg
- **Salmón rosa** (85 g enlatados con espina y líquido): 181 mg
- **Soja verde** (1 taza hervida y escurrida): 130 mg
- **Nabos** (1 taza hervidos y escurridos): 197 mg

Fuente: Nutritiondata.com

Hoja de ruta para el éxito

Muchas personas aseguran que los lácteos desnatados saben a agua y se resisten a consumirlos porque creen que no les gustarán. Todo depende de lo que hayas tomado antes. Si ahora consumes lácteos grasos, entonces puedes ir adaptando tu paladar a lácteos bajos en grasas o desnatados con sólo tener en cuenta las siguientes recomendaciones:

1. **¿Tienes leche?** Según el tipo de leche que bebas, pásate al siguiente nivel de reducción de contenidos grasos. Por ejemplo, si ahora tomas leche entera, empieza la semana bebiendo leche con un 2 por ciento de contenido graso. Si ésa es la que consumes, pásate a la de 1 por ciento. Este cambio será suficientemente gradual como para que tu paladar no se escandalice. Al cabo de dos o tres días, pasa al siguiente nivel de reducción de grasa. Tu objetivo es acabar bebiendo leche que no supere el 1 por ciento de contenido en grasa.

2. **Yogurt.** Muchas marcas conocidas de yogur que están en el mercado ya son no grasas o desnatadas. Sin embargo, si has estado tomando yogures grasos, conviene que pruebes otros con menos contenido en grasa. Si prefieres un gusto rico y cremoso en tus yogures, prueba el griego. El yogur griego no graso es mucho más cremoso y rico que el convencional. También contiene más proteínas y menos azúcares que el yogur convencional, así que ingieres más nutrientes por gramo. Si tomas yogur azucarado o con trozos de fruta, prueba la variedad natural y añade tu propia fruta fresca para una combinación más saludable.

3. **Queso.** El queso no graso tiende a tener un gusto blando y curioso, así que recomiendo que consumas los quesos con grasa reducida. La única excepción en este sentido es el queso feta, que suele tener una textura apetitosa y es muy sabroso en ensaladas y tortillas. Algunos quesos sabrosos con bajo contenido en grasas incluyen la mozzarella

semidesnatada, el cheddar de grasa reducida (rallado o de una pieza) y el emmental («queso suizo») de poco contenido graso.

4. **Helados.** Si tomas helados con regularidad, pásate al yogur congelado sin contenido graso. Pero si tomas un helado muy de vez en cuando, entonces merece la pena tomar el auténtico.

¿Sabías que...?

Entre treinta y cincuenta millones de norteamericanos son intolerantes a la lactosa. Sin embargo, esta cifra depende mucho de la raza. Sólo el 2 por ciento de las personas originarias del norte de Europa son intolerantes a la lactosa, mientras que éste es un problema para el 60-80 por ciento de los norteamericanos de origen africano y los judíos askenazis, para el 50-80 por ciento de norteamericanos de origen hispano, para el 95 por ciento de asiáticos, y para el 100 por cien de indios nativos de Estados Unidos. Pero como resultado de los matrimonios mixtos entre razas, estas cifras están sufriendo un descenso.

5. **Café.** Si tomas café con crema de leche o un derivado, pásate a la leche entera. Cuando te hayas acostumbrado a tomar leche entera con el café, pásate a la leche con contenido graso del 2 por ciento. Con el tiempo prueba con la que sólo tiene un 1 por ciento.

Crédito extra

¿Ya consumes lácteos semidesnatados con regularidad? Llévalo al siguiente nivel con la leche y los lácteos desnatados.

Lista de control del cambio semanal	
	• Hidratarse con agua • Llevar un diario de lo que comes • Tomar un complejo multivitamínico • Tomar entre 4 y 6 porciones de verduras • Leer las etiquetas nutricionales • Tomar un desayuno equilibrado • Elegir cereales integrales • Tomar 5 pequeñas comidas al día • Tomar 2 o 3 piezas de fruta • Elegir lácteos semidesnatados
	• Dormir entre 7 y 8 horas al día • Adoptar una perspectiva optimista • Disfrutar de un tiempo a solas • Respirar hondo • Reírse a menudo • Vivir con propósito
	• Practicar ejercicio a diario • Hacer ejercicios de estiramiento durante 20 minutos, tres veces al día • Practicar actividad aeróbica 30 minutos, tres veces por semana
	• Mantener los alérgenos a raya • Utilizar productos de limpieza no tóxicos • Comprar productos orgánicos

Semana 23
Construye relaciones saludables y de apoyo

«La única manera de tener un amigo es ser un amigo.»
Ralph Waldo Emerson

Las relaciones saludables de apoyo desempeñan una función importante para nuestro bienestar y salud emocional. Los estudios demuestran que las personas que gozan de relaciones sanas son más felices y sufren menos estrés que las que no las tienen. De hecho, las relaciones saludables pueden ejercer un impacto mayor en nuestro bienestar que la dieta, el ejercicio, el estrés, el tabaco, las drogas o incluso la predisposición genética. En un estudio publicado en el *American Journal of Epidemiology* se demostró que las personas que carecían de vínculos sociales y comunitarios tenían entre el doble y el triple de probabilidades de morir prematuramente que los que estaban bien relacionados.

Según el médico Dean Ornish, fundador del Preventive Medicine Research Institute y autor de *Love and Survival: The Scientific Basis for the Healing Power of Intimacy*, la soledad y el aislamiento incrementan nuestras probabilidades de adoptar conductas que son perjudiciales para nuestra salud. También nos impiden experimentar con plenitud la dicha de vivir el día a día. Pero el amor, la intimidad, la conexión y el sentido de comunidad son curativos y tienen la capacidad de favorecer la salud, la alegría y el sentido de nuestra vida.

¿Sabías que...?
Independientemente de la conducta, llevar una existencia solitaria y aislada aumenta las probabilidades de sufrir enfermedades y muerte prematura por cualquier causa entre un 200 y un 500 por ciento, o incluso más.

El cambio

Cultiva relaciones sanas de apoyo, mientras reduces el contacto con las tóxicas.

Hoja de ruta para el éxito

Todas las relaciones son importantes, o al menos pueden serlo. Tanto si esa relación es con un amigo, un miembro de tu familia o incluso un compañero de trabajo, siempre tienes la oportunidad de hacerla crecer para que sea significativa. Contribuir activamente en tus relaciones te ayuda a revalorizarlas porque les infunde una calidad que favorece un mejor estado de salud, una comunicación más efectiva, y una mayor intimidad.

1. **Control de calidad.** Si quieres construir relaciones de apoyo, conviene saber las cualidades que consideras importantes en la otra persona, y por tanto en la relación con ella. Elabora un listado de las cua-

lidades que te hacen sentir amado, valorado, respetado y apoyado. Luego haz un listado de las cualidades de signo opuesto. Intenta establecer y construir relaciones con personas que poseen grandes cualidades para prestarte su apoyo, y reduce el contacto con las que no las tienen. Aunque no puedes prescindir completamente de ciertas personas que se cruzan en tu vida, limitar tu contacto con personas que no te prestan apoyo, que te agotan o que no poseen cualidades que son importantes para ti es de vital importancia para tu bienestar.

2. **Dar y recibir.** Construir una relación sólida requiere el compromiso de ambas partes. Es importante que adoptes un papel activo en el desarrollo y preservación de tus relaciones, y que eso sea recíproco por parte de tu amigo o ser querido. De lo contrario, la relación queda coja, lo cual causará inevitablemente cierto resentimiento y decepción. Aunque en algunos momentos una persona puede depender más de la otra, y al revés, esta situación nunca puede ser unidireccional. Ayuda a tus amigos y seres queridos, pero deja que ellos también te ayuden.

3. **Haz lo que te gustaría que otros hicieran por ti.** Las relaciones saludables de apoyo tienen que construirse sobre la base del respeto mutuo, la confianza y la honestidad. Quieres confiar en la otra persona; y, a la vez, tú inspiras confianza. Es importante ser tú mismo mientras dejas que los demás también lo sean. Por último, tratar a los demás con la amabilidad y el respeto que merecen es importante para ganarte el respeto que tú mereces. Siempre habrá momentos en los que no estés del todo de acuerdo con tus amigos o seres queridos, pero el respeto mutuo es esencial.

4. **Practica una conducta saludable.** Las relaciones evolucionan constantemente y tienes que invertir tiempo para mantenerlas sanas. Es absurdo pensar que nunca te vas a cruzar con situaciones o momentos difíciles con tus seres queridos. Sin embargo, el modo en que ges-

tionas estas situaciones es muy importante. Con el fin de cultivar y mantener relaciones saludables, practica alguna de estas conductas:

- **Comunicación sana.** Cuando surge el desengaño en tus relaciones, comunícate honesta y abiertamente de un modo respetuoso. Evita las conductas poco saludables o tácticas como el silencio o guardarse el resentimiento. Obrar de este modo puede herir sentimientos y provocar desavenencias.
- **Escucha activa.** Sé sincero en tu interés por lo que los demás digan. Las relaciones saludables requieren que cada persona se sienta escuchada y pueda hablar abierta y honestamente sobre cuestiones importantes. Dedica un tiempo a escuchar a los demás. Ayudaros mutuamente a atravesar momentos y situaciones difíciles para compartir vuestra vida a un nivel mucho más profundo.
- **Perdón.** Nadie es perfecto, ni siquiera tú. Tus amigos y seres queridos te decepcionarán en alguna ocasión, y tú harás lo mismo. Del mismo modo que te gustaría que ellos entendieran y perdonaran tus imperfecciones, también es importante que tú hagas lo mismo con ellos.
- **Fiabilidad.** Evidentemente, habrá momentos en los que no podremos cumplir lo que prometemos, pero si nunca cumplimos, estamos enviando el mensaje a otras personas de que no valoramos sus necesidades lo suficiente como para merecer nuestra fiabilidad. Cumple tu palabra y tus promesas, y busca desarrollar relaciones con personas que hagan lo mismo.
- **Lazos incondicionales.** No hay nada peor que algunas personas reaparezcan en tu vida sólo cuando necesitan ayuda o quieren que les hagas un favor, y que luego se desvanezcan de nuevo. Busca relacionarte con personas cuya compañía disfrutes, no

sólo porque puedan hacer algo por ti. Al mismo tiempo, busca la compañía de personas que te valoren a ti y a tu amistad sin esperar o necesitar nada a cambio.

Crédito extra

¿Ya sabes construir relaciones sanas en tu vida? Pasa entonces al siguiente nivel aprendiendo a gestionar las relaciones tóxicas o poco saludables. Las relaciones tóxicas pueden tener una influencia muy negativa en nuestro bienestar, y por eso conviene limitar tu exposición a esas personas. Si no puedes romper completamente los lazos con alguien, entonces trata de reducir su impacto negativo. He aquí algunas recomendaciones:

1. **Identifica la toxicidad.** Las relaciones tóxicas suelen ir acompañadas de negatividad. Si alguien te hace sentir mal, critica lo que haces o te critica a ti como persona, entonces esa persona es tóxica. Las personas tóxicas pueden mostrar sus cualidades negativas siendo competitivos, manipuladores, narcisistas, críticos, poco respetuosos o poco sinceros. Las personas tóxicas suelen hacer sentir mal a los demás para sentirse bien ellos.

2. **Procura sanar heridas.** Si aprecias a alguien tóxico, trata de hablar con esa persona sobre tus inquietudes. Explícale que te importa él y su relación, pero que hay algunos aspectos que no te resultan saludables. Explícale que te gustaría encontrar el modo de hacer que esa relación sea sana. Si esa persona es receptiva a lo que dices, podrás salvar la relación. Si no es así, significa que ha llegado el momento de dejarla.

3. **Establece tus límites.** Desgraciadamente, las relaciones tóxicas pueden darse con cualquier persona, incluidos los miembros de tu familia o amigos de toda la vida. Eso dificulta el hecho de que puedas prescindir de ellos. En estos casos, reduce el tiempo que pasas con

esas personas y establece un límite adecuado. Si se pasan de la raya o no respetan tus límites, entonces diles que los amas y te preocupas por ellos, pero que su negatividad no es bienvenida. Explícales que, si no pueden ser positivos ni respetuosos, entonces no tendrán tu compañía.

4. **Atrae a personas positivas.** ¿Alguna vez has disfrutado de la amistad de una persona que te hace sentir especial, te infunde confianza y te valora? Ése es el tipo de persona que aporta energía positiva a tu vida. Cuanto más te rodees de personas positivas y de vibración energética elevada, menos espacio tendrás para las personas negativas. Sigue cultivando relaciones saludables de modo que las otras tengan menos impacto en ti.

Lista de control del cambio semanal	
	• Hidratarse con agua • Llevar un diario de lo que comes • Tomar un complejo multivitamínico • Tomar entre 4 y 6 porciones de verduras • Leer las etiquetas nutricionales • Tomar un desayuno equilibrado • Elegir cereales integrales • Tomar 5 pequeñas comidas al día • Tomar 2 o 3 piezas de fruta • Elegir lácteos semidesnatados
	• Dormir entre 7 y 8 horas al día • Adoptar una perspectiva optimista • Disfrutar de un tiempo a solas • Respirar hondo • Reírse a menudo • Vivir con propósito • Construir relaciones saludables
	• Practicar ejercicio a diario • Hacer ejercicios de estiramiento durante 20 minutos, tres veces al día • Practicar actividad aeróbica 30 minutos, tres veces por semana
	• Mantener los alérgenos a raya • Utilizar productos de limpieza no tóxicos • Comprar productos orgánicos

Semana 24
Porciones desproporcionadas

«Nunca nos arrepentiremos de haber comido poco.»
Thomas Jefferson

Muchas personas tienden a sobrevalorar el tamaño apropiado de sus porciones, al tiempo que infravaloran la cantidad que comen. No es de extrañar: en los últimos veinte años, hemos visto cómo iban aumentando las porciones de los alimentos y ahora estamos en una era de «porciones despropocionadas». Los restaurantes y los establecimientos de comida rápida sirven porciones de gran tamaño para ofrecer un «valor» adicional al cliente. En las tiendas y supermercados, las empresas venden paquetes enormes de sus productos, e incluso en casa los platos son más grandes que antaño. Desgraciadamente, toda esta desproporción también tiene impacto en nuestra cintura: comemos en exceso, lo cual se refleja en nuestros cuerpos.

La sencilla habilidad de saber cuánto comer es importante para perder peso y mantener la línea. Además, comer las raciones adecuadas nos permite comer hasta el punto de sentirnos saciados, pero no tan llenos que luego lo lamentemos.

El cambio

Aprende a medir las cantidades y porciones saludables de los alimentos que ingieres, y controla tus porciones a diario.

¿Sabías que...?

Las investigaciones han demostrado que los norteamericanos suelen infravalorar hasta en un 25 por ciento el número de calorías que consumen al día.

Hoja de ruta para el éxito

Para comprender cuál es la medida adecuada de los alimentos que ingieres, hay dos cuestiones que debes tener en cuenta: 1) tienes que comprender qué constituye una porción en esa clase de alimento, y 2) tienes que saber el aspecto visual que adopta esa porción.

El siguiente listado incluye una selección de varios tipos de alimentos, la composición típica de las porciones, así como fotografías de objetos cotidianos que se parecen al tamaño de la ración referida. Aunque hay algunas excepciones, la mayoría de alimentos del listado son integrales, ya que existe infinidad de alimentos procesados o empaquetados. Además, ya que se recomienda comer alimentos integrales y evitar en todo lo posible los procesados, parece apropiado que nos centremos en ellos.

Fruta fresca* = 1 taza		
Albaricoques (2 piezas)	Mandarinas (2 piezas)	
Ciruelas (2 piezas)	Manzana	
Fresas	Moras	
Grosellas	Naranja	
Kiwis (2 piezas)	Pera	El puño de una mujer

*Excepciones: plátano y pomelo, tamaño de la porción = ½ pieza de fruta.

Verduras de hoja = 1 taza		
Espinacas	Lechuga	Rúcula
Lechuga	romana	Verduras
francesa	Lechuga	variadas
Lechuga roja	romana *baby*	
		Pelota de béisbol

Verduras fibrosas = ½ taza		
Apio	Coliflor	Pepino
Berenjena	Corazones de	Pimiento rojo
Brócoli	alcachofa	Tomates
Calabacín	Espárragos	Zanahorias
Calabaza	Guisantes	
Cebollas	pequeños	½ pelota de béisbol
Col lombarda	Judías verdes	

Panes

Bagel (¼)
Madalena *muffin* (½)
Pan de grano integral (1 rebanada)

Caja de cedé

Carne = 85 gramos

Pechuga de pavo
Pechuga de pollo
Ternera
Tofu

Baraja de cartas

Pescado = 85 gramos

Atún
Bacalao
Dorada
Merluza
Pargo rojo
Pez espada
Salmón

Ratón de
ordenador

> ### ¿Sabías que...?
> En la década de 1980, el tamaño medio de un plato era de 25 centímetros de diámetro. Hoy en día, un plato medio mide 30 centímetros de diámetro. El doctor Wansink de la Universidad de Cornell descubrió que cuando a una persona se le da un plato más grande, tiende a servirse más comida. Sin embargo, las personas que comían en platos más pequeños consumían hasta un 22 por ciento menos de calorías. Si el aporte calórico típico de un plato de 30 centímetros es de 600 calorías, este cambio a un plato más pequeño puede llevar a una pérdida de hasta 6 kilos de peso al año para un adulto medio.

Cereales, legumbres y féculas = ½ taza		
Arroz integral (cocido)	Judías	
Avena (cocida)	Maíz (cocido)	
Bulgur (cocido)	Pasta de harina integral (cocida)	
Cebada (cocida)	Patatas (cualquier variedad)	½ pelota de béisbol
Cereal		
Edamame	Quinoa (cocida)	

Lácteos		
Queso de pasta dura = 42 gramos	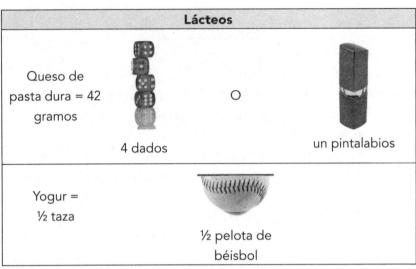 4 dados	O un pintalabios
Yogur = ½ taza	½ pelota de béisbol	

Grasas		
Aguacate = ½ mediano	Baraja de cartas	
Aceites = 1 cucharadita	Un dado	
Frutos secos = ¼ taza	Pelota de golf	

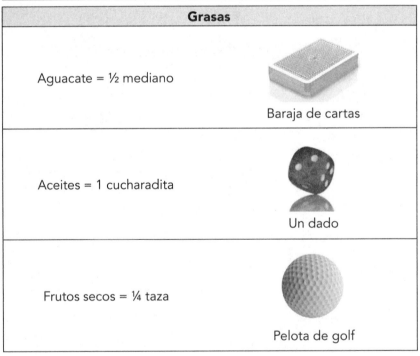

Si no tienes vasos, tazas y cucharas medidoras, cómpralos. Piensa también en comprar una balanza de cocina, ya que con ella podrás pesar los alimentos. Dedica esta semana a medir lo que comes y compáralo con los ejemplos visuales para que captes rápidamente el aspecto que tienen las raciones típicas de alimentos. Deja a la vista algunos de los objetos para medir para tenerlos a mano. Incluso puedes llevarte un par contigo cuando salgas a comer fuera. Con el tiempo sabrás medir los alimentos a ojo sin ayudarte de vasos, tazas o cucharas medidoras, y lo sabrás hacer en cualquier parte.

Cenar fuera

Tomar la ración adecuada puede ser especialmente difícil cuando comemos en un restaurante. Para no perder la perspectiva de las raciones adecuadas, piensa en pedir dos aperitivos en vez de un primer plato. Si estás cenando con otras personas, puedes compartir un aperitivo y un entrante con otro comensal. Si pides un entrante, piensa qué cantidad de la comida servida se equipara a una de tus porciones habituales y deja el resto. Puedes pedir que te envuelvan las sobras para llevártelas a casa o dar a otra persona. Comparte siempre el postre.

Lista de control del cambio semanal
• Hidratarse con agua • Llevar un diario de lo que comes • Tomar un complejo multivitamínico • Tomar entre 4 y 6 porciones de verduras • Leer las etiquetas nutricionales • Tomar un desayuno equilibrado • Elegir cereales integrales • Tomar 5 pequeñas comidas al día • Tomar 2 o 3 piezas de fruta • Elegir lácteos semidesnatados • Tomar porciones saludables
• Dormir entre 7 y 8 horas al día • Adoptar una perspectiva optimista • Disfrutar de un tiempo a solas • Respirar hondo • Reírse a menudo • Vivir con propósito • Construir relaciones saludables
• Practicar ejercicio a diario • Hacer ejercicios de estiramiento durante 20 minutos, tres veces al día • Practicar actividad aeróbica 30 minutos, tres veces por semana
• Mantener los alérgenos a raya • Utilizar productos de limpieza no tóxicos • Comprar productos orgánicos

Semana 25
Ponte fuerte

«La salud de un hombre puede juzgarse por el modo en que toma las píldoras o como sube las escaleras de dos en dos.»
Joan Welsh

Aunque el concepto de resistencia puede evocar en ti imágenes de hombres grandes y musculosos, en realidad los ejercicios de resistencia son una actividad que reporta beneficios para todos. Como cabe esperar, una de las ventajas más evidentes del trabajo de resistencia es la mejora y la preservación del tono muscular. Cuando fortalecemos nuestros músculos, incrementamos nuestra masa muscular a la vez que disminuye la grasa corporal. Además también podemos incrementar nuestro metabolismo en un 15 por ciento, haciendo que nuestros cuerpos sean más eficientes al quemar calorías. Se trata de un dato útil cuando perdemos peso e intentamos no volver a engordar, porque nos mantiene esbeltos. Pero las ventajas de esta práctica van más allá de estar físicamente en forma.

Cuando alcanzamos la pubertad, empezamos a perder un 1 por ciento de nuestra resistencia ósea y muscular al año. Si no hacemos nada para sustituir la pérdida de masa muscular, entonces engordamos. Pero los ejercicios de fuerza y resistencia previenen, y, en muchos casos, invierten la pérdida ósea y muscular, lo cual nos protege de las enfermedades degenerativas como la osteoporosis y la artritis. Los ejercicios de resistencia también mejoran la función de los tendones, las articulaciones y los ligamentos. Ello mejora el equilibrio, la flexibilidad y la coordinación, reduciendo así el riesgo de lesiones y de caídas hasta un 40 por ciento. Los estudios han demostrado que los ejercicios de resistencia pueden mejorar la función cardíaca y disminuir la presión sanguínea, mientras que mejoran el colesterol bueno, la tolerancia a la glucosa y la sensibilidad a la insulina. Al igual que en el caso de los ejercicios aeróbicos, los ejercicios de resistencia liberan endorfinas, que mejoran el estado de ánimo y actúan como antidepresivos, mejorando así los patrones del sueño y el bienestar general.

El cambio

Practica entre 20 y 30 minutos de ejercicios de resistencia dos o tres días a la semana.

Hoja de ruta para el éxito

Al igual que con cualquier otra tabla de ejercicios, conviene consultar con tu médico antes de empezar un programa de entrenamiento de fuerza. Asegúrate de comentarle cualquier lesión o zonas sensibles para que tu tabla de ejercicios sea segura. Si no los has practicado nunca, quizá te convenga contratar a un entrenador personal durante unas cuantas sesiones para aprender el cómo y el porqué de las distintas técnicas, algo que te resultará muy útil para evitar lesiones o tirones musculares. Además, un entrenador te enseñará las distintas clases de ejercicios que puedes hacer, además de motivarte a seguir adelante. Un buen entrenador personal también sabrá diseñar un programa de ejercicios personalizado que sea eficaz y seguro para ti y tus necesidades. Si no puedes pagarte un entrenador personal o no quieres contratarlo, busca clases y gimnasios que incluyan ejercicios de resistencia y de pesas, como los programas Body Pump o Body Sculpting. Pueden ser una manera óptima de introducirse en estos programas en cuanto a variedad e intensidad, especialmente si estás empezando.

Tipos de ejercicios de resistencia

Puedes ejercitar la resistencia de muchas maneras. Lo más importante es que elijas la forma que más te guste y con la que puedas comprometerte. Si crees que te va mejor asistir a las clases que hacer los ejercicios por tu cuenta, entonces opta por lo primero. Si eres una persona reservada y te gusta hacer ejercicio a solas, entonces compra un par de libros o devedés sobre pesas para empezar. Cuando decidas qué clase de formación de resistencia te interesa, ten en cuenta las siguientes consideraciones:

- **Ejercicios con pesas.** Puedes utilizar pesas sencillas (mancuernas o barras) o máquinas de levantar pesas. Estos ejercicios de musculación implican un desarrollo de los músculos a través del levantamiento de pesos y distintas clases de movimientos. Es una de las formas más sencillas de aprender e incorporar el trabajo de resistencia a tu tabla de ejercicios.
- **Circuito de ejercicios de fuerza y resistencia.** Los ejercicios de fuerza se combinan con los de resistencia y los aeróbicos, con lo cual obtienes todos los beneficios de un ejercicio cardiovascular y de fuerza. Te ayudará a desarrollar la resistencia de los músculos y mejorará tu rutina de ejercicios al incluir fuerza y cardio en una única sesión.
- **Ejercicios de peso corporal.** Este tipo de entrenamiento de fuerza utiliza el cuerpo para el peso y la resistencia en vez de un equipo de gimnasia. Con esta modalidad puedes hacer ejercicios para trabajar

todos los músculos. Los ejercicios típicos son flexiones, abdominales y las sentadillas. El yoga y algunas modalidades de Pilates conforman esta tabla de ejercicios de fuerza.

* **Ejercicios de resistencia.** Los ejercicios de resistencia fortalecen los músculos valiéndose de la resistencia (empujar, apretar, estirar o doblarse) y pueden realizarse en el agua con cintas de resistencia, máquinas de resistencia (como las de Pilates) o pesas. Las bandas de resistencia (son muy ligeras y ofrecen resistencia cuando se estiran, y son seguramente el formato más sencillo y barato. Por lo general pueden comprarse en tiendas de deportes o en Internet.

* **Entrenamiento isométrico.** Durante los ejercicios isométricos, trabajas tus músculos sosteniendo pesas o bien oponiendo resistencia en una posición durante varios segundos, sin movimiento o muy poco. Este formato es muy beneficioso para ejercitar y fortalecer los músculos en un ángulo específico de la articulación.

* **Entrenamiento pliométrico.** Los músculos se fortalecen con embates de energía como los saltos y los rebotes. Este entrenamiento utiliza más unidades motoras de lo habitual, por eso es una forma altamente efectiva de ejercitar la fuerza. Es un componente típico de los programas de entrenamiento de la mayoría de corredores de distancias cortas, saltadores y lanzadores, ya que incrementa la velocidad, la fuerza y la capacidad explosiva.

Elementos básicos de un programa de entrenamiento de fuerza

Siempre debes empezar un nuevo programa de ejercicios poco a poco. Si abarcas demasiado y demasiado rápido, puedes cansarte o, lo que es peor, puedes lesionarte. Empieza con pesos ligeros o ejercicios de resistencia al principio, así te sentirás cómodo con las rutinas y los movimientos. A medida que te vayas sintiendo seguro y a gusto ve incorporando pesas de mayor peso. Independientemente del tipo de entrenamiento de fuerza que realices, la mayoría de rutinas incluyen los siguientes ejercicios:

1. **Calentamiento y enfriamiento.** Al igual que en cualquier otro ejercicio, el calentamiento y el enfriamiento son fundamentales. El calentamiento prepara tu cuerpo para el ejercicio, y el enfriamiento te ayuda a volver a recuperar tu ritmo cardíaco. Cuando calientes, practica entre 5 y 10 minutos de actividad aeróbica de intensidad moderada, como caminar, seguida de estiramientos estáticos de los músculos que tienes intención de ejercitar. Cuando te enfríes, practica al menos 3 minutos de ejercicio aeróbico de baja intensidad seguidos de más estiramientos estáticos. (Véase **Semana 10. Tiempo de estiramientos** para más ejemplos de ejercicios de estiramiento.)

2. **Repetición y series.** Los programas de entrenamiento de la fuerza, especialmente el que ejercita la fuerza y la resistencia, suelen seguir una estructura de agrupación y repetición por cada ejercicio. Una repetición es un único movimiento de un ejercicio, como un *curl* de bíceps, mientras que una agrupación consiste en una serie de repeticiones. Las series suelen incluir entre ocho y quince repeticiones, y muchas tablas incluyen dos y tres series de cada ejercicio. Conviene hacer entre ocho y diez repeticiones de un ejercicio para reforzar los músculos, mientras que hacer entre doce y quince repeticiones es mejor para la tonificación. Sin embargo, cuando empieces no te compliques y haz una sola serie de doce a quince repeticiones. Según las investigaciones, una única serie de doce a quince repeticiones con el peso adecuado es igual de efectiva que hacer tres series del mismo ejercicio.

3. **Peso o resistencia.** Cuando practiques ejercicios de peso o de resistencia, es importante utilizar los pesos adecuados. Para saber el peso

justo, elije el que sea lo suficientemente pesado como para estar cansado después de doce o quince repeticiones. La última repetición de cada serie debería costarte mucho. Cuando ya puedas hacer quince repeticiones de un ejercicio con cierta facilidad, deberías incrementar el peso o la resistencia. Si practicas ejercicios que utilizan tu propio peso corporal, haz tantas repeticiones como te sea posible hasta que la última te resulte muy difícil. Aunque es normal sentir ciertas molestias musculares después de una tabla de ejercicios, el dolor no tendría que ser intenso. Si es así, abandona el ejercicio. Si sientes tensión muscular aguda o hinchazón en las articulaciones después del ejercicio, eso significa que te has excedido.

4. **La importancia de descansar.** El reposo de los músculos es tan importante como ejercitarlos. Cuando trabajas la fuerza, tus músculos se fortalecen porque los agotas durante el entrenamiento de fuerza y pueden recomponerse durante los periodos de descanso. Este esfuerzo y reconstrucción es lo que los fortalece. Por eso es importante que los músculos descansen el tiempo suficiente para que tengan tiempo de reconstruirse. El descanso de un grupo de músculos específico durante cuarenta y ocho horas antes de hacer ejercicio es lo más conveniente. Con el fin de dar a tus músculos todo el descanso que necesitan, puedes optar por practicar una tabla de ejercicios que entrene todos los músculos entre dos y tres veces por semana, como por ejemplo los lunes, los miércoles y los viernes. También puedes repartir el trabajo de los grupos musculares en varios días y ejercitar la fuerza a diario, alternando los distintos grupos musculares según el día de la semana. Por ejemplo, los lunes puedes trabajar la espalda y el pecho; los martes puedes ejercitar los brazos, los miércoles las piernas, etcétera. En cualquier caso, asegúrate de que cada grupo muscular descanse un mínimo de cuarenta y ocho horas.

5. **Visibilidad de los resultados.** Si el entrenamiento de fuerza es una novedad para ti, sentirás curiosidad por la rapidez con la que ves resultados. Si realizas entre dos y tres sesiones de fuerza a la semana, y cada una dura entre veinte y treinta minutos, notarás mejoras en tu fuerza y resistencia. También verás una mejora en la definición de los músculos en menos de varias semanas. Sin embargo, como todo en la vida, tendrás que ponerle empeño.

Ejercicios de muestra

Aunque existen centenares de ejercicios que puedes hacer para fortalecerte, las siguientes series son muy sencillas y apenas requieren equipamiento. Puedes hacer estos ejercicios en un solo día para ejercitar todo tu cuerpo. Procura empezar con una serie de quince repeticiones de cada ejercicio. Al igual que con los estiramientos, siempre es mejor trabajar primero los grandes grupos musculares y dejar los más pequeños para el final.

Espalda. Remo inclinado. Los ejercicios de espalda son difíciles de hacer sin equipamiento. Pero éste en concreto puede hacerse con mancuernas, con una barra o con una banda de resistencia. En aras de la simplicidad, explicaré el ejercicio de ejemplo con dos mancuernas. Coloca dos mancuernas en el suelo delante de ti. Mantén los pies un poco más separados que la envergadura de tus hombros. Flexiona ligeramente las rodillas y mira hacia delante durante todo el ejercicio. Luego inclina las caderas para recoger las pesas. Levanta las pesas estando inclinada mientras te esfuerzas por mantener plana la parte inferior de la espalda. Éste es el punto de inicio del ejercicio. (Véase *Ilustración: Remo inclinado 1.*) Inspira, y cuando sueltes el aire, aprieta los músculos abdominales y dobla lentamente los brazos para levantar las mancuernas a la altura del pecho, mientras tratas de juntar los omóplatos. No bajes la cabeza y mira en línea recta durante todo el ejercicio. Inspira y estira lentamente los brazos para bajar las mancuernas mientras tu espalda se mantiene inmóvil. (Véase *Ilustración: Remo inclinado 2*.) Repite entre doce y quince veces.

Ilustración: Remo inclinado 1   *Ilustración: Remo inclinado 2*

Pecho. Flexiones. Se trata de uno de los ejercicios más sencillos y efectivos que puedes hacer para fortalecer tus músculos del pecho. Túmbate boca abajo juntando los pies. Sitúa las manos a la altura de los hombros con las palmas sobre el suelo y ligeramente más separadas que la envergadura del hombro. Mira hacia abajo para que tu cuello esté alineado con la columna vertebral. Mete el ombligo e inspira. Levántate del suelo estirando los brazos mientras espiras y mantienes todo el cuerpo (de los talones al cuello) en línea recta. No dejes caer la pelvis, y tu trasero tampoco debería sobresalir. (Véase *Ilustración: Flexiones 1*.) Inspira cuando bajes hasta que la parte superior de los brazos queden en paralelo con el suelo. (Véase *Ilustración: Flexiones 2*.) Regresa a la posición de partida. Haz unas doce o quince flexiones.

Ilustración: Flexiones 1

Ilustración: Flexiones 2

Pecho. Flexiones alternativas. Si las flexiones convencionales son difíciles para ti, modifica el ejercicio colocando las rodillas en el suelo. (Véase *Ilustración: Flexiones alternativas 1*.) Haz los mismos movimientos descritos en el ejercicio anterior, pero mantén el cuerpo en línea recta desde tus rodillas hasta el cuello. (Véase *Ilustración: Flexiones alternativas 2*.)

Cuando puedas hacer entre doce y quince flexiones cómodamente, continúa con las flexiones convencionales, haciendo tantas como te sea posible, y luego vuelve a las flexiones alternativas.

Ilustración: Flexiones alternativas 1

Ilustración: Flexiones alternativas 2

Hombros. Elevación lateral de hombros. Sostén una mancuerna de dos kilos en cada mano con las palmas mirando hacia tu cuerpo. Permanece de pie con los pies separados en línea con los hombros, con las rodillas ligeramente flexionadas. (Véase *Ilustración: Elevacion lateral de hom-*

bros 1.) Respira hondo y, mientras sueltas el aire, levanta los brazos hacia los costados, manteniéndolos en línea recta hasta que queden en paralelo con el suelo. No levantes las pesas por encima de la altura de los hombros. (Véase *Ilustración: Elevacion lateral de hombros 2.*) Inspira mientras bajas los brazos hasta la posición de partida. Repite entre doce y quince veces.

Ilustración: Elevacion lateral de hombros 1

Ilustración: Elevacion lateral de hombros 2

Bíceps. *Curl* de bíceps. De pie con los pies separados en línea con los hombros, sostén una mancuerna de 2 kilos en cada mano. Flexiona ligeramente las rodillas, sosteniendo las mancuernas a la altura de los muslos de modo que las muñecas miren hacia fuera. (*Véase Ilustración: Curl de bíceps 1.*) No muevas los codos, dobla ambos brazos de modo que puedas subir las mancuernas hasta tus hombros. (Véase *Ilustración: Curl de bíceps 2.*) Devuelve las pesas a su punto de partida. Repite entre doce y quince veces.

Ilustración: **Curl** *de bíceps 1*   *Ilustración:* **Curl** *de bíceps 2*

Tríceps. Fondos de tríceps en banco. Siéntate en el borde de una silla o banco. Coloca las manos en el frontal de la silla de modo que los nudillos miren hacia fuera. Levanta las nalgas de la silla y estira los pies hasta que las piernas queden en línea recta delante de ti y tus nalgas queden a unos

Ilustración: Fondos de tríceps en banco 1

Ilustración: Fondos de tríceps en banco 2

quince centímetros de distancia de la silla. (*Véase Ilustración: Fondos de tríceps en banco 1.*) Respira hondo y haz descender el tronco doblando la parte superior de los brazos hasta que queden en paralelo con el suelo, Tus antebrazos deberían formar una perpendicular con el suelo. (*Véase Ilustración: Fondos de tríceps en banco 2.*) Expulsa el aire mientras vuelves a la posición inicial hasta que tus brazos vuelvan a quedar estirados. Repite entre doce y quince veces.

Piernas. Sentadillas. Este ejercicio trabaja tus cuádriceps, tus tendones y tus glúteos. De pie con los pies separados en línea con los hombros, sostén una mancuerna en cada mano. (*Véase Ilustración: Sentadillas 1.*) Do-

Ilustración: Sentadillas 1   *Ilustración: Sentadillas 2*

bla poco a poco las rodillas mientras mantienes la espalda erguida y hasta que las caderas queden en paralelo con el suelo. Sostén las mancuernas de modo que caigan a ambos lados. Luego dobla las piernas formando un ángulo de noventa grados; las rodillas deberían quedar en línea con tus pies, de modo que no superen los dedos de los pies. (*Véase Ilustración: Sentadillas 2.*) Inspira mientras recuperas la posición inicial. Repite entre doce y quince veces.

Piernas. Alternancia de zancadas (o *lunges*). Las zancadas son estupendas para desarrollar el equilibrio y fortalecer tus cuádriceps, los glúteos y

Ilustración: Alternancia de zancadas 1

Ilustración: Alternancia de zancadas 2

los tendones. Empieza juntando los pies, los dedos mirando hacia fuera. Levanta la cabeza y mira en línea recta. (*Véase Ilustración: Alternancia de zancadas 1.*) Da un paso largo hacia delante con la pierna derecha. Dobla la pierna derecha y baja las caderas de modo que la parte superior de tu muslo derecho forme una línea paralela con el suelo. Aguanta la rodilla derecha sobre el tobillo derecho para que no supere la línea de los dedos de los pies. No toques el suelo con tu pierna izquierda. (Véase la *Ilustración: Alternancia de zancadas 2.*) Empuja con el pie derecho para volver a la posición inicial. Repite con el otro lado. Haz una serie de doce a quince repeticiones por cada pierna.

Extensión de pantorrillas. Este ejercicio es estupendo para tonificar las pantorrillas. De pie apoyándote en el respaldo de una silla con los pies separados en línea con los hombros, las rodillas ligeramente dobladas. Levanta la cabeza y mira en línea recta. (*Véase Ilustración: Extensión de pantorrillas 1.*) Ponte de puntillas despacio. (Véase *Ilustración: Extensión pantorrillas 2.*) Luego baja los talones hasta que toquen el suelo. Repite

Ilustración: Extensión pantorrillas 1

Ilustración: Extensión pantorrillas 2

entre veinte y treinta veces. (Para ampliar la variedad de movimientos, puedes hacer este mismo ejercicio sobre el borde de un escalón). Baja los talones para empezar de modo que cuelguen del escalón.

Crédito extra

¿Ya eres de los que incorpora ejercicios de fuerza en tu rutina de ejercicios? Pasa al siguiente nivel con una mayor variedad de ejercicios. Hay muchas rutinas que puedes practicar para fortalecerte. Prueba a cambiar el tipo de ejercicio por cada grupo muscular, o pasa de un entrenamiento corporal íntegro a otro específico por grupos musculares según el día de la semana. Si sólo trabajas uno o dos grupos musculares al día, haz un mínimo de cuatro ejercicios distintos por cada músculo, y asegúrate de practicar un mínimo de 20 o 30 minutos de entrenamiento de fuerza en cada sesión. Si deseas más información sobre las rutinas de ejercicios de fuerza, consulta el listado de recursos sobre este tema que se incluye en la **Tercera parte. Herramientas y recursos.**

Lista de control del cambio semanal	
	• Hidratarse con agua • Llevar un diario de lo que comes • Tomar un complejo multivitamínico • Tomar entre 4 y 6 porciones de verduras • Leer las etiquetas nutricionales • Tomar un desayuno equilibrado • Elegir cereales integrales • Tomar 5 pequeñas comidas al día • Tomar 2 o 3 piezas de fruta • Elegir lácteos semidesnatados • Tomar porciones saludables
	• Dormir entre 7 y 8 horas al día • Adoptar una perspectiva optimista • Disfrutar de un tiempo a solas • Respirar hondo • Reírse a menudo • Vivir con propósito • Construir relaciones saludables
	• Practicar ejercicio a diario • Hacer ejercicios de estiramiento durante 20 minutos, tres veces al día • Practicar actividad aeróbica 30 minutos, tres veces por semana • Practicar ejercicios de fuerza durante 20 minutos, tres veces por semana
	• Mantener los alérgenos a raya • Utilizar productos de limpieza no tóxicos • Comprar productos orgánicos

Semana 26
Consumir más pescado y marisco

«El pescado está pensado para tentar y para nutrir,
y todo lo que vive en el agua es seductor.»
Jean-Paul Aron

El cambio de esta semana es comer más pescado y marisco. Si ya los comes y te gusta, el cambio será muy sencillo. Pero si el pescado y el marisco no te entusiasman, tendrás que esforzarte un poco más. Afortunadamente, existe una amplia variedad de pescados y mariscos que son beneficiosos para tu salud.

Los alimentos marinos son una fuente excelente de proteínas y aportan muy poca grasa saturada. El pescado, en concreto, tiene un alto contenido en ácidos grasos esenciales omega 3, una grasa saludable con beneficios para el corazón. Las investigaciones han demostrado que los omega 3 reducen el riesgo de sufrir enfermedades del corazón al rebajar los niveles de triglicéridos, el colesterol y la presión sanguínea. Comer productos del mar también reduce el riesgo de contraer cáncer.

Los mariscos y el pescado son ricos en una variedad de vitaminas y minerales, todos ellos importantes para una dieta sana. Además, son mucho más bajos en calorías que la carne de vacuno, el cerdo o las aves de corral, así que te ayuda a mantener tu aporte calórico a un nivel bajo, lo cual favorece la pérdida y el mantenimiento del peso.

El cambio

Come dos raciones a la semana de 100 gramos de pescado o marisco.

¿Sabías que...?

Varios estudios en los que han participado cientos de miles de personas indican que comer aproximadamente una o dos raciones de 100 gramos de pescado azul o pescado graso a la semana (salmón, arenque, caballa, anchoas o sardinas) reduce el riesgo de morir de una enfermedad coronaria en un 36 por ciento.

Hoja de ruta para el éxito

Consumir pescado no es más complicado que consumir carne o pollo. He aquí algunas ideas sobre cómo incorporar el pescado en tu dieta:

Cocinar y pedir pescado en un restaurante

La comida sana puede serlo menos según su preparación. Opta siempre por pescado al horno, hervido o a la plancha cuando lo prepares en casa o lo pidas en un restaurante. No consumas nunca pescado frito, ya que tiene un contenido elevado en grasa saturada y seguramente grasas trans debido a los aceites de la fritura. Si tomas pescado marinado, elige aliños que tengan un bajo contenido en grasas y sodio. También puedes utilizar especias y hierbas, así como zumo de limón y salsas de frutas para condimentar el pescado con aliños naturales de pocas calorías. Si no estás acostumbrada a cocinar pescado, he aquí algunas recomendaciones para integrarlo en tu rutina semanal:

1. **Ligero.** Si no eres de comer mucho pescado, es mejor empezar con variedades ligeras. La tilapia y el lenguado son ligeros y suaves al paladar. Una forma sencilla y sabrosa de preparar pescado fresco es colocarlo sobre una bandeja de horno, escurrir un limón por encima y sazonarlo con eneldo, sal y pimienta. Cubre la bandeja con papel de aluminio y déjalo cocer en el horno a 175 grados Celsius (centígrados). Cuece unos 10 minutos por cada centímetro y medio de espesor de la pieza.

2. **Simple.** Consume salmón y atún al natural en lata. Añade aceite de oliva, alcaparras y mostaza para preparar una sabrosa y saludable ensalada de salmón o atún. Mezcla el pescado enlatado con huevos y pan rallado, y con ello podrás preparar hamburguesas y pasteles de pescado.

3. *Sushi.* El *sushi* es un tipo de cocina que está de moda. Sin embargo, debes tener en cuenta que consumir pescado crudo o poco cocido puede ser perjudicial para la salud. Asegúrate de comer en restaurantes que ofrezcan productos de calidad. También puedes preparar *sushi* en casa con arroz integral o pedirlo en un restaurante para incorporar más cereales y fibra en tus comidas.

4. **Complementos para ensalada.** Añade gambas o salmón a tus ensaladas en vez de las típicas tiras de pechuga de pollo o bistec. Haz lo mismo cuando comas en un restaurante.

5. **Revuelto de pasta.** Prepara *linguini* con salsa de almejas, una combinación rica en omega 3 si le añades gambas, mejillones, ostras y almejas. Acuérdate de servirlo con pasta integral para que tu plato sea aún más sabroso.

6. **Sabor español.** Prepara una paella de marisco con arroz integral a base de gambas, almejas, cangrejo y mejillones.
7. **Consulta los libros de cocina y las páginas web.** Para recabar información sobre recetas sabrosas, ve a las páginas web recomendados sobre cocina en la **Tercera Parte. Herramientas y recursos**, o compra un libro de recetas especializado en preparar saludables platos de pescado.

Evitar los contaminantes

Desde hace poco existe una gran preocupación por las sustancias químicas tóxicas y los contaminantes que pueden hallarse en el pescado. Razones no faltan: los desechos industriales provocan que el mercurio, el policloruro de bifenilo (PCB), las dioxinas y otros contaminantes del medio ambiente infecten nuestras aguas y a los seres vivos que las habitan.

Por lo general, el pescado más viejo y grande tiende a registrar niveles más altos de contaminantes, ya que pasa más tiempo en aguas contaminadas. Lo mejor en este caso es diversificar la ingesta de pescado consumiendo distintas variedades, y centrándose en elegir el pescado y el marisco que sea pequeño y menos propenso a captar contaminantes. Debes saber que existen distintas variedades de algunos tipos de pescado, y que algunos son más propensos a los contaminantes que otros. Por ejemplo, el atún blanco contiene muchos más PCB que el atún enlatado al natural.

Puesto que el consumo de pescado y marisco ofrece numerosos beneficios para la salud, es importante que lo incorpores a tu dieta. Los organismos oficiales y privados de protección del medio ambiente publican informaciones sobre todo tipo de alimentos marinos, sus niveles de contaminación y recomendaciones sobre la frecuencia con la que deberías consumir las distintas variedades. En la tabla siguiente encontrarás un listado de pescados y mariscos de consumo habitual según la frecuencia con la que deberían consumirse, teniendo en cuenta el nivel de mercurio o de PCB que pueden contener. Si un tipo de pescado o marisco no contiene mercurio o PCB, entonces sólo se han registrado trazas de estas sustancias. Cada listado también proporciona información sobre el nivel de omega 3 que se encuentra en distintos pescados y mariscos. Puesto que los niveles de contaminación en nuestros mares pueden variar, en España, consulta las páginas web de organismos como el Ministerio de Agricultura, Alimentación y Medio Ambiente (tiene plataformas de información agroalimentaria y ambiental), o los respectivos organismos de las comunidades autónomas, para informarte de los datos más recientes:

Evitar tajantemente

Pescado	Niveles de Omega 3	Mercurio	PCB
Anguila (americana)	Bajo	X	X
Anjova	Moderado	X	X
Atún azul	Alto	X	X
Blanquillo	Moderado	X	
Caballa	Muy alto	X	
Esturión fresco (importado)	Bajo	X	X
Pez espada	Moderado	X	
Róbalo	Bajo	X	X
Tiburón	Alto	X	

Consumir de vez en cuando (menos de una vez al mes)

Pescado	Niveles de Omega 3	Mercurio	PCB
Atún de ojo grande	Bajo	X	
Pargo naranja	Muy bajo	X	
Perca amarilla	Bajo		X
Platija, verano e invierno	Bajo		X
Salmón fresco de Washington	Muy alto		X

Consumir con moderación (menos de dos veces al mes)

Pescado	Niveles de Omega 3	Mercurio	PCB
Abadejo	Muy bajo	X	
Caballa española	Muy alto	X	
Cangrejo azul	Bajo	X	X
Mero	Bajo	X	
Pargo lunar	Bajo	X	
Róbalo chileno	Alto	X	
Salmón, de piscifactoría o del Atlántico	Muy alto		X
Trucha de mar, manchada	Bajo	X	X

Consumir más a menudo (menos de tres veces al mes)

Pescado	Niveles de Omega 3	Mercurio	PCB
Atún amarillo	Bajo	X	
Atún negro	Bajo	X	
Bonito en lata	Bajo	X	
Esturión del Atlántico	Bajo	X	
Pargo rayado	Bajo	X	

Marisco y colesterol

El marisco, especialmente la langosta, el cangrejo y las gambas, pueden ser relativamente altos en colesterol dietario, si los comparamos con otros alimentos. Sin embargo, las investigaciones demuestran que el colesterol dietario no es la preocupación principal en el aumento del colesterol en la sangre. Pero sí lo es la grasa saturada. A menos que tengas el colesterol alto, el consumo de marisco no debería ser una preocupación. Pero si te preocupa la ingesta de colesterol, consulta primero con tu médico antes de consumir estos productos.

Consumir más a menudo (cuatro o más veces al mes)

Pescado	Niveles de Omega 3	Mercurio	PCB
Almejas	Bajo		
Anchoas	Muy alto		
Arenque	Muy alto		
Atún al natural enlatado	Bajo	X	
Bacalao del Atlántico	Bajo		
Caballa (Atlántico)	Bajo		
Calamar	Bajo		
Cangrejo	Bajo		
Cangrejo de río	Muy bajo		
Carbonero	Bajo		
Chirlas	Bajo		
Eglefino	Bajo		
Gambas	Bajo		
Halibut	Bajo	X	
Langosta (entera)	Bajo		
Lenguado	Bajo		X
Mahimahi	Bajo	X	
Mejillones	Moderado		
Ostras (de piscifactoría)	Alto		
Pargo (importado, rojo, sedoso, bermellón, y de cola amarilla)	Bajo	X	
Pescado blanco	Alto		
Salmón en lata	Muy alto		
Salmón fresco de Alaska	Muy alto		X

Pescado	Niveles de Omega 3	Mercurio	PCB
Sardinas	Muy alto		
Siluro	Bajo		
Tilapia	Bajo		
Trucha	Alto		X
Fuentes: National Resources Defense Council, American Heart Association (AHA), Environmental Protection Agency (EPA) y Environmental Defense Fund (EDF).			

Suplementos de omega 3

Si añadir pescado a tu dieta te resulta muy difícil o si no te gusta el pescado, piensa en complementar tu dieta con aceite de pescado. Los ácidos grasos esenciales omega 3 son un componente importante de una dieta sana porque nuestros cuerpos no pueden producirlos. En concreto, los omega 3 desempeñan un papel fundamental en la salud de nuestras células y reducen el riesgo de sufrir infartos y enfermedades coronarias, así como los síntomas de la hipertensión, la depresión, el trastorno de hiperactividad y déficit de atención, dolor de articulaciones, y otras dolencias. Además, consumir alimentos ricos en omega 3 es útil para equilibrar nuestra proporción de omega 6 y omega 3.

La proporción óptima de omega 6 con los omega 3 es de 1:1, y no debería ser superior al 4:1. Sin embargo, la dieta media de los norteamericanos registra un consumo de omega 6 entre 14 y 25 veces superior a la de los omega 3, según el Centro Médico de la Universidad de Maryland. Este desequilibrio se ha vinculado a muchas de las enfermedades que sufrimos hoy en día, como el cáncer, el asma, la artritis y las enfermedades de corazón. Por eso es importante incrementar el consumo de omega 3, mientras desciende el consumo de omega 6 para restablecer nuestra ingesta hasta una proporción saludable.

Las fuentes de omega 3 incluyen el aceite de pecado y ciertos aceites que hallamos en plantas, semillas y nueces. Los estudios demuestran que las fuentes de pescado de omega 3 son mejores que las fuentes vegetales porque los omega 3 que hallamos en el pescado ya se han convertido en ácidos DHA y EPA. Se sabe que estos ácidos reducen los triglicéridos y el riesgo de padecer enfermedades de corazón, y disminuyen la presión sanguínea. Por otro lado, las fuentes vegetales son ricas en ácidos alfa-linóleos, que luego el hígado debe convertir en DHA para conseguir los mejores beneficios.

Si no consumes pescado graso como mínimo tres veces por semana, complementa tu dieta con 1.000 miligramos de aceite de pescado EPA/DHA. Si te preocupa el mercurio y otros contaminantes procedentes del pescado, o si eres vegano o vegetariano, puedes tomar omega 3 del fitoplancton, una alga monocelular que flota en el océano. Algunas variedades de fitoplancton contienen DHA y EPA y ofrecen los mismos beneficios que el pescado, pero sin el riesgo de contaminantes.

Otras consideraciones que debes tener en cuenta sobre tu exposición a los contaminantes:

1. **Comer fuera.** Cuando salgas a comer fuera, pregúntale al camarero o camarera sobre la procedencia del pescado. Por ejemplo, si tienen salmón en el menú, pregúntale si es de Alaska, si es de piscifactoría, o cuál es su procedencia.
2. **Piel y espinas.** Muchos contaminantes moran en la piel y en la grasa del pescado. Retira estos residuos antes de cocinar, y si comes en un restaurante, retira la piel y las espinas antes de comer para reducir la exposición a los contaminantes.
3. **Investiga.** Dirígete con cierta regularidad a los grupos de consumidores locales para obtener información actualizada sobre el pescado y los productos del mar que puedan estar contaminados.
4. **Mujeres embarazadas y niños.** No es preciso que los niños y las mujeres embarazadas dejen de consumir pescado. De hecho, los datos indican que el pescado puede ser beneficioso para el desarrollo del feto y del niño, y que los beneficios superan cualquier riesgo. Sin embargo, las mujeres embarazadas, las madres que están amamantando, y los niños harán bien en evitar consumir pescado con niveles elevados de mercurio, así como pescado poco hervido o crudo. Consulta con tu médico o pediatra para más información específica.

Lista de control del cambio semanal
• Hidratarse con agua • Llevar un diario de lo que comes • Tomar un complejo multivitamínico • Tomar entre 4 y 6 porciones de verduras • Leer las etiquetas nutricionales • Tomar un desayuno equilibrado • Elegir cereales integrales • Tomar 5 pequeñas comidas al día • Tomar 2 o 3 piezas de fruta • Elegir lácteos semidesnatados • Tomar porciones saludables • Comer pescado dos veces a la semana
• Dormir entre 7 y 8 horas al día • Adoptar una perspectiva optimista • Disfrutar de un tiempo a solas • Respirar hondo • Reírse a menudo • Vivir con propósito • Construir relaciones saludables
• Practicar ejercicio a diario • Hacer ejercicios de estiramiento durante 20 minutos, tres veces al día • Practicar actividad aeróbica 30 minutos, tres veces por semana • Practicar ejercicios de fuerza durante 20 minutos, tres veces por semana
• Mantener los alérgenos a raya • Utilizar productos de limpieza no tóxicos • Comprar productos orgánicos

Semana 27
Da

«Puedes tener todo lo que quieras en la vida con sólo ayudar a los demás
a conseguir lo que ellos quieren.»
Zig Ziglar

¿Alguna vez has hecho algo por alguien sin esperar nada a cambio? ¿Cómo te sentiste? Seguro que bien. Dar desinteresadamente no sólo nutre nuestros corazones y almas, también tiene un poderoso impacto en todos los aspectos de nuestras vidas.

Los estudios demuestran que dar realza nuestro bienestar emocional. Aunque muchos se quejan de que están muy estresados o de que no tienen tiempo, energía o dinero para dar, dar de manera desinteresada puede producir emociones positivas que ayudan a reducir el estrés y a mejorar la calidad de nuestra vida. De hecho, las personas que se enfrentan a una enfermedad y trabajan como voluntarios tienden a tener una perspectiva más positiva y niveles más bajos de depresión si los comparamos con los que no actúan de este modo.

Cuando ayudamos a quienes lo necesitan, nos alejamos de nuestros problemas, y ello nos ayuda a tener una perspectiva más saludable de las cosas y nos permite ver todo lo bueno que tenemos en la vida: una fuerte red de apoyo, el amor de familiares y amigos, nuestra salud y tal vez una carrera que se fundamenta en nuestras pasiones. Pero cuando sólo nos rodeamos de personas que parecen «tenerlo todo», es fácil perder la perspectiva de nuestra buena suerte. Dar a los demás nos permite centrarnos más en lo positivo de la vida y menos en lo que parece que nos falta, lo cual refuerza nuestro nivel de satisfacción.

Por último, dar implica conocer a personas nuevas y hacer nuevos amigos, lo cual favorece nuestras redes sociales, profesionales y de apoyo, y nos hace sentir más conectados con los demás y la comunidad en general. Se realza nuestra sensación de sentirnos valorados, necesitados y queridos, lo cual a su vez tiene un impacto directo en nuestra confianza en nosotros mismos y nuestra autoestima.

El cambio

Dona tu tiempo o energía a algo que te importe.

Hoja de ruta para el éxito

Aunque dar dinero a varias causas es algo positivo, dar tu tiempo y energía a las personas o a una organización es mucho más reconfortante para ti y para ellos. No se necesita mucho tiempo para ayudar a los demás. Las investigaciones demuestran que invertir sólo cien horas al año puede reportar enormes beneficios para la salud. He aquí algunas formas de involucrarse:

1. **Trabajo voluntario.** Combina el trabajo voluntario con tu ambición prestando tu tiempo en programas que ya funcionan en tu ámbito profesional. Muchas empresas de hoy en día entienden el valor de prestar apoyo y de unirse con varias organizaciones de servicio comunitario.

2. **Muévete para dar.** Existen infinidad de eventos deportivos en todo el mundo que se dedican a una causa benéfica o a organizaciones no gubernamentales. Puedes participar en caminatas, maratones, carreras de bicis, biatlones, triatlones, y otros eventos que apoyen la investigación para el cáncer, el sida, la esclerosis múltiple, la diabetes y otras enfermedades. Encuentra una organización no gubernamental que sea de tu agrado y busca eventos deportivos que conciencien al público y recauden fondos para esa causa.

3. **Vuelve al colegio.** Muchas escuelas públicas buscan a profesionales para participar en programas extraescolares de refuerzo a estudiantes, o los invitan a dar conferencias. Llama a las escuelas de tu zona para preguntarles de qué modo puedes ayudar.

4. **Sal de la ciudad.** Si te gusta viajar, una forma excelente de dar es apuntarte a unas vacaciones de voluntariado en otro país o incluso en una zona de tu país que lo necesite. Hay infinidad de páginas web que ofrecen información sobre programas de voluntariado.

5. **Donde la pasión te lleve.** El voluntariado tiene que relacionarse con una actividad que te guste hacer. Busca oportunidades que combinen tu pasión con el acto de dar. Si te gustan los animales, por ejemplo, preséntate voluntario en una organización que trabaje con animales, por ejemplo una organización dedicada a criar perros lazarillo para personas ciegas, o en algún refugio para animales abandonados. Si te encanta trabajar con las manos, apúntate a una organización que construye hogares para familias desfavorecidas, o en programas de limpieza de vecindarios. Si sientes pasión por tu alma máter, apúntate a una organización de alumnos o al consejo asesor de tu universidad.

Crédito extra

¿Ya eres de los que dan? Encuentra el modo de implicar a los demás. Si actualmente tu empresa o lugar de trabajo no anima a sus empleados a donar su tiempo, organiza un evento comunitario de voluntarios, una sesión de donación de sangre, o una carrera por equipos para dar dinero a una causa. Implica también a tus familiares y amigos. Cuanto más impliques a los demás, ¡mejor será el mundo!

Lista de control del cambio semanal	
	• Hidratarse con agua • Llevar un diario de lo que comes • Tomar un complejo multivitamínico • Tomar entre 4 y 6 porciones de verduras • Leer las etiquetas nutricionales • Tomar un desayuno equilibrado • Elegir cereales integrales • Tomar 5 pequeñas comidas al día • Tomar 2 o 3 piezas de fruta • Elegir lácteos semidesnatados • Tomar porciones saludables • Comer pescado dos veces a la semana

Lista de control del cambio semanal	
	• Dormir entre 7 y 8 horas al día • Adoptar una perspectiva optimista • Disfrutar de un tiempo a solas • Respirar hondo • Reírse a menudo • Vivir con propósito • Construir relaciones saludables • Dar
	• Practicar ejercicio a diario • Hacer ejercicios de estiramiento durante 20 minutos, tres veces al día • Practicar actividad aeróbica 30 minutos, tres veces por semana • Practicar ejercicios de fuerza durante 20 minutos, tres veces por semana
	• Mantener los alérgenos a raya • Utilizar productos de limpieza no tóxicos • Comprar productos orgánicos

Semana 28
Cuidado con lo que bebes

«En realidad, creo que toda adicción empieza con las bebidas gaseosas.
Todo adicto probó primero una bebida gaseosa. Pero nadie lo tiene en
cuenta, y quizá habría que hacerlo.»
Chris Rock

El azúcar es un término genérico que se utiliza para describir una amplia variedad de sustancias dulces. Entre ellas están los azúcares naturales, como los que encontramos en la fruta y en los lácteos (lactosa). Y luego están los «azúcares añadidos», que no se hallan de forma natural en los alimentos, sino que se añaden al cocinarlos o cocerlos, o durante el procesado de alimentos preparados y envasados industrialmente.

A lo largo de las últimas décadas, el consumo de azúcares añadidos de la población norteamericana ha llegado a límites insospechados. Desgraciadamente, los estudios han demostrado que este ascenso del consumo de azúcares añadidos favorece algunas enfermedades y dolencias en este país. El consumo elevado de azúcares añadidos se relaciona con un aumento de la obesidad y con un mayor riesgo de sufrir hipertensión, niveles también altos de triglicéridos, inflamaciones y otros factores de riesgo relacionados con dolencias del corazón e infartos. Además, consumir azúcares refinados puede provocar resistencia a la insulina y aumentar los niveles de azúcar en la sangre (ambos pueden allanar el camino a la diabetes de tipo 2), provocar un aumento de peso y de las reservas de grasa, disminuir el sistema inmunológico y la función endocrina, causar estreñimiento, alteración en el estado de ánimo, envejecimiento prematuro, y un largo etcétera.

La Asociación Norteamericana de Enfermedades Coronarias recomienda que las mujeres no consuman más de 100 calorías (unos 25 gramos o 6 cucharaditas) de azúcares añadidos al día, mientras que los hombres no deberían consumir más de 150 calorías (cerca de 37,5 gramos o 9 cucharaditas) al día. Se trata de un contraste drástico con las 22 cucharaditas que se consumen de media.

Si nos fijamos en la procedencia de nuestro azúcar, veremos que las bebidas azucaradas se llevan la palma. Las bebidas azucaradas suponen el 40 por ciento del «azúcar añadido» en la dieta norteamericana. Según un estudio publicado en el *Journal of Nutrition*, sólo los refrescos suponen un 33 por ciento de los azúcares añadidos que se consumen, mientras que las bebidas azucaradas de fruta van en segundo lugar con un 10 por ciento. No es de extrañar: una lata de un refresco contiene 9 cucharaditas de azúcar, ¡mientras que la típica botella de medio litro contiene hasta 17 cucharaditas de azúcar!

Otros alimentos también contribuyen definitivamente a nuestra ingesta de azúcar, aunque no en esas proporciones. Los caramelos y los pasteles contienen un 5 por ciento, los cereales listos para consumir contienen un 4 por ciento, y luego viene el azúcar de mesa y la miel, las galletas y los pastelillos, los siropes y las guarniciones dulces.

Con tanto azúcar añadido que contienen los refrescos, podemos afirmar que si eliminas las bebidas azucaradas de tu dieta disminuirás radicalmente tu consumo diario de azúcar.

El cambio

Reduce tu consumo global de azúcar eliminando las bebidas edulcoradas de tu dieta.

Hoja de ruta para el éxito

Si tienes dificultades para abandonar los refrescos, debes saber que te costará menos al cabo de unos días. Cuanto más alimentamos nuestra adicción al azúcar, más necesitamos tomarlo. Pero cuando rompes ese ciclo, tu cuerpo no deseará tanto azúcar. Y en el transcurso de varias semanas ni siquiera lo echarás de menos.

Refrescos y edulcorantes artificiales

Es mejor evitar los refrescos azucarados con sustancias artificiales, como el aspartamo, la sacarina y la sacarosa. Son productos altamente procesados, derivados químicos, edulcorantes de cero calorías cuya intención es reducir las calorías en comidas y bebidas altamente calóricas. Aunque los edulcorantes artificiales pueden parecer saludables a corto plazo, muchos estudios han demostrado que pueden incitar a un antojo de azúcar y carbohidratos, lo cual puede tener un impacto negativo en tu metabolismo. Además, pueden causar mareos, alucinaciones y dolores de cabeza, entre otros problemas de salud. Por eso es mejor reducir los edulcorantes de tu dieta y evitar las bebidas y alimentos que los contienen.

1. **Controla tu consumo.** Haz un seguimiento de los refrescos que consumes. Apunta cuántos gramos de azúcar hay en cada bebida, y suma los totales al final del día. Asegúrate de incluir todo tipo de bebidas edulcoradas, entre ellas los refrescos de soda, las bebidas de frutas, las aguas de sabores, el azúcar que añades a tu té o café, o cualquier producto que tenga azúcar añadido. Si consumes bebidas edulcoradas, apúntalas también. Durante toda la semana, sigue apuntando cuántos gramos de azúcar estás consumiendo al día mientras intentas reducir esa ingesta.

2. **Reduce la ingesta.** Consumir azúcar líquido facilita la ingesta rápida de un montón de calorías vacías. Además, estos refrescos no aportan ningún valor nutricional y provocan subidones en los niveles de azúcar en la sangre. Reduce tu consumo de bebidas azucaradas con estas recomendaciones:

   • **Refrescos.** Una de las mejores formas de erradicar los refrescos de tu dieta es sustituirlos con agua carbonatada y una rodaja de lima o limón. Para un cambio menos drástico, puedes preparar una mezcla de tres partes de sifón con una parte 100 por cien de zumo de frutas natural. Diluye la mezcla con un chorrito más de sifón al día hasta que puedas beberla sólo con una pizca de zumo, o, mejor aún, con un chorrito de lima o limón. Asegúrate de elegir agua carbonatada o sifón que esté exenta de sodio. Otra forma de reducir el consumo de refrescos es dejar paulatinamente de beberlos. Por ejemplo, si por lo general bebes medio litro de refresco al día, bebe sólo 400 decilitros en el segundo día y sustituye los 100 decilitros restantes con agua o sifón. En el tercer día, reduce a 300 decilitros de soda y 200 decilitros de agua o sifón. Sigue disminuyendo la ingesta a diario de modo que al término de la semana apenas consumas refrescos con azúcar añadido o edulcorantes.

   • **Agua de sabores y otras bebidas edulcoradas.** Una de las formas más fáciles de reducir tu consumo de azúcar con bebidas como limonada, té helado azucarado, etcétera, es diluir estas bebidas con agua. Empieza con una mezcla de tres partes de bebida edulcorada y una parte de agua. Ve aumentando la cantidad de agua a diario hasta que consumas muy poco azúcar. Al final, reduce esa combinación a agua pura o a sifón sin sodio con lima o limón.

- **Zumo.** Aunque el zumo contiene numerosas vitaminas y minerales, tiene un alto contenido en azúcar y es bajo en fibra. Esto incluye el zumo que es 100 por cien de fruta. Aunque el azúcar de los zumos es natural, puede tener un impacto parecido en tu sangre al de los azúcares añadidos. En vez de un vaso de zumo, come una pieza de fruta. Obtendrás los beneficios de la fruta, además de cierto aporte en fibra, y podrás mantener la estabilidad de los niveles de azúcar en la sangre, te sentirás más saciado y reducirás el consumo global de azúcar.

- **Café y té.** Muchas personas añaden azúcar a sus tés y cafés. Desgraciadamente, la cafeína puede provocar altibajos en la hidratación y el nivel de azúcar en la sangre, con lo cual se activa el deseo de consumir azúcar. Si endulzas el té y el café, intenta sustituir esos edulcorantes con leche desnatada o semidesnatada. Contiene azúcares naturales (no añadidos) y proteínas, creando así una bebida equilibrada a nivel nutritivo. Si te gusta el té helado, elige el té verde no azucarado o una infusión de hierbas. También puedes añadir una gota de stevia, que es una planta dulce natural. Por último, y ya que la cafeína puede incitar el deseo de tomar azúcar, conviene limitar el consumo de bebidas con cafeína o decantarte por opciones descafeinadas.

3. **Bebe abundante agua.** Tal como comentamos en la **Semana 1. ¡Bébe agua!**, beber abundante agua es importante para la salud. La falta de hidratación puede despertar el apetito y las ganas de consumir azúcar. Si tienes muchas ganas de consumir un refresco, toma un vaso

de agua y observa lo que ocurre. Si ese deseo se desvanece, entonces es que sólo estabas deshidratado.

> **¿Sabías que...?**
> Desde 1950, en Estados Unidos, el consumo de refrescos per cápita se ha cuadriplicado desde 40 litros al año a 190 litros en 2003.

Crédito extra

¿Ya has eliminado de tu dieta las bebidas edulcoradas y los refrescos? Ahora reduce el consumo de azúcar en estos supuestos:

1. **Reduce el consumo de alimentos procesados.** Los alimentos integrales nunca esconden el azúcar. Son alimentos que se encuentran en estado natural y no necesitan ser procesados. Pero los alimentos que están envasados o procesados tienden a contener muchos azúcares ocultos. Por eso cuando tengas ganas de tomar algo dulce, procura tomar algo que sea dulce de forma natural. En concreto, puedes comer una pieza de fruta y verduras dulces, como las zanahorias y los tomates.
2. **Elimina los alimentos envasados no grasos.** Muchas versiones de alimentos bajos en grasas están repletos de azúcares añadidos. Si quieres darte el gusto, casi es mejor consumir ese alimento con las grasas, porque de este modo saciarás tu apetito debido al contenido graso, y no te decantarás por la opción baja en grasa pero rica en azúcares.
3. **Experimenta con las especias.** Hay muchas especias que endulzan un plato sin las calorías adicionales del azúcar. Entre ellas están: la canela, la vainilla, la nuez moscada, el coriandro, el jengibre, el clavo y el cardamomo.

4. **No añadas azúcar a las comidas.** Aunque puedes añadir tantas especias como quieras a tus comidas, no hagas lo mismo con el azúcar.
Añadir azúcar a una fruta, a los cereales y otros alimentos que ya son
dulces es excesivo. Cuando dejes de añadirles azúcar durante varios
días seguidos, notarás un descenso en tu deseo de azúcar.

5. **Lee las etiquetas.** La lista de ingredientes en el envase del producto te
ayuda a detectar cualquier azúcar añadido, como un sirope de maíz
alto en fructosa u otros edulcorantes. Presta también atención a la sección de carbohidratos de la tabla de información nutricional para ver
la cantidad de azúcar de un producto. En definitiva, quieres reducir en
lo posible el número de gramos de azúcar e incrementar los gramos de
fibra. Véase **Semana 11. Lee el envoltorio** para más información sobre
cómo leer las etiquetas de los productos envasados.

Lista de control del cambio semanal
• Hidratarse con agua • Llevar un diario de lo que comes • Tomar un complejo multivitamínico • Tomar entre 4 y 6 porciones de verduras • Leer las etiquetas nutricionales • Tomar un desayuno equilibrado • Elegir cereales integrales • Tomar 5 pequeñas comidas al día • Tomar 2 o 3 piezas de fruta • Elegir lácteos semidesnatados • Tomar porciones saludables • Comer pescado dos veces a la semana • Evitar las bebidas edulcoradas

Lista de control del cambio semanal	
	• Dormir entre 7 y 8 horas al día • Adoptar una perspectiva optimista • Disfrutar de un tiempo a solas • Respirar hondo • Reírse a menudo • Vivir con propósito • Construir relaciones saludables • Dar
	• Practicar ejercicio a diario • Hacer ejercicios de estiramiento durante 20 minutos, tres veces al día • Practicar actividad aeróbica 30 minutos, tres veces por semana • Practicar ejercicios de fuerza durante 20 minutos, tres veces por semana
	• Mantener los alérgenos a raya • Utilizar productos de limpieza no tóxicos • Comprar productos orgánicos

Semana 29
Sólo di que no

«El arte del liderazgo es decir que no, no decir que sí.
Es muy fácil decir que sí.»
Tony Blair

Para muchas personas, pronunciar la sencilla palabra «no» es muy difícil. Si alguien nos pide ayuda o cumplir un plazo o contribuir para un regalo, nuestra reacción inmediata es decir que sí. Pero decir que sí no siempre obra en nuestro mejor interés. Debido al ritmo frenético de nuestro mundo, existe una continua exigencia de gratificación instantánea, y abarcamos más de lo que podemos. Corremos de una reunión a otra, de un recado a otro, de un compromiso a otro, de un plazo a otro, y todo en un abrir y cerrar de ojos. Como cabe imaginar, este ritmo constante de ir y hacer abona el terreno para el estrés.

Pero tengo buenas noticias. Si aprendes a decir que «no», notarás una enorme diferencia. Aunque creas que decir que «no» es un acto egoísta, a menudo ocurre lo contrario. Decir que no te permite honrar los compromisos que ya has establecido de modo que puedan cumplirse y hacerse adecuadamente. Por otro lado, si te comprometes a muchas cosas, no podrás hacerlas todas bien, lo cual genera descontento. Además, ese exceso de compromisos te dejará muy poco tiempo para tus necesidades, lo cual perjudica tu estado de salud. Cuando no nos encontramos bien, entonces no rendimos adecuadamente ni cumplimos nuestros compromisos.

El acto de decir que no reporta otros beneficios. Nos aporta tiempo libre para vivir en equilibrio y sin estrés. También te brinda la oportunidad de probar actividades nuevas y dejas que los demás den un paso adelante y se ocupen de asuntos que antes no sabían hacer. Y tú ahorrarás energía para dedicarte a lo que te gusta, lo cual te permitirá disfrutar de todo lo que la vida pueda ofrecerte.

Por último, decir que no te proporciona un control sobre tu vida y te ayuda a reforzar tu autoestima y el respeto hacia ti mismo. Cuantas más veces dices que «no», más seguro parecerás ante los demás, con lo cual obtendrás su respeto y confianza. Te sentirás más seguro de las decisiones que tomes y de tu orden de prioridades, y todo ello te hará ser más efectivo.

El cambio

Aprende a valorar las oportunidades que se te presentan
y di que no a las cosas que no son importantes para dejar
espacio a las que sí lo son.

Hoja de ruta para el éxito

Decir que no requiere cierta práctica. Si estás acostumbrado a decir que sí a todo, decir lo contrario puede hacerte sentir incómodo o mal. Recuerda que decir que no te servirá para alcanzar el equilibrio, gestionar el estrés y otorgar prioridad a lo que es importante en tu vida. Por último, debes saber que cuanto más dices que no, más fácil será seguir diciéndolo.

Cuando decir que no

Con el fin de valorar adecuadamente qué oportunidades merecen un «sí» o un «no», ten en cuenta lo siguiente:

1. **Valora tus compromisos actuales.** Consulta la tabla de **Compromisos y prioridades actuales** de la **Tercera parte. Herramientas y recursos** para elaborar un listado de todos tus compromisos actuales. Debe incluir compromisos de tu vida personal, profesional y social. Fíjate en esa lista y decide lo que es verdaderamente importante para ti y lo que no lo es. Marca lo que sea importante. Eso tiene que ser tu primera prioridad. Los compromisos que no marques puedes abordarlos en otro momento, según sea necesario.

2. **Establece objetivos.** Establecer objetivos te ayudará a valorar si las nuevas oportunidades que surgen son factibles para ti. Si no tienes claros tus objetivos, tu proceso de toma de decisiones será confuso. Piensa en objetivos a corto, medio y largo plazo, así como todo lo que necesitas para conseguirlos. Escribe esos objetivos a modo de recordatorio de lo que es importante para ti. Tal vez le das importancia a ahorrar dinero para pagar una casa, o quizá quieres pasar más tiempo con tu familia. Sean cuales sean esos objetivos, deberían ayudarte a impulsar tu proceso de toma de decisiones cuando valoras las nuevas oportunidades que se te presentan.

3. **Da prioridad a las nuevas oportunidades.** A medida que surgen nuevas oportunidades, debes compararlas con las prioridades actuales y tus objetivos. ¿Son más o menos importantes? ¿Te ayudarán a alcanzar tus objetivos o no? Por ejemplo, si te han pedido que trabajes en un proyecto especial que requerirá una inversión extra de diez horas a la semana durante varios meses, decir que no puede ser la mejor respuesta posible si intentas pasar más tiempo con tu familia.

Pero si te pagan horas extras, y eso te permitirá pagar tu casa, entonces piensa en decir que sí.

4. **Evita cargarte de pequeñas tareas.** Nuestros compromisos pueden escapar de nuestro control por decir que sí a muchas cosas insignificantes. Pero esas pequeñeces se van sumando. Presta atención a lo que te piden los demás. Ten en cuenta que, cada vez que dices que sí, te estás comprometiendo con algo, y eso significa que dispondrás de menos tiempo para ti y tus prioridades.

5. **Deja a un lado tu complejo de culpabilidad.** Hasta ahora has dicho que sí a muchas cosas porque te sentías culpable al decir que no. Si no quieres hacer algo pero te sientes en la obligación de hacerlo, ésta será la señal que buscas para decir que no. Hacer cosas motivados por la culpa nos impide asumir el control de nuestras vidas y decisiones, y hace que vivamos la vida que quieren los demás. Esto se suma a nuestro estrés, en vez de saber gestionar nuestra vida.

6. **Respuestas a corto y largo plazo.** Decir que sí sólo cuesta un segundo. Decir que no también. Pero el impacto de estas respuestas puede tener un efecto muy distinto. Si decir que sí a algo implica un esfuerzo o dificultades a largo plazo, entonces decir que no será la respuesta idónea. Pero si decir que sí te reporta algo satisfactorio y no produce efectos negativos a largo plazo, entonces la respuesta positiva será la más apropiada.

Cómo decir que no

Ahora que ya sabes cuándo decir que no, tendrás que aprender a decirlo:

1. **Tómate tu tiempo.** Si se presenta una oportunidad pero no sabes cómo responder a ella, piénsalo uno o dos días. Rara vez una decisión es tan urgente que requiera una respuesta inmediata. Si te tomas tu tiempo, la persona que te hace la propuesta sabrá que te estás toman-

do la decisión en serio, y que la respetas a ella y a sus necesidades lo suficiente como para pensarlo antes de comprometerte. Si no tienes más remedio que decir que no, la otra persona sentirá que has tomado una decisión informada y considerada.

2. **Sé transparente.** No falsees tu respuesta negativa. Tus razones para decir que no son válidas, siempre y cuando sean honestas. Aunque tus razones parezcan triviales, no lo son. Tanto si estás ocupado, como si tienes otras prioridades o no crees que estás interesado en esa oportunidad, debes saber que tienes una buena razón para decir que no.

3. **Sé respetuoso pero firme.** Aunque quieres ser honesto, también quieres ser respetuoso. Cuando digas que no a una persona, hazla sentir bien. No quieres quemar puentes ni herir los sentimientos del otro; sólo quieres dar prioridad a tus necesidades. Al mismo tiempo, hay momentos en los que la gente intenta torcerte el brazo o hacerte cambiar de opinión. No dejes que eso influya en tu decisión. Sé firme y hazles saber que tu decisión no se presta a discusión. Es definitiva.

4. **Ve al grano.** Evita caer en la trampa de explicar en exceso tus decisiones. Sé breve y directo. No utilices frases que puedan malinterpretarse. «No» significa «no», mientras que «no estoy seguro», «tal vez» o «no lo sé» dan pie a interpretaciones. Sólo tienes que dar explicaciones si te hacen preguntas, e incluso en esos casos, tus respuestas deben ser cortas y sencillas.

5. **Practica.** Por muy absurdo que pueda parecer, practica el hábito de decirte que no. Antes de entablar una conversación con otra persona, practica lo que quieres decir y cómo decirlo para estar preparado.

Lista de control del cambio semanal

| | <ul><li>Hidratarse con agua</li><li>Llevar un diario de lo que comes</li><li>Tomar un complejo multivitamínico</li><li>Tomar entre 4 y 6 porciones de verduras</li><li>Leer las etiquetas nutricionales</li><li>Tomar un desayuno equilibrado</li><li>Elegir cereales integrales</li><li>Tomar 5 pequeñas comidas al día</li><li>Tomar 2 o 3 piezas de fruta</li><li>Elegir lácteos semidesnatados</li><li>Tomar porciones saludables</li><li>Comer pescado dos veces a la semana</li><li>Evitar las bebidas edulcoradas</li></ul> |
| | <ul><li>Dormir entre 7 y 8 horas al día</li><li>Adoptar una perspectiva optimista</li><li>Disfrutar de un tiempo a solas</li><li>Respirar hondo</li><li>Reírse a menudo</li><li>Vivir con propósito</li><li>Construir relaciones saludables</li><li>Dar</li><li>Aprender a decir que no</li></ul> |

Lista de control del cambio semanal
• Practicar ejercicio a diario • Hacer ejercicios de estiramiento durante 20 minutos, tres veces al día • Practicar actividad aeróbica 30 minutos, tres veces por semana • Practicar ejercicios de fuerza durante 20 minutos, tres veces por semana
• Mantener los alérgenos a raya • Utilizar productos de limpieza no tóxicos • Comprar productos orgánicos

Semana 30
Satisfacer el apetito

«Comer es una necesidad, pero comer inteligentemente es un arte.»
La Rochefoucauld

¿Alguna vez has tenido hambre al cabo de una hora de haber comido? Seguramente eso quiere decir que 1) no has comido lo suficiente, 2) o no has comido el tipo adecuado de alimentos. Tu cuerpo necesita una cantidad suficiente de nutrientes para funcionar adecuadamente, y cuando no la recibe, entonces activa el apetito con la esperanza de obtener esos nutrientes en tu próxima comida.

Integrar los nutrientes justos a cada tentempié o comida permite que te sientas satisfecho hasta tu próximo ágape. Obrar de este modo es importante tanto si eres el tipo de persona que come poco varias veces al día como si te alimentas de tres comidas abundantes durante la jornada. Equilibrar tus comidas evita que tengas antojos de alimentos poco saludables, reduce el apetito y mantiene estables los niveles de energía para permanecer productivo y rendir bien durante la jornada.

El cambio

Aliméntate de comidas y tentempiés equilibrados y nutritivos para sentirte satisfecho y con energía durante el día.

Índice glucémico

Medir el índice glucémico (IG) o la carga glucémica (CG) de un alimento es la única forma de saber cuán saciante es. En términos que todos podamos comprender, el índice glucémico mide el modo en que los carbohidratos inciden en los niveles de azúcar en la sangre en comparación con la misma cantidad de carbohidratos que hallamos en el pan blanco. La carga glucémica basa ese cálculo en la porción de alimentos. En ambos casos, cuanto mayor sea el valor, más rápidamente se digerirá y absorberá ese alimento, lo cual incide en una subida brusca del nivel de azúcar en la sangre. Un índice glucémico bajo o los alimentos con carga glucémica se digieren lentamente, y hacen subir poco a poco los niveles de azúcar en la sangre y los de insulina.

Las dietas con un índice glucémico bajo se asocian a un riesgo inferior de sufrir enfermedades coronarias, diabetes y obesidad. Además, resultan útiles para estabilizar los niveles de energía, reprimir el apetito y disminuir la grasa corporal.

Hoja de ruta para el éxito

Tomar comidas y tentempiés equilibrados mantendrá alto tu nivel de energía y reducirá tu apetito.

1. **Equilibra tus comidas.** Para tomar comidas y tentempiés equilibrados, es importante incluir carbohidratos con un elevado aporte de fibra y que sean bajos en azúcares añadidos (verduras, judías, legumbres, fruta, y cereales integrales), proteína no grasa y una pequeña cantidad de grasas saludables. La fibra es importante para una comida equilibrada porque te sacia y estabiliza los niveles de energía y azúcar. También facilita la pérdida de peso y su mantenimiento, te ayuda en el tránsito intestinal, reduce los niveles de colesterol y el riesgo de sufrir enfermedades coronarias. La proteína no grasa también tiene un efecto saciante. Tomar comidas que integran proteínas nos satisface durante más tiempo. En esos casos el cuerpo tarda más en metabolizar la proteína que los carbohidratos, lo cual significa que tarda más en abandonar tu estómago y te sientes satisfecho durante más tiempo. Por último, las grasas saludables (aceite de oliva, aguacate, frutos secos y semillas), cuando se toman con moderación, producen una reacción que suprime el apetito y le indican al cerebro que el cuerpo ya no tiene hambre.
2. **Ten presente el IG.** Aprende a valorar si los alimentos que tomas te nutrirán el tiempo suficiente fijándote en el IG y el valor de su carga. Céntrate en consumir aquellos cuyo IG sea bajo y elimina o evita los de IG alto. El siguiente listado te da una idea general del IG de los alimentos más comunes; pero es recomendable que aprendas a reconocer sus índices. Puedes consultarlos en www.glycemicindex.com.

Alimentos con IG bajo:
- Algunos cereales integrales: *cebada, lino, avena, centeno.*
- La mayoría de frutas: *manzanas, cerezas, cítricos, peras.*
- Legumbres y alubias.
- Verduras fibrosas: *rúcula, zanahorias, pepinos, espinacas.*
- Frutos secos.
- Todas las proteínas no grasas.
- Todas las grasas saludables.

Alimentos con IG moderado:
- Algunos cereales integrales: *arroz integral, pasta integral.*
- Algunas verduras de fécula: *maíz y guisantes, patatas, boniatos, ñames.*
- Algunas frutas: *albaricoques, piña, pasas, melón.*

Alimentos con IG alto:
- Algunas verduras de fécula: *nabos y chirivías.*
- Cereales refinados, panes y aperitivos: *bagels, patatas fritas, rollitos, pan blanco, arroz blanco.*
- Alimentos azucarados: *bollería, caramelos, galletas, zumos, azúcar.*

3. **Aprende a combinar.** Cuando consumas alimentos con un IG moderado o alto, asegúrate de combinarlos con alimentos con un IG bajo. Mezclar alimentos con un IG elevado con otros con un IG bajo puede disminuir el porcentaje glucémico global de una comida o tentempié. Esto te ayudará a evitar las subidas repentinas de azúcar en la sangre y estabilizará mejor los niveles de energía y apetito que si comieras sólo esos alimentos con IG alto.

Crédito extra

¿Ya sabes equilibrar tus comidas con carbohidratos complejos, proteínas y grasas saludables? Pasa al siguiente nivel buscando un equilibrio nutricional diario de un 40 por ciento de carbohidratos, un 30 por ciento de proteínas y un 30 por ciento de grasas. Para saber si tu dieta es equilibrada, haz un seguimiento de tu consumo alimentario en Fitday.com o mediante otras aplicaciones similares en tu teléfono inteligente.

Lista de control del cambio semanal
• Hidratarse con agua • Llevar un diario de lo que comes • Tomar un complejo multivitamínico • Tomar entre 4 y 6 porciones de verduras • Leer las etiquetas nutricionales • Tomar un desayuno equilibrado • Elegir cereales integrales • Tomar 5 pequeñas comidas al día • Tomar 2 o 3 piezas de fruta • Elegir lácteos semidesnatados • Tomar porciones saludables • Comer pescado dos veces a la semana • Evitar las bebidas edulcoradas • Equilibrar las comidas para que te sacien

Lista de control del cambio semanal	
	• Dormir entre 7 y 8 horas al día • Adoptar una perspectiva optimista • Disfrutar de un tiempo a solas • Respirar hondo • Reírse a menudo • Vivir con propósito • Construir relaciones saludables • Dar • Aprender a decir que no
	• Practicar ejercicio a diario • Hacer ejercicios de estiramiento durante 20 minutos, tres veces al día • Practicar actividad aeróbica 30 minutos, tres veces por semana • Practicar ejercicios de fuerza durante 20 minutos, tres veces por semana
	• Mantener los alérgenos a raya • Utilizar productos de limpieza no tóxicos • Comprar productos orgánicos

Semana 31
Ni una mota de polvo

«Por favor, no alimentes a los ácaros.»
Autor desconocido

El polvo es una parte natural de cualquier hogar. Lo que hallamos en el polvo depende de si tienes mascotas, de dónde vives y de los alimentos que cocinas, de si fumas, del tipo de muebles y suelo que tienes, así como de otros factores. El polvo se compone de cualquier cosa, desde pieles muertas, pelusa de animales, alimentos y cucarachas muertas hasta organismos vivos, como bacterias, hongos y bichos microscópicos llamados ácaros. Los ácaros en concreto se alimentan de piel muerta y suelen encontrarse dentro de colchones, ropa de cama y muebles viejos. Huelga decir que el polvo no es un componente atractivo en nuestro hogar.

Independientemente de lo mucho que nos desagrade sacar el polvo, cabe decir que el polvo en sí puede provocar problemas de salud. Según la Fundación Americana del Asma y Alergias (AAFA en sus siglas en inglés), veinte millones de norteamericanos se consideran alérgicos a los ácaros, que es una de las causas más comunes de sufrir alergias durante el año y síntomas asmáticos. Las alergias pueden ser producto de los ácaros en sí, o de otras partículas del polvo, como residuos de pelusilla de animal, partes de insectos muertos o esporas de moho.

Por último, y más allá de la tendencia poco estética y alergénica del polvo, éste también puede contener sustancias químicas tóxicas. Las sustancias químicas de los productos domésticos, los muebles, los aparatos electrónicos, el plástico y las telas, así como los contaminantes de exterior, son responsables del polvo. Un estudio reciente del Silent Spring Institute identificó hasta sesenta y seis compuestos que provocan alteraciones endocrinas en análisis de polvo realizados en distintas casas, entre ellos productos retardantes de llama, pesticidas de uso doméstico y ftalatos. Los productos retardantes de llama suelen encontrarse en el polvo porque se añaden a muchos productos domésticos para hacerlos menos combustibles. Cuando estas sustancias químicas se descomponen y pasan a formar parte del aire que respiras, pueden provocar problemas, especialmente en niños. Según el Environmental Working Group (EWG), los retardantes de llama y de fuego suelen provocar daños en el sistema reproductivo; se vinculan a déficits en nuestra capacidad motora, en el aprendizaje, la memoria y el oído; también provocan alteraciones de conducta.

El cambio

Aplica una estrategia periódica de reducción del polvo.

Hoja de ruta para el éxito

En lo que concierne a la limpieza del polvo y del aire en tu hogar, existen varias opciones. En primer lugar, saca el polvo y limpia la casa con frecuencia. En segundo lugar, puedes reducir la cantidad de polvo, en especial el de naturaleza tóxica, reduciendo las sustancias tóxicas de tu hogar. He aquí algunas recomendaciones:

Táctica de limpieza:

1. **Aspiradora.** Pasar la aspiradora a menudo puede tener un impacto beneficioso sobre la calidad del aire en tu casa. Elije aspiradoras sin bolsa y con filtro HEPA. Los filtros HEPA son mejores para atrapar las partículas muy pequeñas y erradicar los contaminantes y otros alergénicos de tu hogar. Pasa la aspiradora una vez a la semana como mínimo, y pásala sobre las alfombras dos veces a la semana. Cambia los filtros a menudo, y asegúrate de limpiar todas las superficies y muebles.

2. **Superficies de suelo duro.** Pasar la aspiradora es estupendo, especialmente para las alfombras, pero para reducir al mínimo el polvo en las superficies duras conviene limpiar con una fregona húmeda. Fregar en seco no es tan efectivo y puede mover el polvo en vez de absorberlo.

3. **Sacar el polvo inteligentemente.** El modo en que sacas el polvo es tan importante como su eliminación. En primer lugar, conviene utilizar un paño de microfibra, ya que capta mejor las partículas de polvo si lo comparamos con un trapo convencional. Evita el uso de aerosoles y productos de absorción sintéticos, ya que suelen tener sustancias tóxicas que quieres evitar. Si no dispones de un trapo de microfibra o no encuentras ninguno, humedece un paño de algodón (como el de una camiseta), ya que atrapará el polvo mejor que un paño seco. Asegúrate de limpiar todas las superficies, incluidos los marcos de fotos, espejos, repisas, aparatos electrónicos y alféizares de ventanas. No te olvides de sacar el polvo de las estanterías y de los objetos que haya sobre ellas. Debes hacerlo una vez por semana.

> **¿Sabías que...?**
> La cantidad de polvo que pesa igual que un clip de papel contiene hasta 19.000 ácaros.

Táctica de reducción

1. **Zapatos.** Tal como se explicaba en la **Semana 7**. **No dejes entrar en casa agentes contaminantes**, descálzate al entrar en casa. Esto reducirá la cantidad de polvo y suciedad del exterior.

2. **Ventanas y puertas.** Si tienes cortinas, lávalas con agua caliente una vez a la semana. También conviene sellar las grietas y hendiduras de ventanas y en los umbrales de las puertas para evitar que se acumule polvo del exterior.

3. **Muebles.** Reduce los muebles tapizados y asegúrate de pasar la aspiradora a tus muebles y telas de casa.

4. **Ropa de cama.** El dormitorio es el paraíso de los ácaros. El método más acertado para evitar que el polvo se acumule en el colchón es utilizar una cubierta hermética de plástico en almohadas, colchones y somieres. Procura cambiar y lavar la ropa de cama con agua muy caliente (130 grados) una vez a la semana. Cuando retires la ropa de cama, pasa el aspirador sobre el somier y alrededor de la cubierta del colchón.

5. **Control de humedad.** Los ácaros crecen en entornos húmedos y calurosos. Para reducir su longevidad, mantén la temperatura de tu hogar por debajo de los 22 grados Celsius y la humedad por debajo del 50 por ciento. Los deshumidificadores pueden utilizarse siempre en climas húmedos. Si quieres medir la humedad de tu casa, hazlo con un higrómetro.

6. **Filtros de aire.** Se recomienda utilizar filtros de aire HEPA, con índices de MERV de 11 o 12 en cualquier sistema de refrigeración o

aire acondicionado. Tienden a eliminar los contaminantes de los circuitos de aire. Asegúrate también de cambiarlos con frecuencia, aproximadamente cada tres meses, para que sean más efectivos.

7. **Purificadores del aire.** Si tú o algún miembro de tu familia sois sensibles al polvo, los purificadores de aire con filtros HEPA son idóneos para reducir el efecto de las sustancias irritantes en un 99 por ciento. Esto incluye los desechos de los ácaros, pelusa animal, polvo, polen y heces de cucaracha. No utilices purificadores de aire con tecnología de ozono.

8. **Peluches.** Por muy monos y agradables que sean al tacto, los peluches son reductos de polvo y ácaros. No guardes peluches ni juguetes de felpa en casa, opta por alternativas que puedan lavarse. Lávalos con regularidad y con agua caliente.

¿Sabías que...?
Un adulto suelta una media de 1,5 gramos de piel al día. Lo suficiente para alimentar a un millón de ácaros.

Crédito extra
¿Estás haciendo todo lo posible para reducir el polvo de tu hogar? Mejora estos hábitos con un cambio de decoración para que tu casa sea menos propensa al polvo.

1. **Sustituye los muebles.** Cambia los muebles tapizados por otros de cuero, metal o madera. Emplea cojines y fundas mullidas para sillas que puedas lavar. Cubre las almohadas con protectores antimicrobios para prevenir el polvo, y luego añade tu funda de almohada convencional.

2. **Tratamientos para ventanas.** Si tienes cortinas en las ventanas, sustitúyelas por persianas. Suelen retener menos polvo que los cortinajes.

3. **Cambia los suelos.** Saca las moquetas y sustituye los suelos por madera, azulejo, mármol o piedra. Las superficies duras hacen difícil que el polvo quede incrustado. Para dar calidez a tus espacios, añade alfombras que puedas lavar en casa y hazlo con cierta regularidad y agua caliente.

4. **Construcción.** Si te has sumergido en proyectos de decoración y renovación de tu hogar, sierra, corta y pega en el exterior. No dejes la casa sucia, y cuando tu proyecto haya terminado, haz una limpieza a fondo para evitar que se empiece a acumular el polvo.

5. **Nuevo hogar.** Si estás buscando casa, no te olvides del polvo. Asegúrate de que el lugar tenga el aislamiento adecuado para protegerlo del polvo y las toxinas del exterior. Busca casas con superficies de madera o duras. Opta por los nuevos sistemas de calefacción y refrigeración, ya que suelen venir con filtros HEPA.

Lista de control del cambio semanal

| | <ul><li>Hidratarse con agua</li><li>Llevar un diario de lo que comes</li><li>Tomar un complejo multivitamínico</li><li>Tomar entre 4 y 6 porciones de verduras</li><li>Leer las etiquetas nutricionales</li><li>Tomar un desayuno equilibrado</li><li>Elegir cereales integrales</li><li>Tomar 5 pequeñas comidas al día</li><li>Tomar 2 o 3 piezas de fruta</li><li>Elegir lácteos semidesnatados</li><li>Tomar porciones saludables</li><li>Comer pescado dos veces a la semana</li><li>Evitar las bebidas edulcoradas</li><li>Equilibrar las comidas para que te sacien</li></ul> |
| | <ul><li>Dormir entre 7 y 8 horas al día</li><li>Adoptar una perspectiva optimista</li><li>Disfrutar de un tiempo a solas</li><li>Respirar hondo</li><li>Reírse a menudo</li><li>Vivir con propósito</li><li>Construir relaciones saludables</li><li>Dar</li><li>Aprender a decir que no</li></ul> |

Lista de control del cambio semanal	
	• Practicar ejercicio a diario • Hacer ejercicios de estiramiento durante 20 minutos, tres veces al día • Practicar actividad aeróbica 30 minutos, tres veces por semana • Practicar ejercicios de fuerza durante 20 minutos, tres veces por semana
	• Mantener los alérgenos a raya • Utilizar productos de limpieza no tóxicos • Comprar productos orgánicos • Reducir el polvo de tu casa

Semana 32
Evita los fritos y la comida rápida

«Este donut es de color morado en el centro. El morado es una fruta.»
Dan Castellaneta

Algunas grasas son absolutamente necesarias para una dieta equilibrada. Si las tomamos en cantidades adecuadas, favorecen las funciones esenciales del organismo, ayudan en la absorción de vitaminas solubles en grasa, incrementan el metabolismo y ayudan a combatir la enfermedad. Dicho esto, las grasas poco saludables, incluidas las trans y las saturadas, son muy perjudiciales para la salud.

Las grasas trans están parcialmente hidrogenadas, se crean industrialmente y suelen hallarse en la comida rápida, en los fritos, en algunos aperitivos y en la bollería. Estas grasas aumentan el colesterol de las lipoproteínas de baja densidad (cLDL) (colesterol malo) en la sangre y por eso deberían erradicarse por completo de una dieta. La grasa saturada también tiene un impacto negativo en la salud. No sólo se encuentra en la grasa animal, sino también en muchos productos de bollería debido a su elevado contenido en mantequilla o crema. La mayoría de autoridades médicas coinciden en que conviene restringir el consumo de grasas saturadas debido a su correlación con un mayor riesgo de enfermedades cardiovasculares y niveles más altos de colesterol en la sangre.

El cambio

Reduce tu consumo de alimentos fritos, comida rápida y productos de bollería para eliminar por completo las grasas trans y las saturadas.

Hoja de ruta para el éxito

La buena noticia sobre el cambio de esta semana es que no es muy complicado. Algunos alimentos muy específicos contienen grasas trans y saturadas, así que será muy fácil eliminarlos o evitarlos.

1. **Fritos.** Evita los fritos a toda costa. Los fritos pueden contener muchas grasas trans y saturadas…, aunque los prepares tú mismo. En vez de elegir frituras, busca alimentos que se puedan hacer a la plancha, hervir, o cocer. Si te gustan las texturas crujientes, puedes rebozar algunos de tus alimentos preferidos con pan rallado integral y los asas en el horno.

2. **Comida rápida.** La comida rápida puede parecer sabrosa, pero está repleta de grasas saturadas y trans. Lo mejor es evitar los restaurantes de comida rápida. Busca los establecimientos de comida casera que preparen comida para llevar. Seguro que habrá más opciones saludables de esta categoría.

3. **Bollería industrial.** La bollería industrial suele estar repleta de grasas poco saludables. En esta categoría podemos encontrar galletas dulces y saladas, donuts y madalenas, pasteles y tartas. Es mejor evitarlos siempre que puedas. Si te apetece un artículo de bollería, prepáralo tú mismo. Sustituye las grasas líquidas como el aceite vegetal o el de colza por grasas sólidas como la mantequilla o la man-

teca. Elige lácteos desnatados o semidesnatados antes que la leche entera.

4. **Listado de ingredientes.** Comprueba la lista de ingredientes de los alimentos procesados en busca de aceites hidrogenados, mantequilla o cremas. Estos ingredientes indican que el alimento contiene grasas trans o saturadas.

5. **Información nutricional.** Si la tabla de información nutricional de un producto indica que un alimento tiene grasas trans, evítalo por completo. Si contiene grasa saturada, asegúrate de no consumir más de 1 gramo por cada 100 calorías. Para más información sobre etiquetaje alimentario, véase **Semana 11. Lee el envoltorio.**

Lista de control del cambio semanal
• Hidratarse con agua • Llevar un diario de lo que comes • Tomar un complejo multivitamínico • Tomar entre 4 y 6 porciones de verduras • Leer las etiquetas nutricionales • Tomar un desayuno equilibrado • Elegir cereales integrales • Tomar 5 pequeñas comidas al día • Tomar 2 o 3 piezas de fruta • Elegir lácteos semidesnatados • Tomar porciones saludables • Comer pescado dos veces a la semana • Evitar las bebidas edulcoradas • Equilibrar las comidas para que te sacien • Reduce los fritos, la comida rápida y la bollería

Lista de control del cambio semanal
• Dormir entre 7 y 8 horas al día • Adoptar una perspectiva optimista • Disfrutar de un tiempo a solas • Respirar hondo • Reírse a menudo • Vivir con propósito • Construir relaciones saludables • Dar • Aprender a decir que no
• Practicar ejercicio a diario • Hacer ejercicios de estiramiento durante 20 minutos, tres veces al día • Practicar actividad aeróbica 30 minutos, tres veces por semana • Practicar ejercicios de fuerza durante 20 minutos, tres veces por semana
• Mantener los alérgenos a raya • Utilizar productos de limpieza no tóxicos • Comprar productos orgánicos • Reducir el polvo de tu casa

Semana 33
Elige una afición

«Una afición al día ahuyenta las penas.»
Phyllis McGinley

Aunque dedicarte a una afición puede parecer una pérdida de tiempo o algo que puedes dejar para más adelante, en realidad es beneficioso para las personas de todas las edades. Tanto si tienes la suerte de dedicarte a algo que te apasiona como si no es así, una afición puede aportar una nueva dimensión a tu vida.

Los estudios han demostrado que la participación en actividades que nos gustan, y las que hacemos sin ningún compromiso, ayudan a reducir los niveles de tensión. Pasar tiempo con algo que te agrada, sin la presión del éxito y el rendimiento, nos brinda la oportunidad de divertirnos, relajarnos y centrarnos en lo que queremos hacer, en vez de en lo que tenemos que hacer. Las aficiones nos alejan de las preocupaciones diarias y nos serenan. Según la clase de afición, también puedes notar beneficios físicos. Las actividades como el tenis o cualquier otro deporte te ayudarán a mantenerte en forma, a quemar calorías y a prevenir las enfermedades del corazón.

Las aficiones también son estupendas para desarrollarse y crecer. Favorecen la creatividad, la expresividad y la paciencia. Además, retrasan los efectos del envejecimiento mental porque ejercitan el cerebro y lo estimulan. Otros beneficios pueden ser el descubrimiento de talentos ocultos, desarrollar nuevas habilidades y hacer nuevos amigos, aparte de crear redes personales y profesionales más sólidas.

Todos estos beneficios crean una vida más rica y gratificante que aporta sentido y propósito con el paso del tiempo.

El cambio

Disfruta de una afición o de varias
al menos una vez a la semana.

Hoja de ruta para el éxito

Las aficiones nos ofrecen una válvula para la diversión y la gestión del estrés. Por eso es importante ir creando el tiempo necesario para disfrutarlos. Designa un espacio de un día a la semana en el que sepas que puedes dedicar dos horas a hacer algo que te gusta. Por ejemplo, si te encanta tejer, tal vez sea algo a lo que puedas dedicarte antes de acostarte, mientras viajas en tren o ves la televisión. Si te gusta salir de excursión, busca un momento en el que sepas que tendrás tiempo para ir a uno de tus parques preferidos y caminar durante varias horas. Si el golf es tu pasión, reserva varias horas para completar los dieciocho hoyos. Por último, si tu afición no implica la participación de tus seres queridos, infórmales de tus actividades para que no surjan desavenencias.

1.   **Volver de nuevo a la infancia.** Si no tienes ninguna afición, hoy es tu día de suerte: existen centenares de aficiones para elegir. El proceso de dar con una puede ser tan divertido como la afición en sí misma. Si eres una persona a quien le cuesta divertirse o no sabes por dónde

empezar, piensa en las cosas que te gustaban cuando eras niño. ¿Qué te motivaba a salir a jugar? ¿Qué te gustaba estar haciendo siempre? Es evidente que las cosas de las que disfrutabas cuando eras pequeño no encontrarán un equivalente en la edad adulta, pero puede ser un buen punto de partida. Por ejemplo, si te gustaban las manualidades, quizá te guste dibujar al carboncillo, la fotografía o la pintura. Si te encantaba ir al gimnasio, tal vez ahora quieras apuntarte a un campeonato local o empezar a practicar un nuevo deporte.

2. **Experimenta.** Tus aficiones deberían captar tu interés con regularidad. Pueden tener algo que ver con tu trabajo o nada en absoluto con él. Independientemente de esta coincidencia, una afición debería hacerte feliz. Algunas ideas:

- **Aficiones creativas**
  - o **Manualidades:** restauración de muebles, elaboración de velas, ganchillo, cine, papiroflexia, pintura, fotografía, dibujo al carbón, coser, diseño de páginas web.
  - o **Música:** composición musical, pinchar discos, cantar, tocar un instrumento, escuchar música.
  - o **Arte dramático:** actuar, bailar, animación, magia, cantar, comedia, teatro.
  - o **Escribir:** crear un blog, escribir una obra de teatro o una canción.
- **Deportes y** *fitness*:
  - o **Deportes:** ciclismo, patinaje sobre hielo, patinaje en línea, squash, ráquetbal, natación, tenis.
  - o **Artes marciales:** jiu-jitsu, karate, taekwondo.
  - o **Aire libre:** pesca, ir de excursión, equitación, navegar en kayak, alpinismo, submarinismo, esquiar, hacer surf, patinaje acuático, windsurf.

o   *Fitness* **personal:** musculación, Pilates, correr, taichi, pesas, yoga.

- **Gastronomía y bebida:** vinicultura, tueste de café, cocina, cata de vinos.
- **Modelismo:** aviones, barcos, coches, trenes, cohetes.
- **Juegos de mesa:** billar, juegos de cartas, ajedrez, dominó, rompecabezas, sudoku.
- **Deportes al aire libre:** volar en avión, paracaidismo.

Éstas son sólo algunas ideas, piensa en qué te gustaría hacer para descubrir más propuestas.

1. **Piensa en el equipamiento.** Cuando sepas las aficiones que quieres disfrutar, asegúrate de tener todo el equipamiento necesario y un lugar apropiado en el que guardarlo. Por ejemplo, si quieres apuntarte a un curso de fotografía, querrás comprar una cámara buena, un trípode, una tarjeta de memoria y un flash. Es posible que necesites hacer limpieza de armarios para guardar este equipamiento.

2. **¿Quieres divertirte?** Recuerda que tener una afición no significa que tengas que demostrar lo bueno que eres. Aunque sientas el deseo de superarte, la diversión es lo primero. Evita la tentación de ser demasiado crítico o que la negatividad te impida disfrutar, ya que los beneficios de una afición son más contundentes cuando la disfrutas.

3. **Sé espontáneo.** Si te cuesta encontrar tiempo para dedicarlo a una afición, ábrete a cualquier posibilidad. Por ejemplo, si te gusta leer, llévate libros allí donde vayas, porque así podrás robar algo de tiempo para leer unas páginas estés donde estés. Si te gusta la fotografía, llévate la cámara para captar momentos interesantes en cualquier parte.

> **¿Sabías que...?**
> En un estudio publicado en el *New England Journal of Medicine*,
> la práctica de actividades como la lectura, la escritura, hacer
> crucigramas, los juegos de mesa y tocar un instrumento musical
> reducía el riesgo de padecer Alzheimer, demencia vascular y
> demencia mixta en un 63 por ciento.

Sea lo que sea lo que hagas, evita la tentación de sentarte delante del televisor o el ordenador cada noche. Sal a hacer algo que te guste. La recompensa merece la pena.

Crédito extra

¿Ya te dedicas a una afición que te gusta? ¡Difunde tu suerte! Anima a los demás a encontrar la suya. Busca también aficiones que puedas compartir con familiares y amigos. Estrechará vuestros vínculos y creará relaciones más íntimas y profundas.

Lista de control del cambio semanal
<ul><li>Hidratarse con agua</li><li>Llevar un diario de lo que comes</li><li>Tomar un complejo multivitamínico</li><li>Tomar entre 4 y 6 porciones de verduras</li><li>Leer las etiquetas nutricionales</li><li>Tomar un desayuno equilibrado</li><li>Elegir cereales integrales</li><li>Tomar 5 pequeñas comidas al día</li><li>Tomar 2 o 3 piezas de fruta</li><li>Elegir lácteos semidesnatados</li><li>Tomar porciones saludables</li><li>Comer pescado dos veces a la semana</li><li>Evitar las bebidas edulcoradas</li><li>Equilibrar las comidas para que te sacien</li><li>Reduce los fritos, la comida rápida y la bollería</li></ul>
<ul><li>Dormir entre 7 y 8 horas al día</li><li>Adoptar una perspectiva optimista</li><li>Disfrutar de un tiempo a solas</li><li>Respirar hondo</li><li>Reírse a menudo</li><li>Vivir con propósito</li><li>Construir relaciones saludables</li><li>Dar</li><li>Aprender a decir que no</li><li>Disfrutar de tu afición una vez a la semana</li></ul>

Lista de control del cambio semanal	
	• Practicar ejercicio a diario • Hacer ejercicios de estiramiento durante 20 minutos, tres veces al día • Practicar actividad aeróbica 30 minutos, tres veces por semana • Practicar ejercicios de fuerza durante 20 minutos, tres veces por semana
	• Mantener los alérgenos a raya • Utilizar productos de limpieza no tóxicos • Comprar productos orgánicos • Reducir el polvo de tu casa

Semana 34
Magro y malo

«La carne roja no es mala para ti. ¡Pero la carne azul verdosa sí lo es!»
Tommy Smothers

Tanto si eres omnívoro como si eres vegetariano o vegano*, la proteína es una parte esencial de una dieta saludable. La proteína es fundamental para la estructura de casi todas las partes de nuestro organismo, incluidos nuestros huesos, piel, cabello, uñas, sangre y órganos vitales. La proteína nos proporciona energía y nos ayuda a mantener un metabolismo sano. Por último, hace que nuestras comidas sean satisfactorias y saciantes.

La proteína se encuentra en fuentes vegetales (alubias, verduras, y algunos cereales), el pescado y el marisco, y en la carne de diversos animales. Las proteínas de las plantas, el pescado y el marisco suelen ser bajas en grasas. Las proteínas de origen animal (ternera, cordero, aves, cerdo, etcétera), así como las de los huevos y los lácteos, pueden contener dosis elevadas de grasa saturada. Tal como comentamos en la **Semana 32. Evita los fritos y la comida rápida**, la grasa saturada se vincula a un mayor riesgo de enfermedades coronarias y por eso deberían evitarse.

---

* Un 3,2 por ciento de los norteamericanos se definen como tales. Fuente: «Vegetarianism in America», estudio publicado en *Vegetarian Times*, 2008.

Afortunadamente, si consumes proteínas animales con regularidad, hay muchas opciones saludables de las que puedes disfrutar. Pasar de las comidas grasientas a las que no lo son obra milagros para tu salud y bienestar. Puesto que ya hemos comentado el cambio a un consumo de productos lácteos desnatados en la **Semana 22. Reduce el consumo de lácteos**, esta semana nos ocuparemos de la carne.

El cambio

Elije carnes magras en vez de las que son ricas en grasa.

Hoja de ruta para el éxito

Cuando elijas proteínas animales, que no te engañen: puedes creer que son saludables cuando en realidad no lo son, y al revés. Por ejemplo, aunque la carne roja tiene fama de ser poco saludable, algunos cortes y variedades pueden ser más sanos y escasos en grasas saturadas que ciertas clases de aves de corral. He aquí algunas recomendaciones para tomar decisiones más acertadas:

1. **Ternera.** Compra siempre los cortes más tiernos de carne. Aunque puede haber algunas excepciones, las partes más saludables de la ternera son las que incluyen la palabra «redondo» o «solomillo» en su denominación. Por ejemplo, el redondo de pecho y el solomillo son relativamente bajos en grasas si se comparan con una costilla o una chuleta. Cuando elijas carne picada, siempre es mejor optar por ternera con un porcentaje del 95 por ciento o más de magro. Si la ternera picada no alcanza el 95 por ciento de magro, entonces es relativamente alta en grasas y grasas saturadas.

2. **Carne roja de caza.** La carne roja de caza es mucho menos grasa que la de granja. En esta variedad se incluye la carne de alce y venado. Toda ella es sumamente magra y baja en grasas saturadas. Por otra parte, la carne de ternera de pasto es más saludable que la de granjas criadero. Esto se debe a la dieta que siguen y al hecho de que hacen ejercicio porque pastan al aire libre.

3. **Cordero.** La mayoría de cortes del cordero tiene un alto contenido en grasas, y por eso debería evitarse.

4. **Aves de corral.** Por lo general, las aves de corral son más magras que la ternera. No obstante, tal como mencioné anteriormente, algunos cortes pueden ser más grasos que los más ligeros de la ternera. Evita la piel de las aves y la carne oscura, como la que se encuentra en la pechuga, alas y muslos, puesto que allí es donde se concentra la grasa. El corte de ave menos graso es la pechuga de pavo sin piel. Por ejemplo, una ración de 100 gramos de pavo sin piel contiene 0,6 gramos de grasa y unas 115 calorías, mientras que 100 gramos de pechuga de pollo sin piel tiene 3 gramos de grasa y suma 140 calorías. Los gansos y los patos, especialmente los que están domesticados, tienen un componente muy alto en grasas y grasas saturadas.

5. **Aves de caza silvestre.** Con la excepción de la codorniz y el pichón, la mayoría de aves de caza son relativamente magras. El avestruz y el faisán son las más ligeras. Asimismo, la carne de pato silvestre es más ligera que la del pato domesticado.

6. **Cerdo.** La mayoría de cortes de carne de cerdo suelen tener un contenido más elevado en grasas que las aves y la ternera. A excepción del filete de cerdo y los cortes extrafinos del jamón, el cerdo suele aportar más del 30 por ciento de sus calorías en forma de grasa.

Aunque estas recomendaciones pueden darte una idea general de lo saludables que pueden ser algunas proteínas animales, consulta las siguientes tablas de la página 274 para tomar decisiones acertadas para ti. En la columna de la izquierda verás un listado de las carnes grasas que debes evitar, y en la derecha encontrarás las más saludables.

El «increíble huevo comestible»

Los huevos son una fuente maravillosa de proteínas; sin embargo, los huevos enteros suelen tener un aporte alto en grasas, grasas saturadas y colesterol. En cambio, las claras de huevo apenas tienen grasa. Existen distintas opiniones entre los expertos sobre el consumo de las claras de los huevos o los huevos enteros. Algunos aseguran que como las yemas de huevo (donde se concentra la grasa y el colesterol) proporcionan numerosos nutrientes sanos, comer claras de huevo no es una opción tan nutritiva. Pero si consumes regularmente huevos enteros, la grasa y el colesterol pueden empezar a sumarse.

Si consumes huevos con frecuencia, puedes comer un huevo entero y dos claras. Esto te permite tomar los nutrientes de la yema mientras reduces la ingesta de grasa y colesterol. En cualquier caso, consulta con tu médico si tienes alguna duda o pregunta acerca de incluir huevos en tu dieta.

Carne roja	
Opciones grasas poco saludables	**Opciones magras más saludables**
Ternera de cría tradicional	Ternera alimentada con pastos
Lomo	Redondo de ternera
Chuleta	Redondo de la parte trasera
Costilla	Solomillo
Asado de carne	Búfalo
Cordero	Venado
Ternera picada 85% de magro	Ternera picada 95% de magro

Aves	
Opciones grasas poco saludables	**Opciones magras más saludables**
Muslo de pollo, con o sin piel Pierna de pollo, con o sin piel Alas de pollo, con o sin piel Pechuga de pollo, con piel	Pechuga de pavo, con o sin piel Pechuga de pollo, sin piel
Pavo picado 85%	Pavo picado 99% Pavo picado 95%
Pato domesticado Ganso domesticado Codorniz Pichón	Avestruz Pechuga de faisán Pechuga de pato silvestre

Cerdo	
Opciones grasas poco saludables	**Opciones magras más saludables**
Costillas	Lomo
Paleta	Chuleta de lomo, corte central, magro
Tocino	Jamón, extramagro
Salchicha	Tocino canadiense

Crédito extra

¿Ya sabes escoger la carne magra? Pasa al siguiente nivel y convierte la carne en todo un lujo. Si comes ternera, aves o cerdo varias veces a la semana, procura reducirlo a dos veces por semana, o, mejor aún, una vez a la semana. Elige lácteos con bajo contenido graso, claras de huevo, pescado y proteínas vegetales la mayor parte del tiempo, y deja la carne para una ocasión especial.

Lista de control del cambio semanal
• Hidratarse con agua • Llevar un diario de lo que comes • Tomar un complejo multivitamínico • Tomar entre 4 y 6 porciones de verduras • Leer las etiquetas nutricionales • Tomar un desayuno equilibrado • Elegir cereales integrales • Tomar 5 pequeñas comidas al día • Tomar 2 o 3 piezas de fruta • Elegir lácteos semidesnatados • Tomar porciones saludables • Comer pescado dos veces a la semana • Evitar las bebidas edulcoradas • Equilibrar las comidas para que te sacien • Reduce los fritos, la comida rápida y la bollería • Elegir carne magra

Lista de control del cambio semanal
<ul><li>Dormir entre 7 y 8 horas al día</li><li>Adoptar una perspectiva optimista</li><li>Disfrutar de un tiempo a solas</li><li>Respirar hondo</li><li>Reírse a menudo</li><li>Vivir con propósito</li><li>Construir relaciones saludables</li><li>Dar</li><li>Aprender a decir que no</li><li>Disfrutar de tu afición una vez a la semana</li></ul>
<ul><li>Practicar ejercicio a diario</li><li>Hacer ejercicios de estiramiento durante 20 minutos, tres veces al día</li><li>Practicar actividad aeróbica 30 minutos, tres veces por semana</li><li>Practicar ejercicios de fuerza durante 20 minutos, tres veces por semana</li></ul>
<ul><li>Mantener los alérgenos a raya</li><li>Utilizar productos de limpieza no tóxicos</li><li>Comprar productos orgánicos</li><li>Reducir el polvo de tu casa</li></ul>

Semana 35
¿Qué me pasa, doctor?

«No hay razón para curar a un hombre enfermo que se cree sano.»
Henri Amiel

Tal como Ben Franklin dijo de forma muy sucinta en una ocasión, una onza de prevención equivale a una libra de curación. Aunque la prevención abarca muchos aspectos, como hacer ejercicio, alimentarse correctamente, y gestionar el estrés, gran parte de este proceso implica el sencillo acto de ir al médico y hacerse pruebas y análisis rutinarios. De este modo se puede detectar cualquier anomalía a tiempo, incluso antes de que tengas algún síntoma, o antes de que la enfermedad empeore. La detección temprana de un problema de salud implica que puede tratarse con mayor facilidad y eficacia, y con menos efectos secundarios que un problema de salud que no se ha detectado temprano o que se ha padecido durante mucho tiempo. Por último, la detección temprana de una enfermedad te hace ahorrar dinero a largo plazo.

El cambio

Crea un plan de prevención personal que incluya chequeos y análisis regulares según la frecuencia recomendada.

Hoja de ruta para el éxito

Cada persona es proclive a sufrir un tipo determinado de enfermedades. Además, los hombres y mujeres difieren en este sentido, al igual que lo hacen los niños y los adultos. Por eso conviene consultar con tu médico acerca del número de visitas que tienes que realizar, qué tipo de análisis y pruebas necesitas, así como las vacunas que te conviene recibir en tu estado particular. No obstante, las siguientes recomendaciones son un buen punto de partida para elaborar un plan de prevención. Consulta la **Tabla de plan de prevención** de la **Tercera parte. Herramientas y recursos** para hacer un seguimiento de tus visitas al médico, los análisis y las vacunas pertinentes.

Consejos generales:

Las siguientes recomendaciones son pertinentes para hombres y mujeres:

1. **Seguro médico.** Lo primero y más importante es que necesitas un seguro médico. Aunque te sientas sano y cuides de ti, tener un seguro médico es fundamental. No puedes predecir lo impredecible, y tanto si sufres una lesión de un accidente impredecible como si contraes una enfermedad infecciosa o te ocurre algo que precisa atención médica, te alegrarás de haber invertido ese dinero en un seguro. Aunque el coste de ese seguro no sea barato, lo que pagues a la compañía estará bien invertido si ocurre algo inesperado.

2. **Médico de cabecera.** La mayoría de pólizas exigen que tengas un médico de cabecera. Casi siempre se trata de un internista al que acudes para hacerte las revisiones y plantearle tus preguntas. Tu médico de cabecera también te ayuda a encontrar los especialistas que pueden atenderte en caso de necesitarlo. Pide referencias a tus amigos y familiares. También puedes navegar por Internet y ver qué opinión merece un médico según los distintos comentarios de sus pacientes, buscar si hay constancia de mala praxis por su parte y consultar su formación médica.

3. **Pruebas y análisis.** Aunque las circunstancias de cada persona son únicas, todo el mundo debería hacerse los siguientes análisis:

   • **Presión sanguínea.** Una elevada presión sanguínea puede producir una enfermedad coronaria, o ser la precursora de un infarto o una enfermedad renal. Llevar un estilo de vida activo y comer bien es fundamental para mantener la presión sanguínea bajo control. La toma de la presión es una práctica estándar en cualquier visita al médico. Una presión sanguínea saludable normal oscila entre los 120/80 en adultos. No obstante, tu médico podrá valorar si tu presión sanguínea es inusualmente elevada o baja.

   • **Colesterol.** Al igual que con la presión sanguínea elevada, el colesterol alto se asocia a las enfermedades de corazón. Las mujeres tienden a registrar un incremento de su colesterol después de la menopausia, mientras que los hombres lo experimentan a mediana edad. Asimismo, los niveles de colesterol pueden aumentar en personas con sobrepeso o las que han ganado peso. Al igual que para mantener la presión sanguínea bajo control, el ejercicio y una dieta saludable puede estabilizar los niveles de colesterol. Convendría hacerse análisis cada cinco años, empezando a los veinte años de edad. No obstante, consulta con tu médico para saber con cuánta frecuencia deberías hacerte análisis.

- **Cáncer de colon.** El cáncer de colon es el segundo tipo de cáncer fatal más común. A medida que vamos envejeciendo, somos más propensos a contraer cáncer de colon. Se recomienda que empieces a hacerte análisis a los cincuenta años. Una vez al año conviene hacerse una prueba de sangre oculta fecal, que mide el nivel de sangre en las heces. Asimismo, cada cinco a diez años deberías hacerte una colonoscopia, que es un procedimiento en el cual el médico puede ver el interior del recto y el colon con una pequeña cámara. Si tienes o has tenido pólipos, o bien un historial familiar de cáncer de colon, de intestino, de pecho, de ovarios o de útero, díselo a tu médico, puesto que seguramente recomendará que te hagas esta prueba más a menudo.
- **Glucosa en la sangre/diabetes.** La diabetes puede provocar varios problemas de salud relacionados con el corazón, los riñones, la circulación de la sangre y la visión. Puesto que las probabilidades de contraer diabetes de tipo 2 se incrementan a la edad de cuarenta y cinco años, se recomienda un análisis de glucosa en la sangre en ayunas cada tres años, empezando a los cuarenta y cinco. Pero si hay un historial de diabetes en tu familia o sufres sobrepeso, pregúntale a tu médico si puedes hacerte esta prueba antes de cumplir esa edad.
- **Oído.** Por muy difícil que sea admitir una pérdida de audición, se trata de una dolencia muy común, especialmente en adultos que sobrepasan los cincuenta años. Si tienes que esforzarte para escuchar conversaciones, tienes que aumentar el volumen del televisor o la radio de modo que otras personas se quejan, o necesitas que los demás repitan lo que dicen, entonces es que has per-

dido capacidad auditiva. Si crees que es así, habla con tu médico para concertar un chequeo del oído.

- **Pruebas de osteoporosis.** Las mujeres posmenopáusicas con fracturas deberían hacerse pruebas de densidad ósea (escáner DEXA). Las mujeres menores de sesenta y cinco años con riesgo de osteoporosis, las mujeres mayores de sesenta y cinco, y los hombres de entre cincuenta y setenta años deberían consultar con su médico la conveniencia de hacerse esta prueba.

- **Cáncer de piel.** Como se trata del tipo más común de cáncer, y es uno de los que mejor se cura, es muy recomendable hacerse pruebas de cáncer de piel. La detección a tiempo y el tratamiento adecuado son de vital importancia para la curación de este cáncer. Si tienes muchas pecas o verrugas, si tiendes a tomar mucho el sol o lo hiciste en el pasado, o si tienes un historial familiar de cáncer de piel, conviene empezar a hacerse pruebas a una edad temprana.

4. **Inyecciones y vacunas.** De niños nos suelen vacunar para evitar varios tipos de virus y enfermedades. Pero también podemos beneficiarnos de ellas cuando somos adultos:

- **Tétanos-difteria.** Deberías vacunarte del tétanos y la difteria cada diez años. Asegúrate de que no se te pase y de que la dosis sea la adecuada.

- **Vacuna contra la neumonía.** Los adultos mayores tienden a contraer neumonía. A medida que envejecemos, la neumonía puede ser más peligrosa para nosotros. Por eso es conveniente recibir una vacuna contra la neumonía a los sesenta y cinco años. Si tienes diabetes, sida, cáncer o enfermedades pulmonares, coronarias o renales, necesitarás esa vacuna antes de los sesenta y cinco. Consulta con tu médico para que te recomiende lo más adecuado en tu situación.

- **Vacuna antigripal.** Como la neumonía, la gripe puede suponer una amenaza para la vida en adultos ancianos. Los adultos mayores de sesenta y cinco años deberían vacunarse cada año. Asimismo, si eres diabético, tienes cáncer, sida, o una enfermedad pulmonar, coronaria o renal, tu médico te recomendará que recibas esta vacuna antes de los sesenta y cinco años. Las mujeres embarazadas deberían consultar con su médico antes de vacunarse contra la gripe.

5. **Dentista.** Tanto si tienes muchas caries como si no, es importante que vayas al dentista con cierta regularidad. Lo ideal sería hacer una revisión y una limpieza bucal dos veces al año. Entre visitas, asegúrate de seguir la siguiente rutina de higiene dental:

   - Cepíllate los dientes dos veces al día, preferiblemente después del desayuno y la cena.
   - Utiliza un cepillo suave para evitar dañar las encías.
   - Elije un dentífrico con flúor.
   - Utiliza el hilo dental una vez al día, preferiblemente por la noche.
   - Utiliza un enjuague bucal después del cepillado y el hilo dental.
   - No fumes ni mastiques tabaco.
   - Evita los alimentos dulces.
   - Ve al dentista si sientes dolor o sensibilidad en dientes o encías, o si notas motas extrañas o decoloración en tu boca o cuello.

6. **Oculista.** De jóvenes nos hacían revisiones de visión para detectar cualquier problema. Pero si has llegado a la mediana edad sin necesitar gafas ni lentes de contacto, deberías empezar a hacerte revisiones en el oculista a los cuarenta y cinco años. El glaucoma, una enfermedad que puede provocar problemas y pérdida de visión, es bastante común a partir de los cuarenta y cinco años. Sin embargo, si se trata a tiempo, se puede prevenir o retrasar la incidencia de problemas más graves. Las personas que tienen más probabilidades de desarro-

llar glaucoma son las diabéticas o las que tienen un historial familiar de glaucoma y las que tienen más de sesenta y cinco años (o cuarenta si son de origen afroamericano).

Prevención para las mujeres

Además de las pautas generales que se ofrecen a continuación, las mujeres deberían tomar medidas adicionales en su plan de prevención. Tal como he mencionado anteriormente, conviene que consultes con tu médico todo lo relacionado con visitas, pruebas y análisis.

1. **Revisiones ginecológicas.** Muchas mujeres prefieren que sus médicos de cabecera realicen sus frotis cervicales, sus exámenes pélvicos y sus exploraciones de mama, mientras que otras prefieren que sea un ginecólogo quien haga estas pruebas. En ambos casos, se trata de una elección personal basada en lo que te haga sentir más cómoda. A menos que sufras una enfermedad o dolencia que requiera la atención de un ginecólogo, el médico de cabecera podrá ocuparse de este tipo de pruebas. Cuando una mujer es sexualmente activa o cumple dieciocho años, sea lo que sea lo que venga primero, debería empezar a hacerse frotis cervicales, ya que estas pruebas ayudan a detectar problemas del aparato reproductor, como la endometriosis, el virus del papiloma humano y el cáncer cervical. Una detección temprana facilita el tratamiento de estas enfermedades, las mujeres de entre veinte y treinta años deberían hacerse un frotis cervical al año. Después de los treinta, estas pruebas deberían hacerse cada tres años como mucho, según los resultados anteriores. Si te has sometido a una histerectomía o tienes más de sesenta y cinco años y tus frotis cervicales son normales, es posible que tu médico te recomiende no hacerte más. En cambio, si has tenido un historial de frotis anormales, verrugas vaginales, alguna enfermedad de transmisión sexual

(ETS) o múltiples parejas sexuales, es posible que tu médico te recomiende hacerte frotis cervicales más a menudo.

2. **Mamografías.** A medida que las mujeres envejecen, aumenta el riesgo de contraer cáncer de mama. La mayoría de cánceres de mama se detectan en mujeres mayores de cincuenta años. Una detección temprana del cáncer de mama puede tener un gran impacto en el tratamiento de la enfermedad. Hacerse autoexploraciones de la mama y una mamografía al año es suficiente hasta los cuarenta años. A partir de esa edad una mujer tendría que hacerse una mamografía cada uno o dos años. Si tienes un historial familiar de cáncer de pecho, consúltalo con tu médico, ya que puede recomendar las mamografías antes de esa edad.

Prevención para hombres

Los hombres mayores de cincuenta años deberían hacerse pruebas de cáncer de próstata. Si eres afroamericano o tienes un historial familiar de este tipo de cáncer, habla con tu médico para ver si conviene que te hagas esta prueba antes. Un examen rectal y un análisis de sangre de antígeno prostático específico (PSA en sus siglas en inglés) es el procedimiento habitual para detectar un cáncer de próstata.

Crédito extra

¿Ya has elaborado un plan de prevención? Procura que los miembros de tu familia estén al día con sus análisis y visitas al médico.

Lista de control del cambio semanal
• Hidratarse con agua • Llevar un diario de lo que comes • Tomar un complejo multivitamínico • Tomar entre 4 y 6 porciones de verduras • Leer las etiquetas nutricionales • Tomar un desayuno equilibrado • Elegir cereales integrales • Tomar 5 pequeñas comidas al día • Tomar 2 o 3 piezas de fruta • Elegir lácteos semidesnatados • Tomar porciones saludables • Comer pescado dos veces a la semana • Evitar las bebidas edulcoradas • Equilibrar las comidas para que te sacien • Reduce los fritos, la comida rápida y la bollería • Elegir carne magra
• Dormir entre 7 y 8 horas al día • Adoptar una perspectiva optimista • Disfrutar de un tiempo a solas • Respirar hondo • Reírse a menudo • Vivir con propósito • Construir relaciones saludables • Dar • Aprender a decir que no • Disfrutar de tu afición una vez a la semana

Lista de control del cambio semanal	
	• Practicar ejercicio a diario • Hacer ejercicios de estiramiento durante 20 minutos, tres veces al día • Practicar actividad aeróbica 30 minutos, tres veces por semana • Practicar ejercicios de fuerza durante 20 minutos, tres veces por semana • Seguir un plan de prevención
	• Mantener los alérgenos a raya • Utilizar productos de limpieza no tóxicos • Comprar productos orgánicos • Reducir el polvo de tu casa

Semana 36
¿Qué se está cociendo?

«No comas nunca en un lugar llamado Mamás, pero si el otro
restaurante que hay en la ciudad tiene un letrero que dice Comidas,
entonces vuelve al Mamás.»
W. C. Fields

Según la Asociación Nacional de Restaurantes de Estados Unidos, al 88 por ciento de los norteamericanos les gusta salir a cenar fuera. Tanto si es por viajes, por agendas apretadas, por escasez de tiempo o por falta de interés en la cocina, hay muchas razones por las cuales la gente elige comer fuera de casa. Pero en lo tocante a nuestra salud, comer fuera de casa no es lo más conveniente.

Aunque muchos restaurantes ofrecen platos saludables, hay muchas razones por las cuales comer en casa sigue siendo una mejor opción. Para empezar, no importa cuán saludable sea el menú de un restaurante, las cocinas emplean numerosos ingredientes poco saludables para que la comida tenga buen gusto. Esto se aplica a todo tipo de restaurantes, incluidos los de lujo, los de calidad media y los de comida rápida. Algunos de los ingredientes poco saludables más comunes que encontramos en restaurantes son la mantequilla, el aceite, el azúcar y la crema. Todos ellos añaden muchas calorías a un plato que, por lo demás, parece muy saludable. Pero cuando cocinas en casa tienes un control absoluto de lo que añades a tus platos, y eso te permite discernir cuán saludable es tu cocina o no. Además, puedes sustituir ingredientes saludables por otros menos óptimos.

Tal como explicábamos en la **Semana 24. Porciones desproporcionadas**, comer las porciones adecuadas es una parte importante de un estilo de vida saludable. Como los restaurantes quieren quedar bien con sus clientes, suelen servir raciones abundantes. Si pides un entrante, seguramente te darán entre dos y tres veces más de la comida que necesitas. Además, cuando comes fuera te encuentras con opciones ilimitadas. Aunque tu mente te diga que debes ceñirte a un entrante de ensalada, es fácil dejarse llevar por los aromas que emanan de los platos de las otras mesas. Pero si comes en casa sabes lo que preparas, cuánto quieres, cuánto sirves y qué cantidades conviene comer.

Otra razón para reducir las salidas a restaurantes es que muchos de ellos, incluso los de lujo, no siempre cocinan con ingredientes de alta calidad. Muy pocos compran productos orgánicos porque suelen aprovisionarse al mayor, y los alimentos orgánicos no suelen venderse al por mayor. Además, como todos sabemos, lo orgánico suele costar el doble que la comida convencional, y eso reduce el margen de beneficios del restaurante. Si preparas tus platos en casa, eres consciente de la calidad de los ingredientes que compras y el resultado es más saludable.

Cuando salimos a comer fuera, es posible que cedamos a la tentación de tomar un postre: terminamos la cena, y el camarero nos ofrece un dulce. Aunque no sintamos más apetito, siempre nos las arreglamos para dejar un espacio para una tarta de manzana o de chocolate. Aunque de vez en cuando podemos pasarnos de la raya, hacerlo por costumbre puede ser problemático. Cuando compramos y cocinamos nuestros alimentos, controlamos qué postres y dulces almacenamos en casa. Es decir, resulta mucho más difícil tomar postre a diario si no lo hemos incluido en el carro de la compra.

Por último, salir a comer puede resultar caro. Puede costar unas cuatro o cinco veces más de lo que invertirías si cocinaras y cenaras en casa. Cuando comemos fuera no sólo pagamos los alimentos, también pagamos el ambiente, el servicio y otras cuestiones. En casa, el ambiente y el servicio son gratis, por no mencionar que los alimentos cuestan mucho menos.

El cambio

Desayuna en casa y prepara los almuerzos para seis días a la semana. Cena en casa como mínimo cinco días a la semana.

Hoja de ruta para el éxito

Cocinar y comer en casa no requiere un gran esfuerzo ni es muy complicado. Hay infinidad de platos saludables que puedes preparar de forma rápida y sencilla.

1. **No te compliques.** Cuanto más sencillas sean tus comidas, más fácil será su preparación, y no te pondrás nervioso. Cocina con ingredientes que conozcas para no sentirte abrumado con los nuevos. Utiliza condimentos para que tus platos sean sabrosos y deliciosos.
2. **Invierte en un libro de cocina.** Si eres novato en la cocina, busca libros de cocina sencilla y rápida. Encontrarás muchísimos en las librerías, y la mayoría incluyen recetas fáciles que puedes preparar en 15 o 30 minutos. También puedes buscar recetas en Internet.
3. **Cocina en grande.** El domingo por la noche prepara raciones abundantes para que el plato te dure toda la semana. Así no te agobiarás cada noche pensando en lo que tendrás que cocinar para cenar, y

podrás centrarte en tus decisiones alimentarias del desayuno y el almuerzo.

4. **Conoce lo que te gusta.** Opta por recetas saludables que puedas repetir durante varias semanas. Planificarlas y prepararlas te permitirá disfrutar de alimentos saludables y no tendrás ganas de comer alimentos que no te convienen.

5. **Renueva las recetas poco saludables.** No tienes que echar por la borda tus recetas preferidas si no son del todo saludables. Si las modificas un poco, podrás seguir disfrutando de los platos que te gustan sin salirte de lo sano. Para simplificar las cosas, consulta la siguiente tabla de elementos sustitutorios para que tus recetas sean más saludables. Sin embargo, debes saber que algunos de estos ingredientes sustitutorios pueden alterar la consistencia de un plato o su sabor, especialmente cuando cueces al horno. Por eso conviene hacer pruebas hasta hallar la combinación perfecta para ti.

Tabla de sustitutos para platos y condimentos

Ingrediente	Sustituto
Aliño	Prepáralo con aceites, mostazas, vinagres y especias
Base de crema para sopa (1 cl)	1 cl de leche desnatada al 1%
	0,5 cl de yogur natural desnatado
Carne picada (500 g)	500 g de picada de pollo
	500 g de pavo magro picado (95% o más)

Ingrediente	Sustituto
Crema para espesar la sopa (1 cl)	1 cl de puré de patatas o verduras
Kétchup (¼ cl)	¼ cl de salsa fresca
Maicena para dar consistencia	Espesar hirviendo a fuego lento hasta lograr la textura deseada
Mantequilla o aceite (0,5 cl)	½ cl de caldo de pollo o de verdura 100% natural, o vinagre
Marinada de aceite (1 cucharada)	1 cucharada de zumo de limón
	1 cucharada de vinagre balsámico
Mayonesa (1 cucharada)	2 cucharaditas de mostaza + 1 cucharadita de aceite de oliva
	2 cucharaditas de yogur griego natural desnatado + 1 cucharadita de mostaza
	1 cucharada de aguacate triturado
	1 cucharadita de yogur griego natural desnatado
Nata (0,5 cl)	½ cl de yogur griego natural desnatado
Sal (1 cucharadita)	1 cucharadita de especias
	1 cucharadita de hierbas
Salsa de soja (1 cucharada)	1 cucharada de salsa de soja baja en sal

Sustitutos para la repostería

Ingrediente	Sustituto
Azúcar, blanco o moreno (1 cl)	¾ cl de néctar de algarrobo
	¾ cl de miel
	¾ cl de sirope de arce
	1 cl de azúcar de caña natural
Chocolate no azucarado (30 g)	3 cucharadas de polvo de cacao no azucarado + 1 cucharada de aceite vegetal
	3 cucharadas de polvo de algarrobo + 1 cucharada de aceite vegetal (reduce ¼ de azúcar)
Fruta, enlatada o entera (1 cl)	1 cl de fruta fresca
Frutos secos (1 cl)	½ cl de frutos secos tostados
Harina, enriquecida y blanca de uso general (1 cl)	⅓ cl de harina integral al 100% + ⅔ cl de harina de uso común sin teñir
Helado (1 cl)	1 cl de yogur congelado
Huevo entero	2 claras de huevo
	1 cuchara de lino molido disuelto en 3 cucharadas de agua
Leche, entera o al 2% (1 cl)	1 cl de leche desnatada o del 1%
Mantequilla o aceite (1 cl)	1 cl de zumo de manzana no azucarado
Nata montada (1 cl)	3 claras de huevo batidas
	¾–1 cl de yogur
Sirope de maíz (1 cl)	⅞ cl de miel (los alimentos cocidos quedarán más dorados)

Ingrediente	Sustituto
Suero de mantequilla (1 cl)	1 cl de suero de leche baja en grasas
	1 cl de yogur semidesnatado
	1 cl de leche desnatada o al 1% + 1 cucharada de zumo de limón
	1 cl de leche desnatada o al 1% + 1 cucharada de vinagre blanco
Trocitos de chocolate (1 cl)	½ cl trocitos de chocolate negro
	1 cl trocitos de algarrobo

¿Sabías que...?

En Estados Unidos, 0,49 centavos de cada dólar invertido en comida en 2010 se gastó en restaurantes. Eso significa que casi un 50 por ciento del presupuesto medio en alimentación en Estados Unidos se dedicó a comer fuera de casa.

Crédito extra

¿Ya preparas casi todas las comidas en casa? Pasa al siguiente nivel haciendo que tu familia y amigos participen de ello. Organiza fiestas para modificar recetas en las que cocines con tus amigos y enséñales a cocinar sano. O invita a tu cónyuge o hijos a cocinar contigo para que tus comidas familiares también sean más saludables.

Lista de control del cambio semanal
• Hidratarse con agua • Llevar un diario de lo que comes • Tomar un complejo multivitamínico • Tomar entre 4 y 6 porciones de verduras • Leer las etiquetas nutricionales • Tomar un desayuno equilibrado • Elegir cereales integrales • Tomar 5 pequeñas comidas al día • Tomar 2 o 3 piezas de fruta • Elegir lácteos semidesnatados • Tomar porciones saludables • Comer pescado dos veces a la semana • Evitar las bebidas edulcoradas • Equilibrar las comidas para que te sacien • Reduce los fritos, la comida rápida y la bollería • Elegir carne magra • Cocinar y comer más en casa
• Dormir entre 7 y 8 horas al día • Adoptar una perspectiva optimista • Disfrutar de un tiempo a solas • Respirar hondo • Reírse a menudo • Vivir con propósito • Construir relaciones saludables • Dar • Aprender a decir que no • Disfrutar de tu afición una vez a la semana

Lista de control del cambio semanal	
	• Practicar ejercicio a diario • Hacer ejercicios de estiramiento durante 20 minutos, tres veces al día • Practicar actividad aeróbica 30 minutos, tres veces por semana • Practicar ejercicios de fuerza durante 20 minutos, tres veces por semana • Seguir un plan de prevención
	• Mantener los alérgenos a raya • Utilizar productos de limpieza no tóxicos • Comprar productos orgánicos • Reducir el polvo de tu casa

Semana 37
Regreso a lo natural

«Contempla el interior de la naturaleza, y lo entenderás todo mejor.»
Albert Einstein

A medida que nuestra cultura avanza a nivel tecnológico y nos volvemos cada vez más dependientes del entorno multimedia, hemos encontrado el modo de desconectarnos de uno de los aspectos más básicos y terapéuticos de la vida: la naturaleza.

Las investigaciones demuestran que pasar tiempo en entorno naturales es beneficioso para nuestra salud mental, así como para nuestro desarrollo psicológico y espiritual. Centenares de estudios han demostrado que las personas se recuperan más rápido del estrés y el trauma cuando reciben un estímulo natural en vez de uno artificial. En un estudio muy conocido, los investigadores mostraban a los participantes imágenes estresantes en vídeo, o imágenes de la naturaleza o de otro tipo de contenido. Quienes miraban los vídeos de la naturaleza tenían un tiempo de recuperación más corto que quienes eran expuestos a imágenes estresantes. Otro estudio demostró que contemplar la naturaleza, aunque sólo sea por la ventana, acelera la recuperación de una convalecencia, mejora el rendimiento en tu trabajo y hace que te sientas más satisfecho con él.

Pasar tiempo en entornos naturales fomenta el sentimiento de conexión, propósito y pertenencia a una entidad superior. El contacto con la naturaleza también fomenta una actitud positiva, la conciencia plena, la creatividad, la atención total y una mayor percepción sensorial. Todo esto es algo que los niños suelen experimentar. Los espacios naturales estimulan la imaginación y la creatividad de los pequeños, y jugar al aire libre realza la flexibilidad cognitiva, la capacidad de resolver problemas y la autodisciplina. Además, los estudios han demostrado que cuando los niños tienen contacto con espacios naturales, incluso los de una gran ciudad, demuestran una mayor capacidad para prestar atención, ser menos impulsivos y más pacientes. Aunque estas cualidades son beneficiosas para todos los niños, pueden serlo aún más para los que sufren un trastorno de déficit de atención o un trastorno de déficit de atención por hiperactividad.

Por último, pasar tiempo en entornos naturales te ayuda a desarrollar tu confianza en ti mismo y tu autoestima. Cuando estamos en un entorno natural, nos abrimos a nuevas experiencias. Todo ello nos ayuda a confiar en nuestra capacidad para superar desafíos esperados e inesperados, y enfrentarnos a los obstáculos que se crucen en nuestro camino. Además, cuando pasamos tiempo con los demás en la naturaleza, esta mayor confianza se traduce en vínculos más estrechos y en una sensación de apoyo social y comunitario, así como en una sensación de pertenencia.

El cambio

Pasa más tiempo al aire libre y menos conectado
a la tecnología.

Hoja de ruta para el éxito

Aunque pueda parecer que todos saldríamos ganando si dejáramos de depender de la tecnología y saliéramos de excursión por el bosque, obrar así no sería muy realista. Por suerte hay muchas formas de disfrutar del contacto con la naturaleza sin pasar de un extremo a otro.

> **¿Sabías que...?**
> En un estudio publicado en abril de 2007, muchas personas con problemas de salud mental afirmaron que «salir a pasear por el campo» aminoraba su depresión (en un 71 por ciento), reducía su tensión (en un 50 por ciento) e incrementaba su autoestima (en un 90 por ciento).

1. **Desconecta.** No pases tantas horas viendo la televisión. Por ejemplo, si ahora ves mucho la tele, reduce dos horas el visionado y sustitúyelo por algo más satisfactorio como un paseo al aire libre. Consulta la **Encuesta sobre el uso de la tecnología** de la **Tercera parte. Herramientas y recursos** para hacer un estudio personal de tu uso de la tecnología. Busca oportunidades para limitar tu exposición a los distintos tipos de aparatos que utilizas para mantenerte conectado. Apaga el teléfono móvil a las ocho o a las nueve de la noche para no estar escribiendo SMS a altas horas de la noche. Evita los mensajes de correo electrónico, los tuits y la navegación por Internet después de una hora determinada. Busca el modo de reducir tu dependencia a la tecnología para que tu mente tenga tiempo de relajarse.

2. **Rodéate de naturaleza.** Una de las formas más sencillas de incorporar más «verdor» a tu vida es invertir en una planta. Si trabajas fuera de casa, coloca un tiesto en tu despacho u oficina. En casa puedes situar varias plantas en tu sala de estar. Diversos estudios han demostrado que la vegetación de interior, o incluso en el alféizar de tu ventana, puede reducir el estrés, reforzar tus habilidades e incremen-

tar la autodisciplina. Procura trabajar en una zona que tenga una ventana con buena vista. La luz natural tiene un impacto positivo en la productividad y el rendimiento en el trabajo porque mejora tu capacidad de concentración.

¿Sabías que...?

Según un estudio publicado en Estados Unidos por el Consejo de Excelencia en la Investigación, los adultos mayores de 18 años invierten una media de 8,75 horas al día delante de algún aparato electrónico, entre ellos la televisión, el ordenador y el teléfono móvil. Casi seis de esas horas se invierten concretamente delante del televisor. Aunque la tecnología es una necesidad en nuestra era tecnológica, «estar constantemente enchufados» podría ir en nuestra contra. Los investigadores aseguran que la exposición constante a los medios tecnológicos provoca que nuestros cerebros no se relajen el tiempo necesario, y eso puede tener un impacto negativo en nuestra capacidad para crear recuerdos a largo plazo.

3. **Excursiones de fin de semana.** Aunque vivas en una ciudad, puedes hacer excursiones por parques naturales. Aprovecha el fin de semana para visitarlos y pasar unas cuantas horas paseando por los entornos naturales. Organiza una excursión al aire libre con familiares o amigos. Ve de acampada, recórrelos en bicicleta.
4. **Da un paseo.** A la hora del almuerzo, sal a dar un paseo de 15 minutos. Si es posible, camina cerca de una fuente en un parque local. Esto te ayudará a clarificar las ideas, respirar aire fresco y estar más centrado cuando vuelvas al trabajo.

5. **Actividades educativas al aire libre.** Muchas instituciones de enseñanza y universidades ofrecen programas educativos fuera de las aulas. Estos programas pueden tener un efecto muy positivo en tus capacidades cognitivas, tus habilidades para resolver conflictos y ser cooperativo.

6. **Encuentra la belleza a diario.** Busca el modo de incorporar la belleza a tu día a día. Descubre un rincón desde el que contemplar hermosos atardeceres, y hazlo solo o con otra persona de forma regular. Opta por una ruta más agradable cuando vayas al trabajo, aunque tengas que caminar un poco más. Pasea a orillas de una playa o río de tu localidad. Visita un jardín botánico.

La tecnología y el ocaso de los juegos al aire libre

En los últimos veinte años hemos registrado un notable descenso en la cantidad de tiempo que pasamos al aire libre. En una encuesta realizada por la Universidad de Hofstra, el 70 por ciento de madres decían que cuando eran pequeñas jugaban a diario al aire libre, mientras que ahora sólo lo hacen el 31 por ciento de sus hijos. Además, el 56 por ciento de las madres jugaba hasta tres horas o más al día, mientras que ahora sólo lo hacen el 22 por ciento de sus hijos.

Esta disminución del tiempo que pasamos al aire libre puede atribuirse directamente a los avances tecnológicos y los medios de comunicación. La mayoría de niños en edades comprendidas entre los seis meses y los seis años invierten una media de 1,5 horas al día en sus aparatos electrónicos, y los jóvenes de entre ocho y dieciocho años de edad pasan una media de 6,5 horas al día. Lo cual suma un total de 45 horas a la semana.

7. **Jardín.** La jardinería ofrece la ventaja de combinar el ejercicio físico con el contacto con la naturaleza. Planta algunas flores o verduras. Dedícate al paisajismo, saca las malas hierbas o corta el césped una vez a la semana.

8. **Animales.** El tiempo que pasas con una mascota puede ayudarte a reducir tus niveles de estrés y proporcionarte bienestar. Las mascotas también nos ayudan a ser más responsables, crear relaciones más positivas y mejorar nuestra autoestima. Si no puedes tener un gato o un perro, un acuario es un elemento relajante para un hogar.

9. **Naturaleza multimedia.** Si vives y trabajas en un entorno urbano, es posible que tengas dificultades para acceder a entornos naturales con cierta regularidad. Aunque se recomienda disminuir el uso de la tecnología, utilizarla para crear un entorno natural multimedia puede resultar útil. Elige fondos de pantalla de ordenador con imágenes de cascadas, atardeceres, lagos o paisajes. Cuelga fotografías o cuadros de paisajes en tu despacho o lugar de trabajo. Escucha música de entornos naturales, como el vaivén del oleaje, el sonido de la lluvia al caer, el fluir de los ríos, el canto de los pájaros o las señales de los animales salvajes. Cambia los *reality shows* por los documentales de National Geographic o de Discovery Channel sobre flora y fauna.

Lista de control del cambio semanal

- Hidratarse con agua
- Llevar un diario de lo que comes
- Tomar un complejo multivitamínico
- Tomar entre 4 y 6 porciones de verduras
- Leer las etiquetas nutricionales
- Tomar un desayuno equilibrado
- Elegir cereales integrales
- Tomar 5 pequeñas comidas al día
- Tomar 2 o 3 piezas de fruta
- Elegir lácteos semidesnatados
- Tomar porciones saludables
- Comer pescado dos veces a la semana
- Evitar las bebidas edulcoradas
- Equilibrar las comidas para que te sacien
- Reduce los fritos, la comida rápida y la bollería
- Elegir carne magra
- Cocinar y comer más en casa

- Dormir entre 7 y 8 horas al día
- Adoptar una perspectiva optimista
- Disfrutar de un tiempo a solas
- Respirar hondo
- Reírse a menudo
- Vivir con propósito
- Construir relaciones saludables
- Dar
- Aprender a decir que no
- Disfrutar de tu afición una vez a la semana
- Pasar tiempo en la naturaleza

Lista de control del cambio semanal
• Practicar ejercicio a diario • Hacer ejercicios de estiramiento durante 20 minutos, tres veces al día • Practicar actividad aeróbica 30 minutos, tres veces por semana • Practicar ejercicios de fuerza durante 20 minutos, tres veces por semana • Seguir un plan de prevención
• Mantener los alérgenos a raya • Utilizar productos de limpieza no tóxicos • Comprar productos orgánicos • Reducir el polvo de tu casa

Semana 38
Me suena a chino

«Hoy en día vivimos en un mundo en el que la limonada
se prepara con sabores artificiales, y el barniz de los muebles
se elabora con limones de verdad.»
Alfred E. Newman

Los alimentos procesados y empaquetados dependen de los aditivos para prolongar su vida útil y realzar su aspecto y sabor. Estos aditivos incluyen sustancias saciantes, conservantes y otros ingredientes que no conviene en absoluto incluir en tu dieta. La mayoría de estos aditivos son sustancias químicas creadas por el hombre que no tomaríamos de forma natural, y por tanto pueden ser perjudiciales para nuestra salud. Algunas de estas sustancias más nocivas favorecen el cáncer, las enfermedades coronarias, pulmonares y renales, entre otros problemas de salud.

El cambio

Evita comer alimentos con aditivos.

Ruta para el éxito

1. **Céntrate en los alimentos orgánicos.** Los alimentos orgánicos —los que encontramos en la naturaleza y pueden comerse o cocerse tal cual— son la opción alimentaria más recomendable. Los alimentos orgánicos crecen en el suelo, crecen de un árbol o proceden directamente de los animales, el pescado, o las aves sin que medie ningún procesado. Cuantos más alimentos orgánicos puedas comprar, menos probabilidades tendrás de consumir sustancias químicas, conservantes y aditivos que puedan ser perjudiciales para tu salud. Por otro lado, si eres consumidor de alimentos procesados, preparados y empaquetados, ingerirás más cantidad de sustancias nocivas.

2. **Conoce los aditivos.** Aunque eso sería lo ideal, probablemente es poco realista suponer que siempre comerás alimentos orgánicos y nunca los procesados, preparados o empaquetados. Por eso es muy importante que te familiarices con los aditivos que son más nocivos. Los trece aditivos más nocivos que deberían evitarse a toda costa son los que aparecen en la tabla de la página siguiente. También se incluye información sobre por qué se utilizan, por qué son nocivos y en qué alimentos suelen encontrarse. Hasta que no los conozcas al dedillo, lleva contigo este listado. Puedes guardarlo en tu teléfono inteligente, en tu PDA, o en tu monedero para tenerlo a mano cuando hagas la compra.

Aditivos alimentarios a evitar

Aditivo	Por qué se utiliza y por qué es nocivo	Dónde se usa
Aceite vegetal brominado (BVO)	Sustancia química que realza el sabor de muchos cítricos y refrescos; mantiene en suspensión los aceites con sabores. • Incrementa los triglicéridos y el colesterol • Puede perjudicar el hígado, los testículos, el tiroides, el corazón y los riñones • Vinculado a daños importantes en el organismo, defectos de nacimiento y problemas de crecimiento. Es considerado peligroso	• Bebidas • Refrescos
Aceites parcialmente hidrogenados e hidrogenados (palma, soja y otros)	Grasas industriales utilizadas en más de 40.000 alimentos en Estados Unidos. • Es más barato que la mayoría de aceites • Contiene niveles altos de grasas trans, que hacen subir el colesterol malo y hacen bajar el bueno, contribuyendo así al riesgo de enfermedades coronarias • Se vincula al cáncer de mama y colon, así como a la aterosclerosis	• Productos de bollería • Caramelos • Condimentos/ aliños • Galletas saladas • Alimentos fritos • Muchos alimentos procesados • Aperitivos • Manteca vegetal

Aditivo	Por qué se utiliza y por qué es nocivo	Dónde se usa
Bromato de potasio	Un agente decolorante de la harina blanca; añade volumen al pan. • Se sabe que provoca cáncer en animales y humanos • El estado de California lo ha catalogado como «sustancias químicas que provocan cáncer y toxicidad reproductiva». Estos productos deben venir con una etiqueta que alerte de los riesgos de contraer cáncer si incluyen el bromato de potasio en su lista de ingredientes	• Panes • Rollitos • Masa de pizza
Colores artificiales	• Tintes sintéticos y compuestos químicos elaborados de derivados de la brea de carbón para realzar el color • Guardan relación con reacciones alérgicas, cansancio, asma, erupciones cutáneas, hiperactividad y dolores de cabeza • Pueden provocar hiperactividad y trastorno por déficit de atención en niños • Pueden favorecer la aparición de trastornos visuales y del aprendizaje y daños en el sistema nervioso • Se sospecha que son tóxicos o carcinógenos • Posible relación con el cáncer	• Bollería • Refrescos • Caramelos • Queso • Cerezas confitadas • Macedonia de frutas • Bebidas de frutas • Gelatina • Productos cárnicos • Soda • Bebidas deportivas • Casi todos los alimentos procesados

Aditivo	Por qué se utiliza y por qué es nocivo	Dónde se usa
Conservantes de benzoato (BHT, BHA, TBHQ)	Compuestos que conservan las grasas e impiden que se vuelvan rancias por efecto del tiempo o la exposición a la luz y al aire. También impide la oxidación de los aceites. • Se asocian a la hiperactividad, fallo renal, anormalidades fetales, retraso en el crecimiento, angioedema, asma, rinitis, dermatitis, tumores y urticaria • Pueden afectar el equilibrio y los niveles de estrógeno • Posibles carcinógenos • Inciden en los patrones del sueño y el apetito	• Caramelo • Cereales • Arroz enriquecido • Salchichas congeladas • Chicle • Gelatina • Manteca de cerdo • Patatas fritas • Grasa de manteca • Aceites vegetaless
Dióxido de sulfuro y sulfitos	Conserva el frescor de frutas y verduras; evita la decoloración de los frutos secos; conservante utilizado en la producción del vino para evitar la decoloración, el crecimiento bacteriano y la fermentación del vino. • Puede provocar reacciones alérgicas graves, como dolor de cabeza, problemas respiratorios y reacciones cutáneas • Especialmente nocivo para asmáticos • Puede provocar hipertensión, sensaciones de quemazón, picor y *shock* anafiláctico	• Albaricoques • Cerveza • Licores digestivos • Zumos • Otros frutos secos • Productos derivados de la patata • Pasas • Refrescos • Vinagre • Vino

Aditivo	Por qué se utiliza y por qué es nocivo	Dónde se usa
Edulcorantes artificiales (Acesulfamo-K, aspartamo, ciclamato, Equal, Nutra-Sweet, sacarina, Sweet'n Low, sucaralosa, Splenda y sorbitol)	Altamente procesados, derivados químicos, edulcorantes de cero calorías de los alimentos dietéticos que reducen las calorías en cada ración. • Pueden tener un impacto negativo en el metabolismo • Algunos se consideran neurotoxinas vinculadas a los tumores cerebrales, el cáncer, el linfoma, la diabetes, la esclerosis múltiple, Parkinson, Alzheimer, fibromialgia, y fatiga crónica • Puede provocar trastornos emocionales, como ataques de depresión y de ansiedad, aturdimiento, dolores de cabeza, náusea, confusión mental, migrañas y convulsiones	• Bollería • Cereales • Chicle • Vitaminas para masticar • Postres • Alimentos dietéticos • Bebidas dietéticas • Cócteles • Gelatina • Pasta de dientes
Galato de propilo	Antioxidante utilizado en alimentos. • Puede vincularse al riesgo de cáncer • Se sabe que provoca problemas renales, de hígado y gastrointestinales	• Chicle • Productos cárnicos procesados • Caldo de sopa

Aditivo	Por qué se utiliza y por qué es nocivo	Dónde se usa
MSG (Glutamato de monosodio, glutamato)	Potenciador barato del sabor en comidas de restaurantes, en aliños, patatas fritas, entrantes congelados, sopas, y otros alimentos; sirve para unir distintos componentes de algunos suplementos vitamínicos y medicamentos. • Puede estimular el apetito y provocar dolores de cabeza, náusea, debilidad, mareos, edema, cambio en el ritmo cardíaco, quemazón, dificultades respiratorias • Los bebés en contacto con él puede sufrir dificultades de crecimiento y obesidad irreversible • Puede provocar depresión, desorientación, daños oculares, cansancio y obesidad	• Caramelos • Chicles • Comida china • Patatas fritas y aperitivos • Galletas • Bebidas • Condimentos • Entrantes y comida congelada • Leche infantil • Leche semidesnatada • Embutidos • Aliños para ensalada • Condimentos • Proteínas hidrolizadas (de cualquier tipo), levadura autolizada, extracto de levadura, caseinato, y sabores naturales o artificiales

Aditivo	Por qué se utiliza y por qué es nocivo	Dónde se usa
Nitrato de sodio y nitrito	Conserva, colorea y potencia el sabor de las carnes curadas y los pescados; evita el crecimiento de bacterias y el botulismo. • Puede combinarse con sustancias químicas del estómago para formar nitrosamina, un conocido carcinógeno • Los efectos secundarios incluyen dolores de cabeza, náusea, vómitos y mareos	• Tocino/Jamón • Carne enlatada • *Hot dogs/* salchicha • Embutidos • Carnes procesadas • Pescado ahumado y curado
Olestra	Un indigesto sustituto de la grasa que se utiliza principalmente en alimentos fritos y cocidos. • Inhibe la absorción de nutrientes, incluidas las vitaminas A, D, E, y K • Se asocia a trastornos gastrointestinales, diarrea, pérdidas anales, gases, calambres, sangrado e incontinencia • El consumo prolongado puede provocar cáncer de pulmón y de próstata, enfermedades coronarias y ceguera	• Patatas fritas • Aperitivos
Sabores artificiales	Mezclas químicas baratas que imitan los sabores naturales. • Guardan relación con reacciones alérgicas y dermatitis, eczema, hiperactividad y asma • Puede afectar a las enzimas, al ARN y a la glándula tiroides	• Casi todos los alimentos procesados

Aditivo	Por qué se utiliza y por qué es nocivo	Dónde se usa
Sirope de maíz alto en fructosa (HFCS)	Es una alternativa al azúcar de caña y de remolacha; conserva el frescor de los productos de bollería; se mezcla fácilmente en bebidas para conservar el sabor dulce. • Puede predisponer al cuerpo a convertir la fructosa en grasa • Incrementa el riesgo de sufrir diabetes de tipo 2, enfermedades coronarias, infartos y cáncer • El hígado no lo metaboliza fácilmente	• Panes • Caramelos • Verduras enlatadas • Cereales • Yogures con sabores • Condimentos • La mayoría de alimentos procesados • Aliños para ensaladas

3. **Empieza en casa.** Dedica un tiempo a la semana a hacer un repaso de tus armarios de cocina, la despensa y la nevera, y lee con atención la lista de ingredientes de cada producto envasado. Deberías tirar los que contienen cualquiera de los aditivos de este listado. Si no quieres tirar comida que ya has comprado, piensa en darla. Crea un listado de alimentos que debes sustituir debido a los aditivos que contienen y dedica un tiempo a la semana a comparar productos en tu tienda de alimentación. Básicamente sólo quieres sustituir los alimentos que contienen aditivos con versiones que no los tengan o los incluyan en cantidades mínimas. Crea un nuevo listado de marcas que sabes que utilizan ingredientes saludables para no tener que leer las etiquetas cada vez que vas a comprar.

4. **Reduce tus comidas fuera de casa.** Los restaurantes de comida rápida e incluso los restaurantes caros suelen utilizar ingredientes que no quieres consumir. Por ejemplo, muchos restaurantes chinos suelen

emplear grandes cantidades de glutamato de monosodio. Tal como se señala en la **Semana 36. ¿Qué se está cociendo?**, conviene reducir tus comidas fuera de casa para evitar la ingesta de aditivos poco saludables.

5. **Tres pruebas rápidas.** Cuando te asalte la duda, recurre a estas pruebas rápidas para saber si debes evitar un producto o no:

    *   **Lista interminable de ingredientes.** Si el listado de los ingredientes de un envase es largo (más de cinco ingredientes), probablemente el producto contiene aditivos químicos. Evita en lo posible comer alimentos envasados con listados largos de ingredientes.
    *   **Idioma extranjero.** Si no puedes pronunciar algunos de los ingredientes de esa lista, seguramente deberías evitar ese producto.
    *   **Test de la bisabuela.** Si un producto contiene ingredientes que no reconoces o que crees que tu abuela y bisabuela no conocían, entonces aléjate de él.

¿Sabías que...?
Según Eric Schlossor, autor de *Fast Food Nation*, el típico hogar estadounidense invierte un 90 por ciento de su presupuesto alimentario en comidas procesadas.

Crédito extra
¿Eres muy hábil en evitar estos ingredientes? Pasa al siguiente nivel con las siguientes recomendaciones:

1. **Cloruro de sodio.** El exceso de sodio puede provocar una subida de la presión sanguínea, ataque al corazón e infarto. Además, el cloruro

de sodio, o sal de mesa, es altamente refinado y está repleto de sustancias químicas como blanqueadores, aluminio y agentes anticocción. Evita los alimentos envasados que contengan sal o cloruro de sodio. También debes evitar la sal con bajo contenido en sodio, que puede incluso ser más tóxica que la sal de mesa. Se añaden más sustancias químicas a estas versiones para extraer el sodio y conservar un gusto salado.

2. **Azúcares añadidos.** El azúcar, al igual que el cloruro de sodio, también es un ingrediente que se añade a casi todos los alimentos procesados. Tal como se describe en la **Semana 11. Lee el envoltorio**, el azúcar adopta muchas formas distintas, como el sirope de maíz con alto contenido en fructosa, la fructosa, la sacarosa, la glucosa y otros muchos derivados del azúcar, así que conviene ser consciente de los numerosos nombres que adopta. El consumo habitual de azúcares añadidos puede provocar un aumento de peso, hinchazón, cansancio, artritis, migrañas, disminución de la función inmunológica, etcétera. Evita en todo lo posible los alimentos que contienen azúcares añadidos.

Lista de control del cambio semanal
• Hidratarse con agua • Llevar un diario de lo que comes • Tomar un complejo multivitamínico • Tomar entre 4 y 6 porciones de verduras • Leer las etiquetas nutricionales • Tomar un desayuno equilibrado • Elegir cereales integrales • Tomar 5 pequeñas comidas al día • Tomar 2 o 3 piezas de fruta • Elegir lácteos semidesnatados • Tomar porciones saludables • Comer pescado dos veces a la semana • Evitar las bebidas edulcoradas • Equilibrar las comidas para que te sacien • Reduce los fritos, la comida rápida y la bollería • Elegir carne magra • Cocinar y comer más en casa • Evitar los aditivos alimentarios
• Dormir entre 7 y 8 horas al día • Adoptar una perspectiva optimista • Disfrutar de un tiempo a solas • Respirar hondo • Reírse a menudo • Vivir con propósito • Construir relaciones saludables • Dar • Aprender a decir que no • Disfrutar de tu afición una vez a la semana • Pasar tiempo en la naturaleza

Lista de control del cambio semanal
• Practicar ejercicio a diario • Hacer ejercicios de estiramiento durante 20 minutos, tres veces al día • Practicar actividad aeróbica 30 minutos, tres veces por semana • Practicar ejercicios de fuerza durante 20 minutos, tres veces por semana • Seguir un plan de prevención
• Mantener los alérgenos a raya • Utilizar productos de limpieza no tóxicos • Comprar productos orgánicos • Reducir el polvo de tu casa

Semana 39
Todo en orden

«Cuántas cosas hay por ahí que no quiero.»
Sócrates

El cambio de esta semana consiste en ordenar, organizar y simplificar tu entorno. Puede parecer fácil, pero para muchas personas no lo es. Con el paso de los años tendemos a acumular muchos objetos, incluidos algunos que ni siquiera queremos. Es decir, que son «basura». Muchos, cuando nos enfrentamos a la decisión de «guardar o no guardar», tendemos a lo primero. Y antes de que te des cuenta, la casa entera está llena de cosas que no necesitas, que nunca miras y que ni siquiera recuerdas.

Pero el sencillo cambio de controlar el desorden, proporciona muchos beneficios. En primer lugar, es terapéutico. A medida que te deshaces de lo innecesario, te sentirás mejor, más tranquilo y con una sensación de logro. Puesto que el desorden revela una falta de organización, puede provocar una tensión innecesaria en tu vida. Pero ponerle solución te permite serenarte, centrarte y concentrarte. Esto significa que ahorrarás tiempo y serás más productivo. No sólo podrás encontrar fácilmente las cosas que necesitas, sino que también pasarás menos tiempo limpiando, ordenando y haciendo tareas domésticas. Por último, el desorden no es bonito. Empequeñece el espacio, lo vuelve disfuncional y caótico. Ordenar y organizar tu espacio le dará una imagen limpia y fresca; podrás recuperar un espacio que creías perdido, y relajarte y disfrutar de tu hogar.

El cambio

Ordena, simplifica y organiza tu hogar.

Hoja de ruta para el éxito

Tus posesiones pueden dividirse técnicamente en tres categorías: 1) tus necesidades, 2) cosas que te aportan felicidad, y 3) objetos que son superfluos. El objetivo de esta semana consiste en deshacerte de este tercer grupo, porque te permitirá disfrutar del segundo y sacar mayor provecho del primero. Para efectuar este cambio, tendrás que centrarte cada día de la semana en una zona nueva. Algunas zonas de tu entorno no necesitarán orden, mientras que otras requerirán toda tu atención. Sigue las siguientes recomendaciones para facilitar las cosas.

Antes de empezar

Conviene tener en cuenta algunas normas generales para facilitar el proceso de ordenar.

1. **Toma decisiones.** Antes de sumergirte en el proceso de poner orden general, querrás tener las ideas claras sobre qué deberías quedarte y almacenar, o qué deberías tirar. En definitiva, todo lo que te quedes debería tener cierto valor para ti. Reflexiona sobre los siguientes puntos:

   - **Valor funcional.** Un objeto que facilita tu día a día, como una cafetera, un televisor o un aspirador.
   - **Valor histórico.** Un objeto que es importante por su vínculo contigo o con tu familia, como una joya de familia o un almanaque.

- **Valor personal.** Un objeto que es importante por razones personales, como una pieza de ropa o un libro.
- **Valor estético.** Un objeto que aporta belleza o resulta estéticamente agradable para el ambiente del hogar, como una obra de arte, elementos decorativos o un mueble.

Si un objeto no cumple ninguno de estos cuatro requisitos, no merece la pena quedárselo. Si un objeto no tiene valor para ti, pero sí puede tenerlo para otra persona, entonces deberías darlo o venderlo. Por último, si algo no tiene valor alguno para nadie o está inservible, entonces deberías tirarlo.

2. **Diseña un plan.** Siéntate y haz un listado de todas las zonas que quieres abarcar. Luego ordénalas por prioridades. Establece límites temporales en cada zona para mayor productividad. Aunque puede ser tentador abordar primero las áreas que parecen más fáciles, convendría que te ocuparas de las que están peor. Limpiar y ordenar los espacios más abarrotados reporta una mayor satisfacción que ocuparse de los que están menos desordenados.

3. **Ten a mano todo lo necesario.** Para cada zona de tu hogar, querrás tener a mano todo lo necesario para organizar tus pertenencias. Asegúrate de tener bolsas de basura. Tira los periódicos, revistas y papeles en un contenedor de reciclado. También puedes comprar una máquina destructora de documentos para deshacerte de documentos confidenciales. Guarda en cajas de cartón aquellos objetos que quieras dar o tirar. A medida que vas despejando espacios, ten a tu disposición todo lo que necesites para seguir avanzando rápidamente.

4. **Termina lo que empiezas.** No dejes un espacio a medias para empezar a ordenar otro. Termina todo lo que empieces para quedar satisfecho.

> ***¿Sabías que...?***
> El médico Sanjaya Saxena, profesor asociado de psiquiatría en la Facultad de Medicina de San Diego en la Universidad de California en La Jolla, calcula que dos millones de norteamericanos tienen un problema de acumulación de objetos.

Descongestionar y organizar

1. ***Big bang* con lo más voluminoso.** Cuando empieces a ordenar un espacio nuevo, busca los objetos más voluminosos que quieras tirar o dar para que desaparezcan de tu vista de inmediato. Luego ocúpate de objetos más pequeños. Si por ejemplo tienes un televisor o un aparato eléctrico que no utilizas, sácalo de la habitación y ponlo en una caja de cartón. Puedes donar muchos aparatos electrónicos a asociaciones benéficas o a organizaciones que los reciclan si están desfasados. Si alguno de ellos es demasiado voluminoso para tirarlo en los contenedores convencionales, consulta con tu ayuntamiento las distintas opciones de las que dispones para deshacerte de ellos. También puedes venderlos a través de páginas web como www.craiglist.com o www.ebay.com

2. **Encontrar un espacio para tus cosas.** Cuando ya hayas decidido qué objetos necesitas tirar o dar, asegúrate de disponer de espacio para lo que quieras quedarte. Los objetos que utilizamos más a menudo tienden a carecer de "casa" y suelen provocar el caos. Encuentra un lugar para tus llaves, tu teléfono y tu bolso. Esto te permitirá mantener tu espacio organizado a diario.

3. **No escatimes con lo pequeño.** Los objetos más pequeños suelen ser lo más difíciles de ordenar: recibos, monedas, cartas... Por muy tedioso que parezca, sé implacable y acaba con ellos de una vez por

todas. Deja algunas piezas en una bolsa de viaje para que no ocupen tu armario. Guarda los recibos en sobres y carpetas de tu despacho. Recoge las monedas y úsalas o guárdalas en un recipiente hasta que puedas cambiarlas por billetes.

4. **Recuerdos y fotografías.** Guarda este tipo de objetos en el lugar apropiado. Si tienes fotografías de hace mucho tiempo que aún no han acabado en un álbum familiar, ya va siendo hora de catalogarlas. Primero organízalas de una forma lógica y luego guárdalas en una caja. Sé sincero acerca de lo que más te importa. No lo guardes por un complejo de culpabilidad. Si algo no es importante para ti o no tiene ningún valor, piensa en deshacerte de ello. Haz lo mismo con los objetos familiares que heredes. Asegúrate de hacer una tasación para no tirar algo de valor monetario.

5. **Ropa.** Muchas personas acumulan más ropa de la que deberían. Pensamos que volveremos a ponernos esos pantalones de dos tallas menos, o que las modas vuelven, o que no nos gusta tirar ropa sólo porque no nos apetece lucirla. Ninguna de estas razones son válidas para acumular prendas. Si no has llevado una prenda desde hace más de un año, ha llegado el momento de darla.

6. **Últimos retoques.** Cuando ya sabes lo que te quedas y de lo que te desprendes, es momento de organizar los objetos que vas a guardar. Compra cajas decorativas, canastos y otros recipientes. Una vez que hayas acabado de organizar todas tus cosas en estos accesorios de almacenaje y cajas, guárdalos en armarios o en sitios apropiados.

Un paso adelante

1. **Conviértelo en un asunto de familia.** Una vez que hayas ordenado toda tu casa, tendrás que convertir esta práctica en un hábito. Si vives con otras personas, pídeles ayuda para que asuman la responsabilidad de mantener un entorno descongestionado.

2. **Rituales de descongestionamiento.** Crea rituales diarios, semanales y estacionales de descongestión para ayudarte a mantener un entorno despejado. Limpia y guarda los platos después de cada comida, ocúpate del correo cuando llega, guarda la ropa cuando esté seca y haz todo lo posible para organizar los distintos ambientes de tu hogar. Entre los rituales semanales está la limpieza de la casa, ocuparte de los objetos a reciclar, u organizar los armarios. Una vez al mes puedes ocuparte de los papeles y objetos de tu despacho, clasificar los documentos para la declaración de Hacienda y las facturas, y tirar lo que haya que tirar. En cada cambio de estación ordena la ropa de tu armario y de vez en cuando haz lo mismo con los aparatos electrónicos. Para los rituales que no practiques a diario, deja un hueco amplio en tu agenda para disponer de todo el tiempo que necesites.

3. **Mercadillos.** Si quieres ganar algo de dinero, vende lo que no necesitas en un mercadillo improvisado a las puertas de tu casa. Suele ser una opción viable en los barrios residenciales y en los que estén muy concurridos.

Crédito extra

¿Ya has ordenado tu casa? Pasa al siguiente nivel poniendo orden en tu lugar de trabajo, tu coche u otros espacios que estén abarrotados de cosas que no necesitas.

Lista de control del cambio semanal
• Hidratarse con agua • Llevar un diario de lo que comes • Tomar un complejo multivitamínico • Tomar entre 4 y 6 porciones de verduras • Leer las etiquetas nutricionales • Tomar un desayuno equilibrado • Elegir cereales integrales • Tomar 5 pequeñas comidas al día • Tomar 2 o 3 piezas de fruta • Elegir lácteos semidesnatados • Tomar porciones saludables • Comer pescado dos veces a la semana • Evitar las bebidas edulcoradas • Equilibrar las comidas para que te sacien • Reduce los fritos, la comida rápida y la bollería • Elegir carne magra • Cocinar y comer más en casa • Evitar los aditivos alimentarios
• Dormir entre 7 y 8 horas al día • Adoptar una perspectiva optimista • Disfrutar de un tiempo a solas • Respirar hondo • Reírse a menudo • Vivir con propósito • Construir relaciones saludables • Dar • Aprender a decir que no • Disfrutar de tu afición una vez a la semana • Pasar tiempo en la naturaleza

Lista de control del cambio semanal
<ul><li>Practicar ejercicio a diario</li><li>Hacer ejercicios de estiramiento durante 20 minutos, tres veces al día</li><li>Practicar actividad aeróbica 30 minutos, tres veces por semana</li><li>Practicar ejercicios de fuerza durante 20 minutos, tres veces por semana</li><li>Seguir un plan de prevención</li></ul>
<ul><li>Mantener los alérgenos a raya</li><li>Utilizar productos de limpieza no tóxicos</li><li>Comprar productos orgánicos</li><li>Reducir el polvo de tu casa</li><li>Deshacerse de lo que no necesites</li></ul>

Semana 40
Aprende a comunicarte bien

«El mayor problema de la comunicación es creer en la ilusión
de que se ha producido.»
George Bernard Shaw

La buena comunicación está infravalorada. Cuando se produce, relacionarse con los demás parece sencillo y natural; pero cuando no es así, se vuelve algo arduo y frustrante. Es fácil dar la buena comunicación por sentada; pero dedicar el tiempo necesario a comunicarse de forma efectiva puede reportar beneficios en muchos sentidos.

La comunicación efectiva establece los cimientos de unas relaciones saludables. Saber expresar con claridad y serenidad tus sentimientos y pensamientos, dejando al mismo tiempo que los demás hagan lo mismo, te permite resolver brechas de comunicación y establecer vínculos más armoniosos. De este modo disfrutarás de una mayor sensación de intimidad, confianza y conexión con tus amigos, colegas y miembros de tu familia. Además, saber comunicarse te permite tratar con toda clase de personas, situaciones y puntos de vista. Esta habilidad puede ejercer un impacto positivo en tu autoestima y confianza en ti mismo, así como en tu forma de enfocar las relaciones en general.

La comunicación efectiva también te permite reducir la tensión y el estrés. Cuando no te expresas con un espíritu constructivo, las emociones o sentimientos negativos aflorarán de maneras destructivas y poco saludables. Además, cuanto más efectiva sea tu comunicación, serás capaz de resolver conflictos grandes o pequeños y evitar malentendidos, todo lo cual tiene un impacto directo sobre tu capacidad para gestionar los excesos de tensión.

Comunicarse de forma efectiva también sirve para conseguir lo que quieres y satisfacer las necesidades de los demás. Por ejemplo, si estás haciendo una presentación de ventas ante un cliente, expresa tus argumentos con un tono de voz claro y conciso para que los objetivos de venta se entiendan fácilmente. Asimismo, la comunicación efectiva significa haber tenido la capacidad de extraer la información necesaria de tu cliente para poder adaptar mejor el plan de ventas y satisfacer sus necesidades. Este ejemplo se aplica al ámbito de los negocios, pero el mismo principio se aplica también a situaciones personales.

El cambio

Practica la comunicación efectiva en tus interacciones diarias.

Hoja de ruta para el éxito

Convertirse en un comunicador eficaz es una habilidad de un valor incalculable. Afortunadamente, también puedes aprenderla, aplicarla y perfeccionarla. Al igual que con otros muchos aspectos de la vida. ¡La práctica hace la perfección! He aquí algunas recomendaciones:

1. **Escucha activa.** Gran parte de la comunicación efectiva implica una escucha activa de los demás. Los oyentes activos hacen que los demás se sientan importantes y respetados. Escucha y presta atención a la otra persona para que sepa que lo que está diciendo y sintiendo es

igual o más importante que lo que tú quieres decir. Evita interrumpir a tu interlocutor antes de que haya acabado de hablar, y tampoco esperes impacientemente a que acabe para poder decir lo que se te pase por la cabeza. Presta atención al qué, el cómo y el porqué de lo que están comunicando. Presta atención al lenguaje corporal de esa persona y a sus gestos visuales, ya que pueden darte una idea de en qué se basa su punto de vista y perspectiva. Ayuda a quienes tengan dificultades para expresar sus sentimientos y pensamientos haciéndoles preguntas o proponiendo palabras o ideas que les permitan reaccionar. Cuando no entiendas algo, haz preguntas para demostrar que estás interesado y para asegurarte de entenderlo todo bien.

¿Sabías que...?
Diversos estudios han demostrado que la habilidad profesional más importante que un empleado debería tener es ser un buen comunicador. Esto se aplicaría tanto al candidato que busca un empleo como al entrevistador.

2. **Repite lo que has oído.** Una forma de hacer saber a la otra persona que estás prestando atención a lo que dice es resumir lo que ha dicho en una o dos frases y repetírselas. De este modo tendrás la oportunidad de corregir cualquier confusión o confirmar que has entendido sus argumentos, y tu interlocutor tendrá la sensación de que lo que ha expresado es importante.
3. **Mantén las poses a raya.** En una comunicación efectiva no hay espacio para las poses ni los egos. Además, la escucha óptima no implica menospreciar ni criticar a la otra persona. La falsa escucha también es irrespetuosa, y muchas personas la ven insincera. Adopta una actitud abierta a

lo que diga la otra persona, y no aventures conclusiones precipitadas. Sé sensible a los demás, y llega a la mesa de negociaciones con una actitud abierta y honesta. Sé paciente y respetuoso con los otros, ya que sus sentimientos y opiniones son igual de importantes que los tuyos.

4. **Utiliza el lenguaje corporal.** El lenguaje corporal y las pistas visuales pueden comunicar tanto o incluso más que las palabras que pronuncias. Fíjate en los ojos de tu interlocutor. Te indicarán un nivel de interés que alienta una conexión y nivel de confianza más profundo con la otra persona, y tus interacciones serán satisfactorias. También conviene mantener una postura relajada de tu cuerpo. Suele ser más agradable para las otras personas que ver a alguien con los brazos cruzados o los hombros encogidos. Toca ligeramente el brazo de la otra persona en el transcurso de vuestra conversación para indicar que comprendes y compartes lo que está explicando.

5. **Sé claro y breve.** Se necesitan dos personas para debatir. Las personas que repiten machaconamente un tópico pueden 1) perder al público por desinterés o aburrimiento, o 2) dar a entender que el tiempo o implicación de la otra persona es poco importante. Haz un esfuerzo por ser claro y conciso cuando presentas tus argumentos, y asegúrate de dar a la otra persona las mismas oportunidades para intervenir con sus opiniones y pensamientos. También debes asegurarte de que los demás te oigan bien, y que nadie tenga que hacer un esfuerzo para escucharte por hablar demasiado bajo.

6. **Asume la responsabilidad.** La comunicación eficaz no siempre es sencilla, especialmente si en ella se dan cita distintos puntos de vista o intereses. Tienes que estar seguro de lo que quieres decir, pero al mismo tiempo debes mostrarte respetuoso con las opiniones de los demás. Cuando los demás no te entienden, no les eches la culpa. Debes asumir la responsabilidad de buscar un modo alternativo de expresarte para que te entiendan mejor.

Saboteadores de la comunicación efectiva

Evita estos hábitos cuando te comuniques con los demás, ya que pueden echar a perder incluso la mejor de las intenciones.

- **Y yo más que tú.** Significa responder a una persona contándole una experiencia personal que empequeñece la suya, o es mejor, peor o más traumática. Estas afirmaciones hacen que esa persona se sienta poco respetada e infravalorada.
- **Opiniones formadas.** Los demás no siempre ven las cosas igual que tú. Escucha lo que tienen que decir sin juzgarlos ni darles lecciones.
- **Preguntas inconvenientes.** Evita hacer preguntas inapropiadas y personales. Es mejor dejar que la otra persona comparta contigo detalles íntimos a su manera y a su tiempo.
- **No es para tanto.** Cada persona aborda las cosas de manera distinta. Si alguien está preocupado, evita minimizar o quitarle importancia a la situación que atraviesa. Puede parecer algo insincero o como si sus sentimientos no fueran tan importantes o válidos como los tuyos. También debes evitar la tentación de decirles lo que quieren escuchar para apaciguarlos.
- **Intolerancia.** Todo el mundo tiene derecho a expresar sus opiniones, pero ninguna opinión es correcta o falsa. Sé tolerante con el punto de vista de la otra persona, aunque no estés de acuerdo con ella.
- **No interrumpas.** Deja que los demás acaben lo que tengan que decir.

7. **Controla tu ira.** Es natural sentirse apasionado sobre algunos temas, y a veces puedes incluso enfadarte. A veces el dolor, la frustración y el miedo pueden disfrazarse de ira cuando te comunicas con alguien. Sin embargo, el modo en que expresas las emociones negativas puede tener un gran impacto en el resultado de tu conversación. Para reducir los desenlaces negativos, céntrate en expresar tus sentimientos pausada y racionalmente. Pronuncia frases con el pronombre «yo» en vez del «tú». Esto te permite reducir las reacciones defensivas por parte de la otra persona. Procura no exagerar ni utilizar expresiones generalistas, como «nunca», «siempre» o «todo el mundo». Cuando otra persona esté enfadada contigo, demuestra un interés genuino en lo que está diciendo. Muestra una preocupación sincera, y si es preciso, valida sus sentimientos diciéndole que entiendes cómo se siente. Esto permitirá a la otra persona relajarse y adoptar una actitud menos defensiva. Sea cual sea la cuestión en liza, implica al otro para hallar una solución que sea satisfactoria para ambos.

Crédito extra

¿Ya eres un gran comunicador? Pasa al siguiente nivel alentando la comunicación efectiva dentro de tu hogar y en tu lugar de trabajo. Trabaja con tus compañeros para crear un entorno laboral saludable, educándoles sobre comunicación efectiva.

Lista de control del cambio semanal
• Hidratarse con agua • Llevar un diario de lo que comes • Tomar un complejo multivitamínico • Tomar entre 4 y 6 porciones de verduras • Leer las etiquetas nutricionales • Tomar un desayuno equilibrado • Elegir cereales integrales • Tomar 5 pequeñas comidas al día • Tomar 2 o 3 piezas de fruta • Elegir lácteos semidesnatados • Tomar porciones saludables • Comer pescado dos veces a la semana • Evitar las bebidas edulcoradas • Equilibrar las comidas para que te sacien • Reduce los fritos, la comida rápida y la bollería • Elegir carne magra • Cocinar y comer más en casa • Evitar los aditivos alimentarios
• Dormir entre 7 y 8 horas al día • Adoptar una perspectiva optimista • Disfrutar de un tiempo a solas • Respirar hondo • Reírse a menudo • Vivir con propósito • Construir relaciones saludables • Dar • Aprender a decir que no • Disfrutar de tu afición una vez a la semana • Pasar tiempo en la naturaleza • Comunicarse con eficacia

Lista de control del cambio semanal
• Practicar ejercicio a diario • Hacer ejercicios de estiramiento durante 20 minutos, tres veces al día • Practicar actividad aeróbica 30 minutos, tres veces por semana • Practicar ejercicios de fuerza durante 20 minutos, tres veces por semana • Seguir un plan de prevención
• Mantener los alérgenos a raya • Utilizar productos de limpieza no tóxicos • Comprar productos orgánicos • Reducir el polvo de tu casa • Deshacerse de lo que no necesites

Semana 41
No dejes de comer alubias

«Lo que más le gustaba era un plato de alubias.»
Robert Browning

Por lo que respecta a una dieta sana, las alubias son uno de los alimentos más saludables y nutritivos del planeta. Al igual que la carne, son una maravillosa fuente de proteínas. Pero a diferencia de la carne y de otras proteínas animales, tienen un aporte bajo en grasas (especialmente en grasas saturadas), son altas en fibra y agua, y están repletas de vitaminas y minerales.

Las alubias también son estupendas para perder peso y estabilizar los niveles de azúcar en la sangre. Ayudan a tu cuerpo a liberar una hormona llamada leptina, que te permite saciar el apetito mientras acelera el metabolismo. Asimismo, y debido a su alto contenido en fibra (unos 12-15 gramos por taza), las alubias son saciantes, se tarda tiempo en digerirlas y favorecen la salud del tracto digestivo.

También reducen el colesterol y el riesgo de padecer ciertos tipos de cáncer. Como tienen un aporte elevado en vitamina B, favorecen la función cerebral, la del sistema digestivo y nervioso, y una piel sana. También son altas en potasio, lo cual permite reducir el riesgo de sufrir alta presión sanguínea o una apoplejía.

El cambio

Toma un mínimo de 3 tazas de alubias a la semana
o media al día.

¿Sabías que...?

En un estudio reciente, se demostró que las personas que comían alubias pesaban unos 3 kilos menos de media, y lucían un aspecto más esbelto que las que no las consumían. Pero ingerían 199 calorías más al día si eran adultos y la increíble cifra de 355 calorías más si eran adolescentes.

Hoja de ruta para el éxito

Las alubias son un alimento muy versátil, y por eso puedes integrarlas fácilmente a tu dieta.

1. **Empieza despacio.** Si no estás acostumbrado a comer alubias, es mejor integrarlas lentamente a tu dieta para evitar el riesgo de las flatulencias. En el primer y el segundo día, añade un cuarto de taza de alubias a tu dieta. En el tercero y cuarto, un tercio de taza, y a partir de ahí pásate a media taza al día.
2. **Alubias limpias enlatadas.** Las alubias en lata son una forma fácil y conveniente de cocinar. No obstante, la mayoría de latas también contienen sodio y otros conservantes. Por eso conviene comprar las que son bajas en sodio, y lavarlas y secarlas antes de consumir para extraer la mayor parte del sodio y los conservantes.

Vegetarianos y alubias

Aunque las alubias son una fuente inmejorable de proteínas, muchas de ellas son incompletas. Las proteínas incompletas no contienen todos los aminoácidos que tu cuerpo necesita. Las proteínas animales, la quinoa (una semilla) y la soja (una alubia) son las únicas proteínas completas. Por eso es importante mezclar las alubias (excepto la soja) con otras proteínas incompletas para asegurarte de recibir todos los aminoácidos esenciales. El arroz integral, el maíz, los frutos secos y el trigo son proteínas incompletas que se combinan bien con las alubias para formar una proteína completa.

3. **Internacionalízate.** Muchos platos de distintas partes del mundo contienen alubias, ya que son un ingrediente básico de muchas culturas. Compra libros de cocina o busca recetas en Internet con platos de Italia, Grecia y las regiones de Oriente Próximo. Busca también recetas de la India, el Caribe y América Latina, ya que en esas regiones utilizan las alubias como ingrediente principal.
4. **Sencillos complementos.** Las alubias son fáciles de añadir a muchos platos:
    * **Ensaladas.** Agrega garbanzos, alubias negras o pintas a las verduras para preparar una ensalada equilibrada.
    * **Sopas.** Añade alubias al caldo vegetal para una sopa más saludable. Muchas variedades de alubias sirven para preparar un puré para dar textura a la sopa.
    * **Salsas y cremas para untar.** Las alubias son excelentes para cremas de untar, como el *hummus* o la crema de alubias negras.

También puedes añadir dados de tomate para preparar una salsa espesa, o piña, mango y pimiento rojo para una salsa de frutas.

- **Arroz y pasta.** Añade alubias al arroz integral o la pasta de harina integral si quieres preparar un plato rico en fibra y nutrientes, y que además proporcione una fuente completa de proteína.
- **Ensaladas de alubias.** Prepara una ensalada de alubias con cebolla picada y especias, y añade una lata de tus alubias preferidas. Aliña con aceite de oliva, sal, pimienta y vinagre o zumo de limón.

Alubias sin gases

Las alubias tienen mala fama por causar flatulencia. Contienen oligosacáridos que nuestro cuerpo no puede digerir. Cuando entran en los intestinos, la flora intestinal descompone los oligosacáridos, y esta operación produce gases.

La cantidad de oligosacáridos de las alubias puede reducirse de modo que no sufras flatulencia. Utiliza alubias secas y déjalas en remojo antes de cocer, o bien limpia las alubias en lata a conciencia. Por último, cocínalas con hierbas digestivas, como el hinojo, el anís, la cúrcuma, el romero, el cilantro y las hojas de laurel.

Crédito extra

¿Ya eres de los que come alubias? Puedes hacer más con estas recomendaciones:

1. **Olvídate de las latas.** En vez de comprar alubias en lata, cómpralas secas. Las alubias secas son una variedad más pura y menos procesada que las demás. Evitarás los conservantes y el sodio, que no son precisamente aptos para una dieta sana. Si nunca has cocinado con alubias secas, ten en cuenta lo siguiente:

   - **Sé selectivo.** Pasa las alubias por el escurridor y retira las que estén rotas o descoloridas, así como cualquier piedrecita que puedas encontrar.
   - **Mide con precisión.** Las alubias secas multiplican su tamaño por tres cuando las cueces. Por eso obtendrás el triple de alubias secas que midas. Por ejemplo, un tercio de una copa de alubias secas equivaldrán a una taza de alubias cocidas. Dos tercios de una taza de alubias secas equivaldrá a dos tazas de alubias cocidas, etcétera.
   - **Alubias en remojo.** Dejar las alubias secas en remojo ayuda a disolver las féculas que provocan gases y pesadez intestinal. Además, si remojas las alubias antes de cocerlas reducirás el tiempo de cocción. Aunque la mayoría de alubias deberían dejarse en remojo, no es necesario hacerlo con los guisantes partidos, los convencionales, o cualquier variedad de lentejas. Un buen método para dejar en remojo las alubias es el de «remojo rápido». Déjalas en un recipiente lleno de agua en una proporción de tres por uno, es decir, una taza de alubias debería remojarse con tres tazas de agua. Hierve el agua. Cuando ya haya hervido, cuece durante un par de minutos. Retira el cazo del fuego y déjalo reposar durante una hora, dos como máximo. Limpia las alubias dos o tres veces más antes de cocer.
   - **Añade a tus recetas.** Cuando hayas remojado y lavado las alubias, añádelas a tu plato o receta preferida.
2. **Sustituye la carne por las alubias.** Puesto que las alubias son bajas en grasas y altas en proteínas y fibras, y además no tienes que preo-

cuparte por los antibióticos añadidos ni las hormonas de crecimiento, sustituye la carne por las alubias en un par de comidas.

¿Sabías que...?

En un estudio del Departamento de Agricultura de Estados Unidos, los investigadores midieron la capacidad antioxidante de los alimentos más comunes. Las alubias rojas pequeñas, las alubias rojas riñón y las pintas eran las cuatro primeras de la lista, mientras que las alubias negras estaban entre los primeros cuarenta.

Lista de control del cambio semanal

- Hidratarse con agua
- Llevar un diario de lo que comes
- Tomar un complejo multivitamínico
- Tomar entre 4 y 6 porciones de verduras
- Leer las etiquetas nutricionales
- Tomar un desayuno equilibrado
- Elegir cereales integrales
- Tomar 5 pequeñas comidas al día
- Tomar 2 o 3 piezas de fruta
- Elegir lácteos semidesnatados
- Tomar porciones saludables
- Comer pescado dos veces a la semana
- Evitar las bebidas edulcoradas
- Equilibrar las comidas para que te sacien
- Reduce los fritos, la comida rápida y la bollería
- Elegir carne magra
- Cocinar y comer más en casa
- Evitar los aditivos alimentarios
- Tomar 3 tazas de alubias a la semana

Lista de control del cambio semanal
• Dormir entre 7 y 8 horas al día • Adoptar una perspectiva optimista • Disfrutar de un tiempo a solas • Respirar hondo • Reírse a menudo • Vivir con propósito • Construir relaciones saludables • Dar • Aprender a decir que no • Disfrutar de tu afición una vez a la semana • Pasar tiempo en la naturaleza • Comunicarse con eficacia
• Practicar ejercicio a diario • Hacer ejercicios de estiramiento durante 20 minutos, tres veces al día • Practicar actividad aeróbica 30 minutos, tres veces por semana • Practicar ejercicios de fuerza durante 20 minutos, tres veces por semana • Seguir un plan de prevención
• Mantener los alérgenos a raya • Utilizar productos de limpieza no tóxicos • Comprar productos orgánicos • Reducir el polvo de tu casa • Deshacerse de lo que no necesites

Semana 42
Fortalece tu tronco

«Si tu columna está rígida e inflexible a los treinta, eres mayor.
Si está completamente flexible a los sesenta, eres joven.»
Joseph H. Pilates

El tronco de tu organismo constituye tu «núcleo», es lo que aporta la mayor parte de tu fuerza y equilibrio. De este centro surgen tus piernas y brazos, y eso incluye los abdominales y los músculos de la parte baja de la espalda. Como resultado de ello, tu cuerpo depende de tu tronco en cada uno de los movimientos que realiza.

Como ya puedes imaginarte, fortalecer ese tronco es un componente sumamente importante de un programa completo de bienestar. Aunque el fortalecimiento de tu centro puede traducirse en un estómago bonito y plano, también ofrece importantes beneficios. Dependes de tus músculos del tronco para hacer de todo, desde mover una raqueta de tenis a levantar el cesto de la compra. Ese centro es fundamental para tu capacidad de caminar, permanecer de pie, levantar peso o hacer cualquier otro gesto que te propongas. Es lo que te permite doblarte sin caerte, así como saltar y caer al suelo con ambos pies. Un tronco fortalecido es esencial para estabilizar tu cuerpo y mantenerlo en equilibrio, y además te permite funcionar atléticamente.

Mantener un tronco fuerte te ayuda a mejorar tu postura, haciendo que parezcas y te sientas más alto, fuerte y que tengas una mejor coordinación. Un tronco fuerte te ayuda a moverte con facilidad y evita que sufras lesiones y dolores en la parte inferior de la espalda. Por último, ejercitar tu tronco favorece la digestión, mejora el tránsito intestinal y reduce la incontinencia.

El cambio

Practica un mínimo de 10 minutos de ejercicios de los músculos del tronco tres días a la semana

Hoja de ruta para el éxito

Tu centro se compone de distintos agrupaciones musculares. Si abandonas alguna parte de tu tronco central, puede resentirse tu fuerza, incrementando así el riesgo de sufrir lesiones. Por eso es importante fortalecer todos los músculos de esta zona.

Anatomía del tronco

Para fortalecer y tonificar tus músculos centrales, es importante ejercitar los siguientes grupos musculares:

1. **Músculo recto mayor del abdomen.** Se conocen como «abdominales superiores e inferiores». Empieza en la parte superior de la caja torácica (conocida también como esternón) y acaba en el hueso púbico. Este músculo permite flexionar la columna vertebral, inclinarse y rotar.
2. **Músculos oblicuos externos e internos.** Son dos grupos de músculos que trabajan juntos. Los músculos externos oblicuos se extienden

desde la parte lateral de tu caja torácica hasta el hueso de la cadera, mientras que los músculos oblicuos internos van desde la parte inferior de la caja torácica hasta el hueso púbico. En definitiva, estos músculos «envuelven» tu torso y te ofrecen estabilidad cuando giras y te inclinas.

3. **Músculo transverso del abdomen.** Discurre por debajo del resto de músculos abdominales. Es muy hondo y de difícil acceso con las flexiones convencionales. Pero es sumamente importante para mantener un centro saludable. Sirve para estabilizar tu zona central y espina dorsal, y evita las lesiones cuando levantas objetos pesados o practicas ejercicios.

4. **Músculos dorsales.** Los músculos de la parte inferior de la espalda son los responsables de mantener el cuerpo erguido cuando te sientas o te levantas. Los músculos erectores de la espina dorsal son los más recios de la espalda y cargan con mucho peso.

Con el fin de fortalecer tu núcleo, puedes apuntarte a clases de abdominales para trabajar esta zona central. También puedes probar con Pilates, que tiende a desarrollar los músculos del tronco así como la fuerza y flexibilidad del cuerpo entero. O puedes practicar algunos de estos ejercicios en casa. La buena noticia sobre el entrenamiento del tronco es que, aparte de una alfombrilla, no necesitas nada más para ejercitar tus músculos.

Ejercicios de muestra

Al igual que con los ejercicios de fuerza, hay centenares de ejercicios que puedes realizar para fortalecer tu tronco. La tabla siguiente se ocupa de trabajar cada uno de los grupos musculares mencionados anteriormente. Los cuatro ejercicios pueden realizarse sobre una alfombrilla.

Abdominal básico. Músculo recto mayor del abdomen. Túmbate de espaldas con las rodillas flexionadas y los pies planos sobre el suelo. Coloca las manos por detrás de la cabeza (véase *Ilustración: Abdominal básico 1*). No entrelaces los dedos ni te valgas de las manos para alzarte, utilízalas solo para apoyar ligeramente la cabeza. A lo largo de este ejercicio, mantén la cabeza y el cuello relajados y el ombligo hacia dentro. Inspira. Cuando sueltas el aire, levanta los hombros apretando tu caja torácica hacia la pelvis (imagina que tu caja torácica desciende hacia la pelvis). (Véase *Ilustración: Abdominal básico 2*). Cuando tus hombros estén a unos 5 centímetros del suelo, detente y luego inspira mientras desciendes hasta el suelo. Repite doce veces. Trabaja con series de hasta veinticinco repeticiones.

Ilustración: Abdominal básico 1

Ilustración: Abdominal básico 2

Puente lateral. Oblicuos externos e internos. Empieza tumbándote sobre tu costado derecho con el codo derecho colocado directamente debajo de tu hombro derecho y tu antebrazo derecho sobre el suelo, perpendicular a tu cuerpo. Tu pie izquierdo debería quedar por encima del derecho. Tus rodillas y caderas también deberían cruzarse en vertical. (Véase *Ilustración: Puente lateral 1*.) Contrae el abdomen e inspira. Cuando espires, levanta las piernas y el torso del suelo, apoyándote sobre el codo y el antebrazo derecho. Aguanta esa posición elevada durante un breve espacio de tiempo. (Véase *Ilustración: Puente lateral 2*.) Después inspira mientras desciendes hacia el suelo. Repite doce veces por cada lado, trabajando hasta veinticinco repeticiones de cada costado.

Ilustración: Puente Lateral 1

Ilustración: Puente Lateral 2

Puente. Músculo transverso del abdomen. Empieza sobre tus manos y rodillas. Coloca tus antebrazos en el suelo de modo que los codos queden directamente por debajo de los hombros. Levanta las rodillas del suelo y estira las piernas por detrás de modo que las plantas de tus pies entablen contacto con el suelo. Empuja los talones hacia atrás de modo que flexiones los pies. Encoge el hombro y mantén el cuerpo en línea recta. No dejes caer las caderas ni que el trasero sobresalga. (Véase *Ilustración: Puente*). Mantén esa posición entre 30 y 60 segundos.

Ilustración: Puente

Superman. Dorsal. Túmbate en el suelo boca abajo con los brazos extendidos por delante de tu cabeza. Extiende las piernas por detrás. Encoge el ombligo. Mientras mantienes la postura extendida de brazos y piernas. Levanta los brazos, el pecho y las piernas unos cuantos centímetros del suelo. (Véase la *Ilustración: Superman*.) Mantén la posición elevada durante uno o dos segundos, luego desciende brazos y piernas. Repite doce veces. Trabaja con series de hasta veinticinco repeticiones.

Ilustración: Superman

Lista de control del cambio semanal
• Hidratarse con agua • Llevar un diario de lo que comes • Tomar un complejo multivitamínico • Tomar entre 4 y 6 porciones de verduras • Leer las etiquetas nutricionales • Tomar un desayuno equilibrado • Elegir cereales integrales • Tomar 5 pequeñas comidas al día • Tomar 2 o 3 piezas de fruta • Elegir lácteos semidesnatados • Tomar porciones saludables • Comer pescado dos veces a la semana • Evitar las bebidas edulcoradas • Equilibrar las comidas para que te sacien • Reduce los fritos, la comida rápida y la bollería • Elegir carne magra • Cocinar y comer más en casa • Evitar los aditivos alimentarios • Tomar 3 tazas de alubias a la semana
• Dormir entre 7 y 8 horas al día • Adoptar una perspectiva optimista • Disfrutar de un tiempo a solas • Respirar hondo • Reírse a menudo • Vivir con propósito • Construir relaciones saludables • Dar • Aprender a decir que no • Disfrutar de tu afición una vez a la semana • Pasar tiempo en la naturaleza • Comunicarse con eficacia

Lista de control del cambio semanal
• Practicar ejercicio a diario • Hacer ejercicios de estiramiento durante 20 minutos, tres veces al día • Practicar actividad aeróbica 30 minutos, tres veces por semana • Practicar ejercicios de fuerza durante 20 minutos, tres veces por semana • Seguir un plan de prevención • Fortalecer el tronco 10 minutos al día, tres veces por semana
• Mantener los alérgenos a raya • Utilizar productos de limpieza no tóxicos • Comprar productos orgánicos • Reducir el polvo de tu casa • Deshacerse de lo que no necesites

Semana 43
Practica la alimentación consciente

«*Uno debería comer para vivir, y no vivir para comer.*»
Benjamin Franklin

En la cuarta semana, tu cambio consistió en llevar un diario de lo que comes. En la semana 17 aprendiste a optimizar tus pautas de alimentación, y en la semana 24 nos ocupamos del tamaño adecuado de las porciones. Llegados a este punto, deberías reconocer cuándo tienes hambre y cuándo no, con cuánta frecuencia deberías comer y qué cantidad de alimento. Todos los cambios de las últimas semanas guardaban relación con el aspecto logístico de la alimentación; ahora ha llegado el momento de abordar el aspecto emocional.

La alimentación consciente significa adoptar un estado superior de conciencia mental acerca de tus pautas alimentarias. Requiere una implicación mental con lo que haces y las decisiones que tomas. Ser consciente de lo que comes y cuándo te brinda la oportunidad de controlar tu relación con la comida para mejorar tu estado de salud general, tu imagen corporal y tu autoestima.

Según el Centro de Alimentación Consciente (TCME en sus siglas en inglés), la consciencia favorece el equilibrio, la elección y la sabiduría; con la práctica, te libera de los patrones reactivos y habituales de pensamiento, sentimiento y actuación en lo que respecta a tu relación con la comida.

Cuando comes de forma consciente, entiendes que no hay decisiones correctas o equivocadas con la comida, sino que existen distintos niveles de experiencia consciente en el acto de alimentarse. También aprendes a aceptar que eres una persona única con experiencias de alimentación individuales, tus gustos, preferencias y animadversiones. Por último, esa consciencia te ayuda a tener más información sobre el modo de actuar para lograr objetivos específicos de salud a medida que te sintonizas con tus pautas de alimentación y tu salud.

El cambio

Practica la alimentación consciente a diario.

Hoja de ruta para el éxito

Puesto que ya llevas un diario de lo que comes, deberías tomar una mayor conciencia de tus hábitos de alimentación y lo que te impulsa a comer ciertos productos. Ahora ha llegado el momento de aplicar estos conocimientos al acto de alimentarte conscientemente.

1. **Cambia de actitud.** La comida es un regalo por el que deberíamos sentirnos agradecidos. Deberíamos disfrutarla y apreciarla. Prestar atención a las raciones y a la frecuencia con la que te pasas de la raya te permite respetar los alimentos que ingieres y a ti mismo a lo largo de este proceso. Deshacerse de sentimientos negativos, como la culpa o la vergüenza, te permite establecer una relación más saludable y positiva con los alimentos.

2. **Conecta con los niveles de apetito.** Ahora deberías comprender el modo en que valoras tus niveles de apetito. En tu diario de lo que

comes has graduado tus niveles de apetito del 0 al 5. El 0 era hambre extrema, y el 5 una sensación de sentirse excesivamente lleno. Utiliza estas pistas para determinar cuándo deberías empezar a comer y cuándo deberías acabar. Si registras un nivel de apetito 2, ha llegado la hora de comer; cuando te sientes satisfecho con un nivel de 4, ha llegado el momento de parar. Evita pasar tanta hambre que llegues a un 0 o estar tan lleno que roces el 5. Básicamente, tendrías que comer hasta saciarte en un 80 por ciento.

3. **Come en la mesa, apaga el televisor.** Reserva un hueco para comer. Las distracciones, como el televisor, leer un libro o trabajar, no te permiten prestar atención a tu consumo de alimentos. Las investigaciones demuestran que las personas pican entre horas cuando ven el televisor. Además, si pasan mucho tiempo frente al televisor, tienden a comer más. En un estudio, los participantes comían un 28 por ciento más de palomitas cuando veían la tele durante una hora, si los comparamos con las personas que sólo la veían media hora.

4. **La experiencia de comer.** A menudo comemos deprisa como si comer fuera una rutina desagradable. Cambiar tu mentalidad de modo que comer se convierta en una experiencia multisensorial te aporta una nueva perspectiva. Cada aspecto de una comida, tanto si es poner la mesa como servir la comida o el reparto de las raciones, incluso el modo en que recoges la mesa, forma parte de esta experiencia de comer. Pon la mesa de un modo funcional y atractivo. No te olvides de amenizar la comida con música agradable si quieres disfrutar de una conversación. Emplea ropa de mesa agradable al tacto. Concibe tus comidas de forma que no te centres sólo en los alimentos, sino en la experiencia entera.

5. **Prefiere la calidad a la cantidad.** Los alimentos de alta calidad tienden a ser más sabrosos y saciantes. También suelen alimentar más que los productos de baja calidad que se sirven en grandes cantida-

des. Por eso debes tomar la decisión de optar por la calidad antes que por la cantidad en lo tocante a los platos que comes.

6. **Come despacio, mastica bien y saborea.** Comer lentamente puede tener un gran impacto sobre cuánto comemos y cuánto disfrutamos de nuestra comida. A nuestro cerebro le cuesta unos 20 minutos reconocer que estamos llenos. Si comes rápido, no le darás el tiempo suficiente para saber que ya has comido bastante. Prueba el siguiente ritual: ponte un bocado en la boca. Mastica despacio y a conciencia. Saborea el alimento y siente su textura. Cuando hayas tragado el bocado, deja tu tenedor o cuchara sobre la servilleta. Bebe un poco de agua. Respira hondo. Luego come otro bocado del mismo modo. Tómate tu tiempo para comer, y procura que el plato te dure unos 20 minutos. Fíjate en lo lleno que te sientes al cabo de ese tiempo.

7. **Evita el club del plato limpio.** Muchas personas dependen de signos visuales, como un plato vacío, para decidir cuándo dejar de comer. Brian Wankink, investigador de la Universidad de Cornell, creó un bol de sopa sin fondo que se iba llenando sin que la persona se diera cuenta durante una comida. Descubrió que quienes comían del bol que siempre estaba lleno tomaban un 73 por ciento más de sopa que las personas que comían de un bol convencional. Cuando decidas las cantidades que vas a comer, piensa en tu nivel de satisfacción y no en si el plato está lleno o vacío.

8. **Crea un entorno óptimo.** Rodéate de alimentos saludables. Evita la acumulación de alimentos procesados o poco sanos. Ten a mano un cuenco con fruta fresca por si te apetece un tentempié. Organiza la nevera de tal modo que los alimentos más saludables queden a la vista y puedas acceder fácilmente a ellos.

9. **Planifica el día.** Si sabes que vas a estar fuera de casa todo el día, llévate unos tentempiés saludables para no pasar hambre. Tal como

describe la **Semana 17. Cinco huecos al día,** saltarse una comida nos hace ser más reactivos (y no proactivos) en nuestras decisiones alimentarias.

10. **Desarrolla un plan para los desencadenantes.** Ahora que ya sabes lo que te impulsa a comer alimentos poco sanos, idea estrategias para evitar este problema. Si tiendes a comer por aburrimiento, busca una actividad o afición que te motive. Si tiendes a comer como resultado del estrés, halla el modo de abordarlo para que la comida no sea tu válvula de escape. Si comes porque te sientes deprimido, busca la ayuda de un profesional y trata de comer de un modo más saludable.

11. **Sé consciente cuando comas en compañía.** Cuando cenamos con otras personas, tendemos a comer más de la cuenta. Si comes con alguien, comerás de media un 35 por ciento más que estando solo. Cuanto mayor sea el número de comensales, más tenderás a comer. Eso se debe en parte a que hay mucha comida sobre la mesa y señales visuales. Cuando comas con otras personas, sé el último en empezar a comer y el primero en detenerte.

¿Sabías que...?

Una investigación de la Universidad de Cornell muestra que las personas que llenan adecuadamente el plato comen un 14 por ciento menos que los que toman pequeñas cantidades y luego repiten. Calcula bien las raciones de los platos para evitar comer más de la cuenta. También conviene servir los aperitivos en un plato para no ser víctima de la sensación de «bolsa de patatas fritas sin fondo» o «tarrina entera de helado».

Lista de control del cambio semanal

| | <ul><li>Hidratarse con agua</li><li>Llevar un diario de lo que comes</li><li>Tomar un complejo multivitamínico</li><li>Tomar entre 4 y 6 porciones de verduras</li><li>Leer las etiquetas nutricionales</li><li>Tomar un desayuno equilibrado</li><li>Elegir cereales integrales</li><li>Tomar 5 pequeñas comidas al día</li><li>Tomar 2 o 3 piezas de fruta</li><li>Elegir lácteos semidesnatados</li><li>Tomar porciones saludables</li><li>Comer pescado dos veces a la semana</li><li>Evitar las bebidas edulcoradas</li><li>Equilibrar las comidas para que te sacien</li><li>Reduce los fritos, la comida rápida y la bollería</li><li>Elegir carne magra</li><li>Cocinar y comer más en casa</li><li>Evitar los aditivos alimentarios</li><li>Tomar 3 tazas de alubias a la semana</li><li>Practicar la alimentación consciente</li></ul> |
| | <ul><li>Dormir entre 7 y 8 horas al día</li><li>Adoptar una perspectiva optimista</li><li>Disfrutar de un tiempo a solas</li><li>Respirar hondo</li><li>Reírse a menudo</li><li>Vivir con propósito</li><li>Construir relaciones saludables</li><li>Dar</li><li>Aprender a decir que no</li><li>Disfrutar de tu afición una vez a la semana</li><li>Pasar tiempo en la naturaleza</li><li>Comunicarse con eficacia</li></ul> |

Lista de control del cambio semanal
• Practicar ejercicio a diario • Hacer ejercicios de estiramiento durante 20 minutos, tres veces al día • Practicar actividad aeróbica 30 minutos, tres veces por semana • Practicar ejercicios de fuerza durante 20 minutos, tres veces por semana • Seguir un plan de prevención • Fortalecer el tronco 10 minutos al día, tres veces por semana
• Mantener los alérgenos a raya • Utilizar productos de limpieza no tóxicos • Comprar productos orgánicos • Reducir el polvo de tu casa • Deshacerse de lo que no necesites

Semana 44
Participa en tu vida

«Recuerda: sólo existe un momento importante:
¡ahora! Se trata del momento más importante porque
es el único sobre el que tenemos poder.»
León Tolstói

Podemos vivir la vida de una de estas dos maneras: consciente o inconscientemente. La vida consciente significa convertirte en un participante activo de tu existencia, eligiendo las experiencias en las que quieres involucrarte y asumiendo la responsabilidad de tus decisiones. Pero vivir inconscientemente significa dejar que las circunstancias dicten tu vida, adoptar una actitud pasiva y no asumir la propiedad de aquello que te depara la vida. ¿Cuál de estas opciones te parece más atractiva? Espero que la primera.

Cuando vives conscientemente, pones tu intención en todo lo que haces. Asumes la responsabilidad, y en vez de esperar a que sucedan las cosas, tú haces que sucedan. Cumples más, eres más consciente de todo lo que haces y estás más centrado. Todo ello te proporciona los medios para cumplir lo que te propongas y tener éxito en la vida. Y lo mejor de todo es que responsabilizarte de tu existencia tiene un impacto positivo y directo en la autoestima, la actitud y la creencia en uno mismo.

Los estudios han demostrado que la vida consciente también proporciona numerosos beneficios en el ámbito de la salud. Ayuda a reducir y a abordar el estrés, el dolor crónico y la presión sanguínea. Incrementa la función inmune y la capacidad de tratar una enfermedad. Las personas que viven conscientemente tienden a ser más felices y a tener una perspectiva más positiva de las cosas que las que no viven conscientemente. Tienden a tomarse menos en serio, son menos impulsivos y reactivos, y aceptan sus debilidades sin juzgarse ni acusarse a sí mismos. Además, aceptan mejor las críticas y no suelen sufrir depresión ni otros trastornos emocionales.

Vivir de forma consciente también significa saber centrarse en el presente y no recrearse en el pasado ni obsesionarse por el futuro. Es decir, que vives en el momento actual. Esto representa registrar más pensamientos y sentimientos positivos, ya que nuestros pensamientos negativos se arraigan en desengaños del pasado, así como en la preocupación que sentimos sobre el futuro.

Por último, vivir una vida consciente te ayuda a desarrollar relaciones más cercanas. Te sintonizas mejor con tus emociones, pensamientos y reacciones, lo cual te ayuda a ser más comprensivo con los demás. También puedes entender más fácilmente el impacto de tus decisiones vitales, así como el de las personas que te rodean.

El cambio

Sé un participante activo de tu vida y vive cada día
en el momento presente.

Hoja de ruta para el éxito

La vida consciente abarca todos los aspectos de la existencia. Todo, desde lo que elijes para cenar hasta el modo en que tratas a las personas, puede

implicar un pensamiento y acción intencional. Puedes vivir conscientemente en cualquier momento sólo con estar activamente presente durante tus experiencias, y ser consciente de tus sentimientos y emociones. He
aquí algunas pistas:

1. **Detente a oler las rosas.** A lo largo del día, detente un momento para
   prestar atención a lo que ocurre a tu alrededor. Permanece atento a tu
   entorno y a cómo encajas en él. Observa los colores, los sonidos, la
   luz, los olores y texturas. Saborea cada momento de modo que todos
   tus sentidos lo experimenten. Acostúmbrate a detectar lo nuevo de
   cada situación, incluso en las pautas repetitivas, como ir caminando
   al trabajo.

2. **Experimenta.** Prueba algo nuevo cada día. Apúntate a una clase.
   Asiste a una conferencia. Lee un libro. Practica un nuevo deporte.
   Cuando se te presenten nuevas oportunidades, acéptalas abiertamente y busca el potencial que pueden traer consigo. Probar cosas
   nuevas te mantiene alerta, joven y te permite vivir una vida plena.

3. **Deja de pensar.** Jon Kabat-Zinn, fundador y ex director ejecutivo del
   Centro para la Atención Plena en la Medicina, el Cuidado de la Salud
   y la Sociedad de la Facultad de Medicina de la Universidad de Mas-
   sachusetts, nos dice: «Los pensamientos corrientes discurren por
   nuestra mente como una cascada ensordecedora». Parte de nuestra
   incapacidad para vivir conscientemente es que permitimos que nuestros pensamientos superen a nuestras mentes, evitando así que vivamos el momento presente y experimentemos la vida. Prueba el simple hecho de «ser». Céntrate menos en tus pensamientos y más en lo
   que te está sucediendo en ese momento. Sé un participante activo del
   presente, mientras ahuyentas la negatividad del pasado o del futuro.

4. **Respira.** Cuando sientas la necesidad de ser impulsivo o de reaccionar ante algo, detente y respira hondo varias veces. Tal como se

describe en la **Semana 12. Respira hondo**, la respiración profunda resulta sumamente beneficiosa. Pero en lo tocante a construir una vida consciente, la respiración profunda te ayuda a apretar el botón de «reinicio». En vez de reaccionar de un modo precipitado o irracional, eres capaz de asumir un mayor autocontrol, y tus respuestas son más racionales y apropiadas según las situaciones y las circunstancias.

5. **Aceptar los desafíos, el dolor y la preocupación.** Cuando algo nos resulta incómodo, nos sentimos obligados a evitarlo. En vez de apartar estos sentimientos, siéntelos y acéptalos por lo que son. Cuando no reconocemos los sentimientos negativos, nuestra mente los aborda de maneras indirectas. Esto puede generar comportamientos dañinos o inducirnos a hacer cosas que podamos lamentar. Aceptar los sentimientos negativos nos ayuda a comprender los elementos que nos causan tensión y ansiedades y nuestras reacciones, dándonos la capacidad de seguir adelante y crear nuevos sentimientos y reacciones para dejar la negatividad atrás y no prestarle atención.

¿Sabías que...?

Disfrutar de lo que haces en el momento en el que ocurre tiene efectos positivos. Los estudios han demostrado que cuando las personas invierten un tiempo en disfrutar de algo que normalmente harían deprisa —como comer o dar un paseo— experimentan una mayor sensación de felicidad y plenitud, así como otras emociones positivas que superan con creces las que son de signo negativo o depresivo.

---

6. **Cambia de piloto automático a modo manual.** Sabes que tu piloto automático está activado cuando sientes que ha pasado el tiempo pero no te puedes acordar de lo que hiciste o lo que ocurrió en ese espacio de tiempo. Tal vez actives el piloto automático cuando vas de casa al trabajo o cuando sales a hacer recados. O quizá lo activas en tu trabajo durante períodos más largos. Para aprovechar la vida al máximo, es importante ser un participante activo. Desconecta el piloto automático siendo más consciente de tus pensamientos, tus acciones, decisiones y experiencias. No dejes que los demás decidan por ti ni permitas que las circunstancias dicten tu vida. Si obras de este modo estás favoreciendo el desengaño y la frustración. Al ser el piloto de tu propia vida, tienes el control absoluto del lugar a donde vas y la dirección hacia la que te diriges. Busca constantemente el modo de implicarte en lo que la vida tenga que ofrecer…, nunca sabes lo que puedes encontrar en el camino.

Lista de control del cambio semanal
• Hidratarse con agua • Llevar un diario de lo que comes • Tomar un complejo multivitamínico • Tomar entre 4 y 6 porciones de verduras • Leer las etiquetas nutricionales • Tomar un desayuno equilibrado • Elegir cereales integrales • Tomar 5 pequeñas comidas al día • Tomar 2 o 3 piezas de fruta • Elegir lácteos semidesnatados • Tomar porciones saludables • Comer pescado dos veces a la semana • Evitar las bebidas edulcoradas • Equilibrar las comidas para que te sacien • Reduce los fritos, la comida rápida y la bollería • Elegir carne magra • Cocinar y comer más en casa • Evitar los aditivos alimentarios • Tomar 3 tazas de alubias a la semana • Practicar la alimentación consciente

Lista de control del cambio semanal	
	• Dormir entre 7 y 8 horas al día • Adoptar una perspectiva optimista • Disfrutar de un tiempo a solas • Respirar hondo • Reírse a menudo • Vivir con propósito • Construir relaciones saludables • Dar • Aprender a decir que no • Disfrutar de tu afición una vez a la semana • Pasar tiempo en la naturaleza • Comunicarse con eficacia • Participar activamente en tu vida
	• Practicar ejercicio a diario • Hacer ejercicios de estiramiento durante 20 minutos, tres veces al día • Practicar actividad aeróbica 30 minutos, tres veces por semana • Practicar ejercicios de fuerza durante 20 minutos, tres veces por semana • Seguir un plan de prevención • Fortalecer el tronco 10 minutos al día, tres veces por semana
	• Mantener los alérgenos a raya • Utilizar productos de limpieza no tóxicos • Comprar productos orgánicos • Reducir el polvo de tu casa • Deshacerse de lo que no necesites

Semana 45
Deliciosos frutos secos, semillas y aceites

«Nadie en este mundo es más valiente que el hombre que deja de comer
después de probar un solo cacahuete.»
Channing Pollock

En la **Semana 26. Consumir más pescado y marisco** nos centramos en la importancia de tomar pescado y ácidos omega 3. Esta semana abordaremos los beneficios para la salud de consumir otro tipo de grasa saludable: la grasa monoinsaturada.

Consumir grasa saludable es importante para tu salud y bienestar. Las grasas saludables son esenciales para una adecuada función del organismo, la absorción de vitaminas solubles en grasa y la protección contra enfermedades. La grasa también es fundamental para la función cerebral, es decir, para nuestras habilidades de aprendizaje, nuestra retención memorística y la estabilización del estado de ánimo. La grasa es importante para favorecer el buen funcionamiento de las células, las articulaciones y la flexibilidad de los músculos. Es útil para mantener la piel sana y joven.

Las grasas monoinsaturadas, que se hallan en frutos secos, semillas y frutos grasos, como los aguacates y las aceitunas, son algunas de las grasas más saludables que puedes consumir. Al reducir el colesterol malo y evitar las enfermedades cardiovasculares, resultan sumamente beneficiosas para la salud del corazón. También son importantes para el desarrollo y el mantenimiento de las células del cuerpo. Por último, tienen un aporte elevado de vitamina E, un antioxidante que ayuda a prevenir las enfermedades degenerativas y conserva nuestra piel sana y joven.

El cambio

Toma una dosis saludable de grasas monoinsaturadas consumiendo frutos secos, semillas y fruta grasa.

Hoja de ruta para el éxito

La grasa monoinsaturada es muy sencilla de integrar en tu dieta. He aquí algunas de las mejores fuentes y cómo tomar tu dosis diaria:

1. **Frutos secos.** En general, los frutos secos son saludables. Las almendras, los anacardos, las avellanas, los cacahuetes, las pacanas y los pistachos tienen un contenido muy alto en grasas monoinsaturadas, al igual que los cacahuetes. He aquí algunas recomendaciones para añadirlos a tu dieta:
    *   **Aperitivos.** Una ración generosa de frutos secos pesa unos 30 gramos, o bien un cuarto de taza de frutos secos con cáscara. Combina los frutos secos con una pieza de fruta para equilibrar el contenido graso con fibra, vitaminas y minerales.
    *   **Añade a las ensaladas.** Agrega un par de cucharadas de almendras o pecanas troceadas y sin sal a tus ensaladas.
    *   **Añade a los platos.** Pon frutos secos en los platos de verduras y guisados. Los cacahuetes son un magnífico complemento para las recetas asiáticas.

Pero si padeces algún tipo de alergia a los frutos secos, también puedes hacerte con una dosis saludable de grasas monoinsaturadas. Fíjate en estas recomendaciones:

2. **Fruta grasa.** Los aguacates y las aceitunas son frutas grasas con un alto grado de grasa monoinsaturada. Lo mejor del caso es que son absolutamente deliciosos en una amplia variedad de platos. Las aceitunas son muy versátiles en los platos de pasta, guisados y recetas de cocina mediterránea. Añade aguacates a tus batidos para darles una textura cremosa, o agrégalos a las ensaladas. Los aguacates conforman la base del guacamole y otros muchos platos mexicanos.

3. **Semillas.** Las semillas de sésamo tienen un contenido especialmente elevado en grasas monoinsaturadas. Esparce semillas de sésamo por encima de tus ensaladas y no las olvides en tus platos de fideos. También puedes emplear semillas de sésamo molido o pasta de *tahini* en tus *hummus* y otras pastas.

4. **Aceites.** El aceite de oliva y los aceites de los alimentos mencionados anteriormente son fuentes inmejorables de grasa monoinsaturada.

   - **Aliños para ensalada.** El aceite de oliva extra virgen y el de sésamo conforman una base estupenda para preparar aliños en casa. Los aliños envasados tienden a ser muy altos en grasas saturadas, conservantes y aditivos, así como en azúcar añadido. No te compliques la vida y aliña tus ensaladas con especias, aceite de oliva extra y vinagre balsámico. O aceite de oliva y limón.

   - **Con pan integral.** Es preferible un chorro de aceite de oliva extra virgen sobre una rebanada de pan integral que untarlo con mantequilla. Cuando comas fuera de casa, pídeles a los camareros que sirvan aceite de oliva.

   - **Cocina.** El aceite de aguacate tiene un punto de humo alto (el punto en el que los aceites se oxidan y pueden ser nocivos debido a un cambio molecular en su composición), y por eso es apto para cocinar a altas temperaturas y para saltear. Los aceites de cacahuete, sésamo y oliva extra virgen son más delicados y por tanto son mejores para la cocina a fuego lento, la cocina a presión y los platos crudos, debido a sus puntos de humo bajo.

Aunque las grasas monoinsaturadas son buenas para la salud, debes recordar que siguen siendo grasas y que por tanto tienen un aporte elevado en calorías, por eso es importante tomarlas en cantidades moderadas, mientras reduces tu consumo de alimentos y grasas poco saludables. Procura no tomar más de un cuarto de taza de frutos secos, dos cucharaditas de semillas, la mitad de un aguacate, o entre una y dos cucharaditas de aceites saludables al día.

¿Sabías que...?

Las grasas componen el 60 por ciento del cerebro, y el 60 por ciento de la energía del corazón procede de quemar grasa.

Lista de control del cambio semanal
• Hidratarse con agua • Llevar un diario de lo que comes • Tomar un complejo multivitamínico • Tomar entre 4 y 6 porciones de verduras • Leer las etiquetas nutricionales • Tomar un desayuno equilibrado • Elegir cereales integrales • Tomar 5 pequeñas comidas al día • Tomar 2 o 3 piezas de fruta • Elegir lácteos semidesnatados • Tomar porciones saludables • Comer pescado dos veces a la semana • Evitar las bebidas edulcoradas • Equilibrar las comidas para que te sacien • Reduce los fritos, la comida rápida y la bollería • Elegir carne magra • Cocinar y comer más en casa • Evitar los aditivos alimentarios • Tomar 3 tazas de alubias a la semana • Practicar la alimentación consciente • Come grasas saludables con moderación

Lista de control del cambio semanal
• Dormir entre 7 y 8 horas al día • Adoptar una perspectiva optimista • Disfrutar de un tiempo a solas • Respirar hondo • Reírse a menudo • Vivir con propósito • Construir relaciones saludables • Dar • Aprender a decir que no • Disfrutar de tu afición una vez a la semana • Pasar tiempo en la naturaleza • Comunicarse con eficacia • Participar activamente en tu vida
• Practicar ejercicio a diario • Hacer ejercicios de estiramiento durante 20 minutos, tres veces al día • Practicar actividad aeróbica 30 minutos, tres veces por semana • Practicar ejercicios de fuerza durante 20 minutos, tres veces por semana • Seguir un plan de prevención • Fortalecer el tronco 10 minutos al día, tres veces por semana
• Mantener los alérgenos a raya • Utilizar productos de limpieza no tóxicos • Comprar productos orgánicos • Reducir el polvo de tu casa • Deshacerse de lo que no necesites

Semana 46
Debajo de la piel

«No compres nunca productos de belleza en una ferretería.»
Señorita Piggy

Hoy en día existen infinidad de productos de higiene personal en el mercado. Tanto si sólo deseas lavar y acondicionar tu cabello como si se trata de cepillarte los dientes o eliminar verrugas, encontrarás centenares de productos que intentarán satisfacer tus necesidades. Sin embargo, debido a que no existen unos estándares rígidos de seguridad, los fabricantes utilizan ingredientes muy poco aptos, muchos de los cuales se ha demostrado que son nocivos para nuestra salud. Desgraciadamente, en Estados Unidos el gobierno no exige estudios de laboratorio ni pruebas de uso para comercializar productos de cuidado personal antes de que salgan a la venta. Estos productos no sólo plantean posibles riesgos para la salud en humanos, sino que también tienen su impacto en la vida de los animales, los ríos y los riachuelos cuando expulsamos estas sustancias de nuestro organismo.

El Environmental Working Group (EWG) es una organización norteamericana que estudia y aboga por la seguridad de los productos de higiene y cuidado personal. Han descubierto que muchos productos contienen sustancias químicas nocivas, como carcinógenos, alteradores endocrinos, pesticidas y toxinas, entre otros. Además, según el EWG, la FDA no publica informes sistemáticos relativos a la seguridad. De hecho, cerca del 90 por ciento de los 10.500 ingredientes aprobados que se utilizan en productos de higiene personal nunca han sido evaluados para determinar su seguridad por el Cosmetic Ingredient Review, la FDA o cualquier otra institución competente. Como resultado de la alta incidencia del uso de los productos de higiene personal, el EWG considera que la exposición a las toxinas puede plantear posibles riesgos para la salud.

La mejor estrategia para protegerte a ti y a tu familia es familiarizarte con los ingredientes que se sabe que plantean posibles riesgos para la salud, y evitar el uso de productos que los contienen.

El cambio

Evita los productos de higiene personal que contengan
ingredientes tóxicos.

Hoja de ruta para el éxito

La mejor manera de efectuar el cambio de esta semana es conocer los ingredientes que son más perjudiciales, y por qué. Afortunadamente, cada producto de higiene y cuidado personal lleva su listado de componentes en el etiquetado. Del mismo modo que aprendimos la importancia de leer las etiquetas en la **Semana 11. Lee el envoltorio,** compensa aprender a interpretar el contenido de los productos de higiene personal.

1. **Haz los deberes.** Si no estás seguro de un producto, consulta el sitio web del Environmental Working Group en www.cosmeticsdatabase. com. Publican incluso un listado de «no comprar» para ayudarte a detectar los ingredientes problemáticos y los productos que los contienen.

2. **Cuidado con el *marketing*.** Sólo porque un producto se anuncie como natural, hipoalergénico, respetuoso con los animales u orgánico, no significa que ese producto contenga ingredientes 100 por cien seguros. Lee el listado de sus componentes para mayor seguridad.

3. **Conoce los más nocivos.** Al igual que con los ingredientes de los productos comestibles, aquí cada componente aparece en la lista según el peso que tiene en ese producto. Los primeros de la lista abarcan un porcentaje mayor del producto que los que aparecen al final. Para conocer mejor los ingredientes que deberías evitar, consulta la tabla siguiente:

Productos de cuidado personal. Ingredientes a evitar

Ingrediente	Por qué se usa	Por qué debería evitarse
Aceite mineral	Derivado del petróleo hallado en cremas hidratantes	• Provoca graves reacciones alérgicas
Brea de carbón	Utilizado en tintes para el pelo, champús para caspa y psoriasis, y tratamientos para alteraciones cutáneas	• Vinculado al cáncer en animales de laboratorio • Conocido carcinógeno
Cloruro de esteralconio	Ablandador barato para acondicionadores del pelo para que brille y desenrede	• Puede provocar reacciones alérgicas

Ingrediente	Por qué se usa	Por qué debería evitarse
Colores sintéticos (FD&C) (D&C)	Añaden color a los tintes y los cosméticos. Aparecen citados como FD&C o D&C, seguido de un color y un número, por ejemplo FD&C Rojo N.º 6	• Pueden ser carcinógenos
Copolímero PVP/VA	Sustancia química derivada del petróleo utilizada principalmente en lacas y otros cosméticos	• Se considera tóxico porque puede aportar organismos extraños a los pulmones de personas sensibles
Dioxano 1,4	Estabilizante de productos de enjabonado y limpieza de la piel	• Un contaminante carcinógeno • La exposición excesiva puede provocar fallos renales y de hígado, así como trastornos en el torrente sanguíneo
Disodio lauril sulfato (SLS), sulfato de dodecil (SDS), sulfato de lauril y sulfato éter de lauril (SLES)	Agentes espumantes de bajo coste	• Pueden empeorar la hipersensibilidad crónica de la piel • Pueden provocar úlceras en la piel y la boca (cuando se administra en pastas de dientes) • Pueden provocar irritación en piel y ojos • Se han registrado niveles muy bajos de carcinógenos

Ingrediente	Por qué se usa	Por qué debería evitarse
Disodio lauril sulfosuccinato (DLS)	Facilita la aplicación del producto	• Produce peligrosos derivados que pueden favorecer el cáncer
DMDM hidantoína, urea del diazolidinil y urea imidazolidinil	Amplían la vida útil del producto	• Provocan tensión al sistema inmunológico • Liberan una sustancia química tóxica, formaldehído, cuando se mezclan con agua • Provocan dermatitis por contacto
Fenilenediamina (PPD)	Utilizada en tintes para el pelo (incluido el de pestañas)	• Se ha relacionado con el cáncer • Puede dañar el hígado y riñones
Fenoxietanol	Evita que las fragancias se evaporen	• Puede provocar alternaciones endocrinas y cáncer • Puede causar irritaciones en piel y ojos
Formaldehído	Conservante de productos de belleza y laca de uñas	• Irrita ojos, nariz y garganta • Seca e irrita la piel • Puede provocar asma • Puede causar cáncer en una exposición repetida
Fragancias sintéticas (fragancia)	Se define como fragancia en las etiquetas y puede contener hasta 200 ingredientes	• Puede provocar jaquecas, mareos, erupciones cutáneas, hiperpigmentación, tos y vómitos

Ingrediente	Por qué se usa	Por qué debería evitarse
Glicol de polietileno y polietileno (PEG)	Agentes espesantes y gelatinosos	• Niveles peligrosos de sustancias químicas cancerígenas que aparecen durante el proceso de producción • Pueden provocar eczema y reacciones cutáneas • Pueden causar toxicidad en el riñón
Glicol de propileno y glicol de butileno	Favorecen la absorción de productos en la piel	• Potencialmente carcinógenos • Causan reacciones alérgicas, poros sucios y rojeces • Pueden afectar la salud reproductiva
Hidroquinona	Blanquea la piel y atenúa las arrugas	• Prohibido en Japón, la Unión Europea, y Australia, pero se sigue utilizando en Estados Unidos y en otros países del mundo • Conocido carcinógeno • Vinculado a la ocronosis, una dolencia en la que la piel se tiñe de manchas marrones y grises y granos
Mercurio (también conocido como «timerosal»)	Utilizado en máscaras y colirios	• Daña la función cerebral en niveles bajos y puede relacionarse con el autismo en niños

Ingrediente	Por qué se usa	Por qué debería evitarse
Nanopartículas	Diminutas partículas que mejoran la absorción y la penetración de productos para la piel	• Pueden dañar las células cerebrales
PABA (ácido para-aminobenzoico)	Absorbe rayos UVB	• Puede causar reacciones alérgicas • Vinculado a daños en el desarrollo, en el aparato reproductor, alteraciones celulares y neurotoxicidad
Parabenos (Methyl, Propil, Butil, y Ethil)	Conservantes cosméticos y antimicrobiales para alargar la vida útil de un producto	• Son tóxicos y una de las principales causas de dermatitis por contacto • Actúan como estrógenos en el cuerpo, vinculados al cáncer de mama y otras alternaciones hormonales • Pueden favorecer la esterilidad en el hombre
Peróxido de benzoilo	Elimina o disminuye el acné	• Facilita los agentes carcinógenos y puede provocar tumores • Causa daños al ADN en humanos y otras células de los mamíferos en algunas concentraciones • Tóxico por inhalación

Ingrediente	Por qué se usa	Por qué debería evitarse
Petróleo (gelatina de petróleo)	Lubricante barato y ablandador de la piel	• Crea una capa en la piel que atrapa las toxinas debajo de la dermis y evita que ésta respire adecuadamente • Provoca problemas en la piel y fotosensibilidad • Interfiere con la humedad natural del cuerpo, que después causa sequedad en la piel • Puede interferir en el desarrollo celular
Pftalatos	Incrementan la durabilidad y longevidad de los productos	• Pueden provocar defectos de nacimiento y un descenso del recuento de esperma
Plomo	Conserva los cosméticos	• Conocido carcinógeno tóxico
Talco	Utilizado en cosméticos en polvo para absorber la humedad, y como astringente para evitar erupciones cutáneas en bebés	• Cierra los poros y provoca irritación cutánea • Se vincula a distintos tipos de cáncer, cáncer de piel y cáncer de ovario • Se vincula a disfunciones respiratorias y pulmonares
Tolueno	Se halla en pintauñas y tintes	• Tóxico para el sistema nervioso • La inhalación puede provocar mareos y jaquecas • Puede favorecer los defectos de nacimiento y el aborto

Ingrediente	Por qué se usa	Por qué debería evitarse
Trietanolamina (TEA)	Equilibra el pH y es un ingrediente habitual en los productos cosméticos «suaves»	• Provoca reacciones alérgicas • Puede irritar los ojos y resecar el pelo y la piel • Su uso frecuente puede ser tóxico para el cuerpo

4. **Libre de fragancias.** Muchos fabricantes dicen utilizar fórmulas no perfumadas. Elije esta opción siempre que sea posible para evitar reacciones alérgicas. Comprueba las etiquetas para asegurarte de que las fragancias utilizadas no aparezcan en el listado, ya que las campañas de *marketing* no siempre son precisas.

5. **Reduce la dependencia.** Otra forma de evitar la exposición elevada a estos ingredientes es reducir tu consumo de productos de cuidado personal. Por ejemplo, aprende a amar tu color de pelo natural y evita el uso de sustancias que tiñen el pelo o que contienen tintes.

> ### *¿Sabías que...?*
> La Agencia de Alimentos y Medicamentos estadounidense acaba de prohibir nueve sustancias químicas que aparecían en cosméticos. En cambio, en la Unión Europea se han prohibido más de mil.

Crédito extra

¿Eres todo un experto en evitar los ingredientes tóxicos de tus productos de higiene y cuidado personal? Pasa al siguiente nivel preparando tus propios productos de belleza en casa. Hoy en día existen muchas páginas web sobre belleza con recetas de este tipo de productos que utilizan ingredientes que conoces y con los que puedes confiar. Fabrica tu propio champú, acondicionador, limpiador facial y otros productos con ingredientes que conoces y en los que puedes confiar. Productos cotidianos como los huevos, el aceite, el té, el limón e incluso la cerveza pueden utilizarse en recetas cosméticas. Consulta estas webs para ideas: www.care2.com, www.planetgreen.discovery.com, y www.mybeautyrecipes.com.

Lista de control del cambio semanal
• Hidratarse con agua • Llevar un diario de lo que comes • Tomar un complejo multivitamínico • Tomar entre 4 y 6 porciones de verduras • Leer las etiquetas nutricionales • Tomar un desayuno equilibrado • Elegir cereales integrales • Tomar 5 pequeñas comidas al día • Tomar 2 o 3 piezas de fruta • Elegir lácteos semidesnatados • Tomar porciones saludables • Comer pescado dos veces a la semana • Evitar las bebidas edulcoradas • Equilibrar las comidas para que te sacien • Reduce los fritos, la comida rápida y la bollería • Elegir carne magra • Cocinar y comer más en casa • Evitar los aditivos alimentarios • Tomar 3 tazas de alubias a la semana • Practicar la alimentación consciente • Come grasas saludables con moderación

Lista de control del cambio semanal	
	• Dormir entre 7 y 8 horas al día • Adoptar una perspectiva optimista • Disfrutar de un tiempo a solas • Respirar hondo • Reírse a menudo • Vivir con propósito • Construir relaciones saludables • Dar • Aprender a decir que no • Disfrutar de tu afición una vez a la semana • Pasar tiempo en la naturaleza • Comunicarse con eficacia • Participar activamente en tu vida
	• Practicar ejercicio a diario • Hacer ejercicios de estiramiento durante 20 minutos, tres veces al día • Practicar actividad aeróbica 30 minutos, tres veces por semana • Practicar ejercicios de fuerza durante 20 minutos, tres veces por semana • Seguir un plan de prevención • Fortalecer el tronco 10 minutos al día, tres veces por semana
	• Mantener los alérgenos a raya • Utilizar productos de limpieza no tóxicos • Comprar productos orgánicos • Reducir el polvo de tu casa • Deshacerse de lo que no necesites • Evitar las sustancias toxicas en los productos de higiene y cuidado personal

Semana 47
Cuidado con el sodio

«La comida no debería ser demasiado salada ni picante
ni amarga ni dulce ni agria.»
Sri Sathya Sai Baba

La sal, conocida también como sodio, es esencial para la salud y el bienestar cuando se consume en proporciones adecuadas. Ayuda al cuerpo a mantener el equilibrio de fluidos, transmite impulsos nerviosos e incide en la contracción y relajación de los músculos. Pero el exceso de sodio puede crear problemas de salud, como una presión sanguínea elevada, que a su vez puede provocar un incidente cardiovascular y fallo renal. Por eso es mejor mantener la ingesta de sodio a niveles saludables.

Desgraciadamente, nuestro consumo de sodio no sólo procede de la sal que añadimos a los alimentos de nuestra mesa. El sodio puede ocultarse de muchas maneras, en especial en los alimentos precocinados.

Además, se añade sal en los platos de establecimientos de comida rápida, así como en la de los restaurantes de mayor categoría. De hecho, más de tres cuartas partes de nuestra ingesta de sodio (77 por ciento) procede de alimentos procesados y preparados, mientras que sólo un 12 por ciento se encuentra de forma natural en los alimentos. Añadimos un 6 por ciento de sodio mientras comemos y otro 5 por ciento cuando cocinamos. Si comes en un restaurante o eres asiduo a los platos precocinados, es muy probable que estés ingiriendo una dosis de sodio muy superior a la que tu cuerpo necesita.

El cambio

Reduce activamente tu ingesta diaria de sodio.

¿Sabías que...?

Los seres humanos necesitan entre 180 y 500 miligramos de sodio al día para funcionar adecuadamente. En cambio, la ingesta media diaria de sodio de los norteamericanos mayores de dos años es de 3.436 miligramos al día. Casi siete veces la cantidad recomendada.

Hoja de ruta para el éxito

El Instituto de Medicina recomienda no consumir más de 1.500-2.300 miligramos de sodio al día (menos de una cucharadita de sal). Para reducir tu consumo diario de sodio, ten en cuenta las siguientes recomendaciones:

1. **Apunta tu ingesta.** Haz un seguimiento del sodio que consumes en los alimentos empaquetados y preparados, así como del que añades durante la cocción y en la mesa. Esto te dará una idea de cuánto sodio estás tomando al día, Para convertir tu ingesta de sal en sodio, guíate por las siguientes equivalencias:

- ¼ de cucharadita de sal = 600 miligramos de sodio
- ½ cucharadita de sal = 1.200 miligramos de sodio
- 1 cucharadita de bicarbonato de sodio = 1.000 miligramos de sodio

2. **Cada día, poco a poco.** Nuestro deseo de tomar sal es principalmente adquirido, eso significa que podemos volver a educar a nuestras papilas gustativas. Disminuye el consumo de sal a lo largo de la semana. Al cabo de dos días ya no te apetecerá tanto. Puesto que muchos alimentos ya contienen sodio de forma natural, empieza por no añadir más de un cuarto de cucharadita de sal al día, y luego reduce esa sal añadida a cero.

3. **Lista de la compra.** Como la mayor parte de nuestra ingesta de sodio proviene de los alimentos procesados y preparados, podemos afirmar que limitar el consumo de estos productos tendrá un gran impacto. Tanto si estás preparando un ágape como si sólo te apetece un tentempié, compra alimentos frescos e íntegros siempre que sea posible. Los alimentos orgánicos no contienen sales ni sodio añadidos, y por eso cuanto más los consumes y dejas atrás los empaquetados, procesados y preparados, más probabilidades tendrás de evitar el sodio oculto y añadido a tu dieta.

   - **Carnes.** La carne, el pescado y las aves que han sido procesadas, enlatadas, curadas o ahumadas (así como los fiambres) tienden a ser altos en sodio por sus conservantes y nitratos de sodio. Opta por los cortes frescos siempre que sea posible. Si compras carnes envasadas, elige las que no lleven nitratos añadidos.
   - **Aperitivos.** Reduce la ingesta de aperitivos salados. Elige otros que sean menos salados, como fruta fresca o frutos secos naturales.
   - **Lee las etiquetas.** Cuando compres productos envasados, lee las etiquetas para averiguar el contenido en sodio. Debes saber que incluso los alimentos que crees que son bajos en sodio pueden tener una dosis sorprendentemente elevada.

o **Lista de ingredientes.** El sodio adopta muchas formas. Algunos de los ingredientes más populares que incluyen compuestos de sodio son el MSG (glutamato de monosodio), bicarbonato de sodio, levadura en polvo, fosfato de disodio, alginato de sodio y nitrato o nitrito de sodio. Cuando compres alimentos empaquetados o procesados fíjate si contienen estos ingredientes, y evítalos siempre que sea posible.

o **Tabla de información nutricional.** Tal como describimos en la **Semana 11. Lee el envoltorio**, la tabla de información nutricional te ofrece un desglose de cuánto sodio necesitas al día y en qué proporciones. Para reducir esa cantidad al máximo, elige alimentos empaquetados que no supongan más del 15 por ciento de tu ingesta diaria de sodio.

o **Etiquetaje específico de sodio.** Muchos alimentos envasados contienen información confusa. He aquí algunas de sus denominaciones:

- **Libre de sodio o sin sal.** Una ración contiene menos de 5 miligramos de sodio.
- **Muy bajo en sodio.** Una ración contiene 35 miligramos de sodio o menos.
- **Sodio bajo.** Una ración contiene 140 miligramos de sodio o menos.
- **Sodio reducido.** Una ración contiene como mínimo un 25 por ciento de sodio menos que la ración normal.
- **Ligero en sodio.** Una ración contiene al menos un 50 por ciento menos de sodio que la ración normal.
- **Sin sal añadida.** No se añade sal durante el procesamiento de un alimento que normalmente contiene sal. Pero algunos alimentos con esta denominación pueden tener un elevado contenido en sodio.

4. **Cocción.** Por lo general, siempre conviene cocinar desde el principio y evitar los precocinados como las salsas, las pizzas congeladas y los platos preparados, ya que tienden a ser altos en sodio.

- **Sopas, salsas, aliños, y condimentos.** Aunque las sopas envasadas y los caldos, salsas, condimentos y aliños facilitan la cocina, muchos de estos productos tienden a ser altos en sodio. Algunos de los peores son el kétchup, la soja, el teriyaki y las salsas de barbacoa. Por eso conviene limitar estos productos, prepararlos tú mismo o comprar los que realmente sean muy bajos en sodio.
- **Especias.** Experimenta con especias para sazonar la comida. La pimienta, el curry, el pimentón, el orégano, el perejil, el tomillo y el romero aportan un magnífico sabor.
- **La sal de las recetas.** Si es posible, evita la sal cuando cocines. Si es un ingrediente imprescindible, añádela al final. Cuanto más tiempo cuece un plato, más se diluye la sal. Pero si salas al final de la cocción, mantendrás el gusto fresco de condimento.
- **Evita los sustitutos de la sal.** Al igual que los sustitutos del azúcar, conviene reducir los sustitutos de la sal. Trata de reeducar a tus papilas gustativas disminuyendo la ingesta de sal a lo largo de esta semana y de las próximas.

5. **Comer fuera:**

- **Prueba antes de condimentar.** Por lo general, los restaurantes utilizan sal en sus platos. Prueba siempre la comida antes de sazonarla. Si crees que necesita sal, rocíala sobre tu mano y luego sobre la comida para comprobar las cantidades. Intenta condimentar con pimienta.
- **Comida rápida.** Los menús de los establecimientos de comida rápida tienden a ser altos en sodio. A menos que especifiquen el uso reducido del sodio, cabe suponer que no es así. Consulta la página web del restaurante en cuestión para obtener más infor-

mación nutricional y busca los platos con bajo contenido en sodio.

- **Restaurantes.** Ciertos tipos de cocina, como la asiática, la italiana y la mexicana, tienden a ser altas en sodio debido a las salsas y aliños que utilizan. Pregunta a los camareros para tener una idea de cómo preparan la comida. Pregúntales acerca de las especias que usan, sus marinadas, aliños y salsas. Si es posible, elige restaurantes cuyos propietarios conoces, que tengan un menú variado y personalizado. Estos establecimientos tienden a reducir el sodio añadido si el cliente así lo pide.

Crédito extra

¿Ya eres todo un experto en la alimentación baja en sodio? Pasa al siguiente nivel preparando recetas de cocina bajas en sodio, o búscalas en Internet. Te ayudarán a cocinar con menos sal sin sacrificar el sabor. Recomiendo dos libros:

1. *The No-Salt, Lowest-Sodium International Cookbook.*
2. *American Heart Association Low-Salt Cookbook: A Complete Guide to Reducing Sodium and Fat in Your Diet.*

Lista de control del cambio semanal
• Hidratarse con agua • Llevar un diario de lo que comes • Tomar un complejo multivitamínico • Tomar entre 4 y 6 porciones de verduras • Leer las etiquetas nutricionales • Tomar un desayuno equilibrado • Elegir cereales integrales • Tomar 5 pequeñas comidas al día • Tomar 2 o 3 piezas de fruta • Elegir lácteos semidesnatados • Tomar porciones saludables • Comer pescado dos veces a la semana • Evitar las bebidas edulcoradas • Equilibrar las comidas para que te sacien • Reduce los fritos, la comida rápida y la bollería • Elegir carne magra • Cocinar y comer más en casa • Evitar los aditivos alimentarios • Tomar 3 tazas de alubias a la semana • Practicar la alimentación consciente • Come grasas saludables con moderación • Reducir el consumo de sodio

Lista de control del cambio semanal
• Dormir entre 7 y 8 horas al día • Adoptar una perspectiva optimista • Disfrutar de un tiempo a solas • Respirar hondo • Reírse a menudo • Vivir con propósito • Construir relaciones saludables • Dar • Aprender a decir que no • Disfrutar de tu afición una vez a la semana • Pasar tiempo en la naturaleza • Comunicarse con eficacia • Participar activamente en tu vida
• Practicar ejercicio a diario • Hacer ejercicios de estiramiento durante 20 minutos, tres veces al día • Practicar actividad aeróbica 30 minutos, tres veces por semana • Practicar ejercicios de fuerza durante 20 minutos, tres veces por semana • Seguir un plan de prevención • Fortalecer el tronco 10 minutos al día, tres veces por semana
• Mantener los alérgenos a raya • Utilizar productos de limpieza no tóxicos • Comprar productos orgánicos • Reducir el polvo de tu casa • Deshacerse de lo que no necesites • Evitar las sustancias toxicas en los productos de higiene y cuidado personal

Semana 48
Haz balance de tus cuentas

«Un penique ahorrado es un penique ganado.»
Benjamin Franklin

Aunque crear y mantener un presupuesto no parecerá un cambio relevante para una versión más feliz y saludable de ti mismo, resulta muy útil para evitar tensiones y preocupaciones innecesarias. No importa cuánto dinero ganes, elaborar un presupuesto es importante para comprender cómo gastas el dinero, cuánto ahorras para el futuro y cuáles son tus objetivos financieros. Si gastas demasiado al mes y no te das cuenta de ello, a la larga te toparás con una desagradable sorpresa. Pero si ajustas un poco tu presupuesto podrás mejorar tus decisiones financieras al ahorrar más y gastar menos. Obrar de este modo te aportará la serenidad mental necesaria y estarás más preparado en el supuesto de sufrir una crisis financiera, un cambio inesperado o un imprevisto.

El cambio

Crea y mantén un presupuesto para ahorrar más
y gastar menos.

¿Sabías que...?

En un estudio realizado en 2010 por Fidelity Investments, se descubrió que los norteamericanos más jóvenes son los que más se preocupan por su salud financiera. Hallaron que el 57 por ciento de norteamericanos de entre 18 y 34 años se interesan por diseñar un plan financiero, mientras que sólo el 39 por ciento de personas de entre 35 y 64 años o el 16 por ciento de los mayores de 65 años se preocupan por esta cuestión.

Hoja de ruta para el éxito

Mantener un presupuesto puede parecer pesado, pero resulta fácil conforme lo vas llevando al día. Para tenerlo todo organizado, puedes utilizar un *software* de finanzas personales. Si no quieres usar estos programas, puedes crear una hoja de cálculo de Excel para llevar un control de los gastos (véase **Muestra de presupuesto** en la **Tercera parte. Herramientas y recursos** para ver un modelo de presupuesto). Sin embargo, los programas de finanzas personales facilitan el hecho de organizar toda la información en un solo espacio para que puedas ahorrar tiempo y tomar decisiones financieras con mayor rapidez.

Deberías actualizar el presupuesto una vez al mes. Si empleas Excel, crea una tabla para cada mes, traspasando el balance del mes anterior al actual. La facturación, los extractos bancarios y los ciclos de pago siguen una periodicidad mensual, así que tendrás tiempo para analizar tus gastos y tu liquidez en las cuentas. Además, repasar el presupuesto una vez al mes te dará una idea de si estás gastando mucho o poco, con lo cual podrás hacer los ajustes necesarios a su debido tiempo.

1. **Haz un inventario.** Haz un listado de la situación de tus cuentas bancarias, planes de ahorro, planes de jubilación, tarjetas de crédito y préstamos. Si tienes una deuda pendiente, apunta la suma que debes, el tipo de interés que has pagado y cuándo está previsto acabar el pago. Esto te dará una imagen instantánea de tu estado financiero actual.

2. **Apunta tus ingresos.** La cantidad de dinero que gastas y ahorras está directamente relacionada con cuánto dinero ganas. Por eso, el primer paso para crear tu presupuesto es apuntar tu salario después de restar los impuestos (es decir, la cantidad neta de tu nómina).

3. **Listado de gastos mensuales.** Los gastos mensuales son los costes fijos en los que incurres cada año. Pueden incluir de todo, desde los pagos del alquiler o la hipoteca hasta las facturas del teléfono o de la electricidad. Por lo general, suelen ser de una cantidad predecible y siempre estarán ahí cada mes. Resta estos gastos de tu salario. La cantidad que queda es el dinero que puedes utilizar para realizar compras, ahorrar y pagar cualquier otra deuda que hayas contraído (por ejemplo, con la tarjeta de crédito).

4. **Establece objetivos.** Después fíjate en la cantidad que te queda y piensa en cuánto dinero quieres gastarte en distintas categorías de gastos. Algunas categorías lógicas pueden ser las siguientes:

   - **Comida y bebida.** Ultramarinos, restaurantes, bebidas con amigos, café, tentempiés, etcétera.
   - **Ocio.** Películas, entradas, conciertos, teatro, ectétera.
   - **Relacionados con el trabajo.** Bono para el transporte público, tintorería, zapatería, ropa, etcétera.
   - **Trayectos locales.** Gasolina, taxi, metro, aparcamiento, otros.
   - **Vacaciones.** Billetes de avión, hotel, transporte, alimentación, etcétera.
   - **Personal.** Servicios de *spa*, peluquería, manicura y pedicura, etcétera.

- **Gastos médicos.** Visitas, recetas, otros.
- **Regalos.** Tarjetas, cumpleaños, vacaciones, otros,
- **Mascotas.** Alimentación, veterinario, cuidador, otros.

Tu objetivo es que te sobre dinero a final de cada mes para que puedas ir ahorrando y pagando tus deudas

5. **Localiza y categoriza las compras.** Luego localiza y divide tus compras en categorías, y si las pagaste al contado o con tarjeta, de modo que al término de cada mes tengas una idea clara de dónde va a parar tu dinero. Esto te permitirá dilucidar cuánto gastas en cuestiones frívolas (como el chicle) y en las necesarias (alimentación). Asegúrate de apuntarlo todo, desde el café que te tomas en Starbucks hasta tus donativos a organizaciones benéficas.

6. **Cuadra el presupuesto.** Al cabo de un mes, podrás valorar el tipo de ajustes que necesitas aplicar para poder ahorrar dinero. Lo ideal sería que el balance de tu presupuesto fuera positivo al término de cada mes. Si es negativo o se acerca al cero, significa que estás gastando por encima de tus ingresos. En este caso, deberías estudiar de nuevo el presupuesto para reducir el gasto en ámbitos innecesarios, mientras dispones de los fondos para ir ahorrando o pagando una deuda.

Cuando ya hayas elaborado tu presupuesto, puedes marcarte objetivos financieros que sean importantes para ti. Los dos principales deberían ser ahorrar aproximadamente un 10 por ciento de tus ingresos libres de impuestos, y, si se da el caso, pagar una deuda de interés alto. Ahorrar es muy importante para la salud financiera, y cuanto antes empieces, mejor. En cambio, una deuda de interés alto debe pagarse lo antes posible. Si tienes un balance positivo en tus cuentas, paga primero la deuda y ahorra el resto.

Crédito extra

¿Ya has cuadrado tu presupuesto? Pasa al siguiente nivel con un plan financiero completo. Los planes financieros te permiten abordar mejor tu estilo de vida y objetivos financieros. Funcionan dentro de tu margen de tolerancia al riesgo. Si quieres hacer tu propio estudio, establece objetivos a corto y largo plazo. Sabrás cuándo comprar una casa, cuándo podrás jubilarte, cuándo podrás comprar un coche nuevo, cuándo podrás enviar a tus hijos a la universidad, etcétera. Para establecer tus objetivos más importantes, divídelos en necesidades y deseos. Cíñete a tu plan financiero y revísalo cada trimestre. Haz los ajustes que consideres necesarios.

Lista de control del cambio semanal
<ul><li>Hidratarse con agua</li><li>Llevar un diario de lo que comes</li><li>Tomar un complejo multivitamínico</li><li>Tomar entre 4 y 6 porciones de verduras</li><li>Leer las etiquetas nutricionales</li><li>Tomar un desayuno equilibrado</li><li>Elegir cereales integrales</li><li>Tomar 5 pequeñas comidas al día</li><li>Tomar 2 o 3 piezas de fruta</li><li>Elegir lácteos semidesnatados</li><li>Tomar porciones saludables</li><li>Comer pescado dos veces a la semana</li><li>Evitar las bebidas edulcoradas</li><li>Equilibrar las comidas para que te sacien</li><li>Reduce los fritos, la comida rápida y la bollería</li><li>Elegir carne magra</li><li>Cocinar y comer más en casa</li><li>Evitar los aditivos alimentarios</li><li>Tomar 3 tazas de alubias a la semana</li><li>Practicar la alimentación consciente</li><li>Come grasas saludables con moderación</li><li>Reducir el consumo de sodio</li></ul>

Lista de control del cambio semanal
<ul><li>Dormir entre 7 y 8 horas al día</li><li>Adoptar una perspectiva optimista</li><li>Disfrutar de un tiempo a solas</li><li>Respirar hondo</li><li>Reírse a menudo</li><li>Vivir con propósito</li><li>Construir relaciones saludables</li><li>Dar</li><li>Aprender a decir que no</li><li>Disfrutar de tu afición una vez a la semana</li><li>Pasar tiempo en la naturaleza</li><li>Comunicarse con eficacia</li><li>Participar activamente en tu vida</li><li>Crear y mantener un presupuesto</li></ul>
<ul><li>Practicar ejercicio a diario</li><li>Hacer ejercicios de estiramiento durante 20 minutos, tres veces al día</li><li>Practicar actividad aeróbica 30 minutos, tres veces por semana</li><li>Practicar ejercicios de fuerza durante 20 minutos, tres veces por semana</li><li>Seguir un plan de prevención</li><li>Fortalecer el tronco 10 minutos al día, tres veces por semana</li></ul>
<ul><li>Mantener los alérgenos a raya</li><li>Utilizar productos de limpieza no tóxicos</li><li>Comprar productos orgánicos</li><li>Reducir el polvo de tu casa</li><li>Deshacerse de lo que no necesites</li><li>Evitar las sustancias toxicas en los productos de higiene y cuidado personal</li></ul>

Semana 49
Aprende a comprar inteligentemente

«¿Alguna vez has pensado en cómo nos ven las mascotas?
Volvemos de la tienda con un botín extraordinario: pollo, cerdo, media
vaca. ¡Creerán que somos los mejores cazadores de la tierra!»
Anne Tyler

Los hábitos de alimentación sana empiezan cuando vas a la tienda de comestibles, al mercado o al supermercado (o a las grandes superficies). Cada vez que pones algo en tu carrito tiene un impacto directo en lo que te llevarás a la boca. Si tus decisiones de compra son inteligentes, podrás mantener unos hábitos saludables en casa. Cuando abrimos la nevera o los armarios de la cocina en busca de algo para comer, elegiremos algo saludable si no hay nada poco saludable donde escoger.

El cambio

Compra inteligentemente para mantener hábitos saludables
en casa.

Hoja de ruta para el éxito

A estas alturas ya has realizado numerosos cambios en tus hábitos alimentarios, has tomado decisiones beneficiosas para tu salud y estás nutriendo a tu cuerpo para que rinda y se sienta bien. Aprender a comprar bien tus víveres te ayudará a mantener estos cambios a largo plazo.

Antes de comprar

1. **Planifica los menús de la semana.** Los expertos aseguran que los hábitos alimentarios empiezan antes de ir a comprar. Planifica tus platos de toda la semana. Piensa en qué tentempiés comerás, qué desayunarás, qué almorzarás y qué cocinarás para la cena. Asegúrate de planificar las comidas de modo que no te quedes sin ingredientes entre semana.

2. **Haz una lista.** Utiliza tu plan de menús para elaborar una lista detallada de los víveres que necesitas comprar. Cuando vas sin lista, es fácil añadir productos que de otro modo no comprarías. Si compras en un supermercado clasifica los alimentos según el pasillo en el que se encuentren para no tener que buscarlos de un lado para otro. Si paseamos por los pasillos sin saber a dónde vamos podemos cambiar de opinión respecto a algunos artículos de la lista.

3. **Deja el apetito en casa.** No salgas a comprar comestibles con el estómago vacío. Cuando tienes hambre, nuestro estómago no puede pensar con claridad y se presta al impulso. Los estudios han demostrado que las personas que hacen la compra con el estómago vacío tienden a comprar más alimentos poco saludables. No es así cuando compras sin apetito. Asegúrate de tomar un tentempié antes de salir para evitar la compra compulsiva.

4. **Evita los caprichos de los niños.** Aunque esto no siempre será posible, deja a los niños en casa cuando vayas a hacer la compra. Los pe-

queños no siempre aprecian nuestras iniciativas de alimentación saludable. Muchos padres sucumben a los deseos de sus hijos para que no monten una escena. Después descubren que tienen el carro de la compra lleno de alimentos que no tenían ninguna intención de comprar. Si te llevas a tus hijos asegúrate de que tengan el estómago lleno para evitar sus exigencias. También debes ser firme respecto a los artículos que comprarás y los que no.

En las grandes superficies

1. **Cíñete al perímetro.** En general —y desde luego ése es el caso en las grandes superficies de Estados Unidos— muchos alimentos poco saludables y procesados que contienen grasas trans, azúcares, conservantes y aditivos están colocados en los pasillos interiores de las grandes superficies. Pero la mayor parte de la comida sana está en el perímetro. Compra la mayoría de tus productos en los pasillos del perímetro y reduce el tiempo que pasas en el interior. Recuerda que ningún artículo de ese centro debería estar incluido en tu lista.

2. **Céntrate en lo fresco.** Cuando compres carne, huevos, lácteos y pescado, lo mejor es que sean frescos. Las tiendas de comestibles pueden recibir varias entregas durante la semana, según el tipo de alimento. Da prioridad a los productos frescos, ya que suelen perder nutrientes con el paso del tiempo. Fíjate en las fechas de caducidad. A veces los productos más frescos están situados en la parte trasera del estante.

3. **Qué comprar primero.** Empieza por las frutas y verduras. Es lo que quieres comprar en mayor cantidad. Llena el carro de frutas y verduras para dejar menos espacio a los productos menos saludables. Elige una amplia variedad de verduras de colores para asegurar un aporte de vitaminas, minerales y fitonutrientes. Elige fruta no madura para poder consumirla al cabo de unos días. Esto te ayudará a saber que no estará echada a perder cuando la comas.

4. **En el interior.** Aunque quieres evitar los pasillos interiores, es posible que necesites algo de esa zona. Tal vez necesites un aperitivo o un ingrediente precocinado que te resuelva un almuerzo o cena: he aquí algunos consejos:

- **Emplea tus conocimientos de etiquetaje.** Tal como aprendiste en la Semana 11. **Lee el envoltorio,** es muy importante hacer uso de tus conocimientos en este terreno. Fíjate en que los listados de ingredientes sean cortos, con cinco ingredientes como mucho. ¿Reconoces esas sustancias? (repasa la **Semana 38. Me suena a chino).** Aléjate de los alimentos envasados con alto contenido en grasas saturadas y grasas trans. Comprueba la información de esas etiquetas, ya que algunas son confusas.
- **Azúcar refinado y alimentos azucarados.** Evita los alimentos con azúcares refinados y altos en fructosa, así como los siropes de maíz. Los caramelos, los refrescos gaseosos, el sirope, la gelatina, las galletas y los productos de bollería conviene evitarlos.
- **Harina blanca, refinada y enriquecida.** Evita comprar pan y cereales que hayan sido procesados, refinados o blanqueados; es decir, los que están hechos con harina blanca, refinada y enriquecida. Busca sus alternativas integrales.
- **Alimentos dietéticos.** Los alimentos dietéticos son una versión baja en calorías de sus equivalentes, y suelen reducir su contenido en grasas y azúcares. Los alimentos y bebidas sin azúcar suelen llevar sustitutos del azúcar altamente procesados y sustitutos del azúcar de derivados químicos; los alimentos de grasa reducida suelen tener muchos azúcares añadidos o sustitutos. Conviene evitarlos porque contienen muchos aditivos y han sido procesados.
- **Condimentos y especias.** Las especias son imprescindibles. Añaden sabor y dimensión a los platos. Cuando compres condi-

mentos, busca los que por su naturaleza tienen un bajo contenido de grasa saturada, sodio y azúcar. Los vinagres, el aceite de oliva extra, la mostaza y la salsa de rábano son elecciones afortunadas. En cuanto a la salsa barbacoa, kétchup y otros condimentos que tienden a ser altos en azúcar, conservantes y otros aditivos, intenta sustituirlos por versiones más auténticas.

- **Caprichos y comida basura.** Es muy posible que algún miembro de tu familia quiera algún capricho para la semana. Recuerda que cuantos más caprichos guardes en casa, más probabilidades tendrás de sucumbir a ellos. Si la fruta fresca no seduce a los tuyos, piensa en instaurar un capricho por semana. Intenta buscar alimentos que puedan tomarse en porciones individuales, en vez de comprar un paquete de varios. Así podrás satisfacer el capricho de azúcar o sal, pero no llenarás el carro de artículos poco saludables.

En casa

Ahora que ya sabes comprar de manera inteligente, ha llegado el momento de ocuparte de tu casa. Haz limpieza de tus armarios, despensa y nevera. Tira los productos que sabes que no son sanos. Consulta las listas de ingredientes de cada producto alimentario. Puedes tirar los no saludables o darlos a una institución benéfica.

Lista de control del cambio semanal
• Hidratarse con agua • Llevar un diario de lo que comes • Tomar un complejo multivitamínico • Tomar entre 4 y 6 porciones de verduras • Leer las etiquetas nutricionales • Tomar un desayuno equilibrado • Elegir cereales integrales • Tomar 5 pequeñas comidas al día • Tomar 2 o 3 piezas de fruta • Elegir lácteos semidesnatados • Tomar porciones saludables • Comer pescado dos veces a la semana • Evitar las bebidas edulcoradas • Equilibrar las comidas para que te sacien • Reduce los fritos, la comida rápida y la bollería • Elegir carne magra • Cocinar y comer más en casa • Evitar los aditivos alimentarios • Tomar 3 tazas de alubias a la semana • Practicar la alimentación consciente • Come grasas saludables con moderación • Reducir el consumo de sodio • Comprar inteligentemente

Lista de control del cambio semanal

	• Dormir entre 7 y 8 horas al día • Adoptar una perspectiva optimista • Disfrutar de un tiempo a solas • Respirar hondo • Reírse a menudo • Vivir con propósito • Construir relaciones saludables • Dar • Aprender a decir que no • Disfrutar de tu afición una vez a la semana • Pasar tiempo en la naturaleza • Comunicarse con eficacia • Participar activamente en tu vida • Crear y mantener un presupuesto
	• Practicar ejercicio a diario • Hacer ejercicios de estiramiento durante 20 minutos, tres veces al día • Practicar actividad aeróbica 30 minutos, tres veces por semana • Practicar ejercicios de fuerza durante 20 minutos, tres veces por semana • Seguir un plan de prevención • Fortalecer el tronco 10 minutos al día, tres veces por semana
	• Mantener los alérgenos a raya • Utilizar productos de limpieza no tóxicos • Comprar productos orgánicos • Reducir el polvo de tu casa • Deshacerse de lo que no necesites • Evitar las sustancias toxicas en los productos de higiene y cuidado personal

Semana 50
Sale el sol

*«La vida es muy corta, prueba todo lo que hayas soñado
(dentro de los límites de la cordura y la legalidad) y no te arrepientas
de nada. Ah, y no te olvides de aplicarte una crema solar.»*
Amber Benson

Después de todo lo que sabemos sobre la exposición a los rayos del sol, un cambio muy sencillo y efectivo es protegerte con crema solar. Por mucho que nos guste creer que el tono de piel que nos queda después de exponernos al sol resulta saludable, lo cierto es que no lo es. Independientemente del tono de la piel —rojo, rosado, cobrizo o moreno—, ese destello dorado significa que tu piel está dañada.

Proteger tu piel de los rayos de sol reduce el riesgo de contraer cáncer de piel y de envejecer prematuramente. En ambos casos se debe a una sobreexposición a la radiación ultravioleta A y B. Básicamente, los rayos UVA penetran en las capas internas de la piel y provocan el envejecimiento prematuro, mientras que los rayos UVB se relacionan con quemadas y cáncer de piel. Cabe advertir que el cáncer de piel no hace concesiones. Incide en una persona que se quemó de niña, en otra que lo hizo de adulta, o en alguien que sufre una exposición al sol prolongada.

Desgraciadamente, muchas personas esperan demasiado para proteger la piel, y después reciben un diagnóstico de cáncer de piel o melanoma, o una vez que se han asentado las arrugas y las verrugas. Proteger la piel a una edad temprana te ayudará a reducir las probabilidades de contraer cáncer de piel y envejecimiento prematuro.

El cambio

Protege a diario tu piel del sol.

Hoja de ruta para el éxito

Proteger tu piel del sol no significa que debas sentirte pegajoso. De hecho, las cremas protectoras han avanzado mucho y además existen otras alternativas.

1. **Conoce tus opciones.** En lo tocante a la protección de la piel, tienes muchas opciones. Los productos solares suelen ser de dos tipos: protectores y bloqueantes. Los primeros utilizan sustancias químicas para absorber los rayos UV, mientras que los otros los desvían. Ambos reducen tu exposición a los rayos UV, pero ninguno de los dos elimina por completo la exposición solar.
2. **Elije sabiamente.** Quieres elegir un producto que sea seguro. Si te decantas por un aerosol, cómpralo y úsalo. Si no te gusta el olor a perfume, compra uno sin fragancia. Hay muchos productos distintos en el mercado, y la decisión tendrá que ver con tus preferencias personales.
3. **Factor de protección solar (FPS).** El FPS se refiere a la capacidad de un producto de proteger contra los rayos UVB. Cuanto mayor sea ese número, mayor será la protección. Si una persona se quema al cabo de 10 minutos de exposición solar sin protección, esa misma persona

se quemará al cabo de 40 minutos con un producto de FPS 4. Por eso se recomienda que nunca compres un factor por debajo de 15. Si tienes la piel blanca y tiendes a quemarte, opta por un factor 30. Además, procura que ese producto te proteja también de los rayos UVA y UVB. De lo contrario podría no protegerte de la exposición a los rayos UVA.

El círculo vicioso de la exposición solar y la vitamina D

La vitamina D es una vitamina esencial para la absorción del calcio, el crecimiento de los huesos, la salud del corazón y la protección de algunos tipos de cáncer, incluido el de pecho, colon y próstata. La mejor manera de proporcionar vitamina D al organismo es la exposición al sol, pero si te excedes en esta práctica puedes sufrir cáncer de piel y envejecimiento prematuro.

La cantidad de síntesis de vitamina D depende de tu clima y del tipo de piel. Muchas personas que viven en climas nublados, fríos o más templados tienden a sufrir deficiencias en vitamina D, mientras que el uso de las cremas solares tiende a limitar nuestra capacidad para fabricarla. Por eso se recomienda que te apliques una crema para proteger la piel del cáncer y tomar suplementos de vitamina D para asegurar su aporte dietético. Si tu exposición al sol es insuficiente, piensa en tomar un suplemento diario que te aporte 1.000 IU de vitamina D.

---

4. **Protección diaria.** Aunque creas que la protección solar sólo es necesaria para ir a la playa en verano, eso no es cierto. La Academia Americana de Dermatología recomienda que utilices una crema pro-

tectora o bloqueante a diario, haga sol o no. Las nubes dejan pasar casi un 85 por ciento de luz UV. Además, los cristales no impiden el paso de los rayos UVA, por eso te expones a su radiación incluso en el interior de los edificios. Además, las superficies como la arena, las aceras, el agua o la nieve reflejan la radiación UV, incrementando así tu exposición.

5. **Aplicación adecuada.** Si vas a pasar el día al aire libre, es mejor aplicar una crema 30 minutos antes de la exposición. Asegúrate de hacerlo sin escatimar, y repite la operación cada dos horas como mínimo. No te olvides de aplicar un protector en labios, orejas y en cualquier otra zona que creas oportuno. Repetir la aplicación es importante, incluso cuando se utilizan cremas que son resistentes al agua. Éstas pueden perder su eficacia al cabo de 8 minutos de permanecer en el agua. Es lo que ocurre con los productos de gel y los aerosoles. Si pasas el día en el interior, conviene también aplicar crema en las zonas del cuerpo y la cara que no queden cubiertas por la ropa, ya que puedes exponerte a la radiación UV por el cristal de las ventanas o al conducir.

> ***¿Sabías que...?***
> En los últimos treinta y un años, el cáncer de piel ha sido el tipo de cáncer más diagnosticado. Además, uno de cada cinco norteamericanos desarrollará cáncer de piel a lo largo de su vida.

6. **Comprueba la caducidad.** Aunque haya un período de gracia, tira los productos caducados. Más vale prevenir que curar.
7. **Más allá de la piel.** Los productos cutáneos son sólo una dimensión de tu estrategia de protección. Llevar puesto una barrera física, como

un sombrero, una camiseta de manga larga o pantalones, ayuda a bloquear la incidencia de rayos peligrosos. Lleva gafas de sol con protección de UV. Utiliza sombrillas, especialmente en la playa o la piscina, para disminuir el impacto de tu exposición. Recuerda que las barreras físicas no te protegen por completo. Si pasa la luz por una prenda de ropa, también lo harán los rayos UV. Por ejemplo, aunque una camiseta blanca puede protegerte hasta cierto punto, seguramente no superará un FPS 6. Si llevas una camiseta en el agua, ese índice se reducirá a 2. Además, el reflejo de las superficies que rodean las zonas de sombra no impiden el reflejo de los rayos UV en ti. Es mejor quedarse en la sombra y reducir la exposición al sol durante el mediodía y las primeras horas de la tarde (entre las 10.00 y las 14.00).

8. **Factores climáticos.** El clima local tendrá un impacto directo en tu nivel de exposición. Por ejemplo, si es invierno, el sol, aunque esté más bajo en el cielo, está más cerca de la tierra. Por eso la radiación UV podrá ser intensa. Además, si nieva en invierno, la nieve podrá reflejar hasta el 80 por ciento de los rayos UV en tu piel. Lo mismo ocurre con el agua de la playa. Por último, el sol es más intenso conforme aumenta la altitud. Por cada 300 metros de elevación, la intensidad de los rayos UV sube entre un 8 y un 10 por ciento. Asimismo, cuando estás en el exterior, especialmente en un clima frío y seco, el uso de un producto más espeso protegerá la humedad de la piel. Si estás en el interior y en un clima húmedo, bastará con una textura acuosa.

9. **Maquillaje con protección.** Aunque nunca viene mal aplicarse una capa extra de protección, no conviene depender del maquillaje como factor principal de protección. Para asegurarte una protección real, aplica una crema hidratante o una loción con protector UVA y UVB. Deja que se absorba antes de aplicar el maquillaje.

10. **El cáncer de piel no es racista.** Los estudios han demostrado que las personas de piel oscura y las que se broncean con facilidad también

están en riesgo de sufrir melanoma. No importa cuál sea tu tono de piel y el color de tus ojos o de tu pelo, deberías tener un plan de protección solar durante todo el año.

¿Sabías que...?

En Estados Unidos, sólo las personas que viven al sur de una línea trazada desde Los Ángeles hasta Columbia, en Carolina del Sur, reciben un nivel de radiación solar que satisface sus necesidades anuales de vitamina D.

Crédito extra

¿Ya proteges tu piel del sol a diario? Pasa al siguiente nivel con estos sencillos pasos:

1. **Ingredientes.** Tal como mencioné en la **Semana 46. Debajo de la piel**, el ácido para-aminobenzoico (PABA) es un ingrediente que quieres evitar. Muchos protectores solares están exentos de PABA, pero es mejor comprobarlo en el listado de ingredientes. También debes evitar las cremas que contienen oxibenzona y retinilpalmitato, ya que pueden ser sustancias nocivas. Los bloqueantes solares tienden a utilizar minerales como el zinc y el titanio para reflejar los rayos del sol. Aunque el óxido de zinc tendía a ser sumamente espeso y pastoso en el pasado (los socorristas solían aplicárselo en la nariz), las nuevas fórmulas han micronizado estos componentes para conseguir una textura menos densa. La base de datos sobre cosméticos del Environmental Working Group (www.cosmeticdatabase.com) es un magnífico recurso para conocer los productos más seguros.

2. **Estudia el índice UV.** Comprueba el índice UV (radiación ultravioleta) de tu zona a diario. Consulta la página web de la agencia estatal de meteorología de tu país. El índice UV se mide en una escala del 1 al 10, siendo el 1 el nivel más bajo y el 10 el más elevado. Cuando el índice UV está por encima de 5, conviene tomar precauciones adicionales para reducir tu exposición.

Lista de control del cambio semanal
• Hidratarse con agua • Llevar un diario de lo que comes • Tomar un complejo multivitamínico • Tomar entre 4 y 6 porciones de verduras • Leer las etiquetas nutricionales • Tomar un desayuno equilibrado • Elegir cereales integrales • Tomar 5 pequeñas comidas al día • Tomar 2 o 3 piezas de fruta • Elegir lácteos semidesnatados • Tomar porciones saludables • Comer pescado dos veces a la semana • Evitar las bebidas edulcoradas • Equilibrar las comidas para que te sacien • Reduce los fritos, la comida rápida y la bollería • Elegir carne magra • Cocinar y comer más en casa • Evitar los aditivos alimentarios • Tomar 3 tazas de alubias a la semana • Practicar la alimentación consciente • Come grasas saludables con moderación • Reducir el consumo de sodio • Comprar inteligentemente

Lista de control del cambio semanal
• Dormir entre 7 y 8 horas al día • Adoptar una perspectiva optimista • Disfrutar de un tiempo a solas • Respirar hondo • Reírse a menudo • Vivir con propósito • Construir relaciones saludables • Dar • Aprender a decir que no • Disfrutar de tu afición una vez a la semana • Pasar tiempo en la naturaleza • Comunicarse con eficacia • Participar activamente en tu vida • Crear y mantener un presupuesto
• Practicar ejercicio a diario • Hacer ejercicios de estiramiento durante 20 minutos, tres veces al día • Practicar actividad aeróbica 30 minutos, tres veces por semana • Practicar ejercicios de fuerza durante 20 minutos, tres veces por semana • Seguir un plan de prevención • Fortalecer el tronco 10 minutos al día, tres veces por semana
• Mantener los alérgenos a raya • Utilizar productos de limpieza no tóxicos • Comprar productos orgánicos • Reducir el polvo de tu casa • Deshacerse de lo que no necesites • Evitar las sustancias toxicas en los productos de higiene y cuidado personal • Aplicar crema de protección solar

Semana 51
Disfruta con sensatez

«Incluso el néctar es un veneno si se toma en exceso.»
Proverbio hindú

Aunque comer sano es importante, a veces hay momentos en los que quieres pasarte un poco de la raya. La vida está para disfrutarla, y si tomar un trozo de tarta en la fiesta de cumpleaños de tu amiga te va a reportar placer, entonces no hay razón alguna por la que no deberías ceder a la tentación.

Reprimirse en exceso no es sostenible a largo plazo, pero también sabemos que no lo es excederse todo el tiempo. Cuando no te permites disfrutar de las cosas que te gustan, acabas deseándolas con más fuerza. Ahí es donde interviene la práctica de la moderación. La moderación te permite disfrutar de las cosas más dulces (o más sabrosas) de la vida sin excederte ni sabotear los esfuerzos que dedicas a mantener tus hábitos saludables. Al disfrutar con sensatez y darte un capricho de vez en cuando, podrás seguir por el buen camino durante más tiempo.

El cambio

Concédete permiso para disfrutar de los alimentos que te gustan una vez a la semana o el 15 por ciento del tiempo.

Hoja de ruta para el éxito

Una de las mejores maneras de incorporar un exceso controlado a tu estilo de vida es mantener una dieta saludable seis días a la semana y excederte un día. Otra forma de verlo es pensar que comerás sano el 85 por ciento del tiempo y te excederás el 15 por ciento.

1. **Elije bien.** Parte de la gracia de excederte con sensatez es saber elegir aquello en lo que deseas excederte y lo que significa para ti. Por ejemplo, si te gustan los dulces pero puedes prescindir de las patatas fritas, resérvate para el postre. Cuando tienes que elegir entre alimentos poco saludables que no te apetecen mucho, sáltate esa opción o sustitúyela por alternativas saludables para dejar espacio a aquello en lo que deseas excederte. Supongamos que estás en un restaurante, y te sirven patatas fritas con un bocadillo; pídeles que sustituyan las patatas por una ensalada si el postre te resulta más apetecible. Muchos restaurantes te permiten cambiar la guarnición. Sustituir la comida poco saludable por opciones sanas no sólo te permite disfrutar de los alimentos que bien merecen ese exceso, sino que también te permiten comer sano durante este proceso.

2. **Planifica tus excesos.** Repasa tu agenda semanal y elige el día en el que te permitirás disfrutar de lo que normalmente evitas. Si sabes que tienes una fiesta el sábado por la noche, es la ocasión perfecta

para excederte. Si sabes que el miércoles debes acudir a la fiesta de cumpleaños de un amigo, querrás excederte ese día. Independientemente de la ocasión o el momento, planificar tus excesos te permite esperar el día con ilusión y mantener la línea saludable el resto de la semana.

3. **Planifica el resto de los días.** Planifica las comidas y los tentempiés de la semana para que sea fácil mantenerte en el camino de la salud. Asegúrate de comprar los ingredientes que necesitas para que no te falte de nada.

4. **Disfruta de tus excesos.** Cuando llega el momento de pasarte de la raya, disfrútalo. No dejes que la culpa se interponga en tu disfrute. No comas mucho antes del exceso para no sentirte demasiado lleno o indispuesto después.

5. **Indulgencia recurrente.** Habrá momentos en los que se acumulen los excesos: las vacaciones o los aniversarios son sólo unos cuantos. Cuando eso se produzca, lo mejor que puedes hacer es planificar. De lo contrario, una celebración se encadenará a la otra, y antes de que te des cuenta habrás pasado una semana entera sin hacer lo correcto. He aquí algunas recomendaciones para sobrellevar estos excesos sin que perjudiquen tus intentos por mantenerte en la línea de la salud:

- **Ejercicio.** Durante las semanas que sabes que cometerás excesos más de un día o un 15 por ciento de la semana, pasa más tiempo en el gimnasio. Dedicar unos 20 o 30 minutos más por cada día de exceso marca la diferencia. Y procura caminar tanto como puedas para quemar el exceso de calorías.

- **Nutrición.** En esas temporadas de excesos frecuentes, come ligero y sano cuando no estés de fiesta. Come verduras crudas y fibrosas para sentirte lleno mientras mantienes bajo el aporte calórico. Asegúrate de hidratarte. Antes de excederte, bebe dos vasos de agua para sentirte lleno y excederte menos de lo previsto.

6. **Abandonar la buena senda.** A veces tus hábitos saludables empiezan a flojear. Acéptalo como algo natural y que forma parte de la vida. Recuerda que cada día es un nuevo comienzo. Si te das cuenta de que reincides en un mal hábito que ya habías abandonado, fija un día para volver a la buena senda.

Lista de control del cambio semanal
• Hidratarse con agua • Llevar un diario de lo que comes • Tomar un complejo multivitamínico • Tomar entre 4 y 6 porciones de verduras • Leer las etiquetas nutricionales • Tomar un desayuno equilibrado • Elegir cereales integrales • Tomar 5 pequeñas comidas al día • Tomar 2 o 3 piezas de fruta • Elegir lácteos semidesnatados • Tomar porciones saludables • Comer pescado dos veces a la semana • Evitar las bebidas edulcoradas • Equilibrar las comidas para que te sacien • Reduce los fritos, la comida rápida y la bollería • Elegir carne magra • Cocinar y comer más en casa • Evitar los aditivos alimentarios • Tomar 3 tazas de alubias a la semana • Practicar la alimentación consciente • Come grasas saludables con moderación • Reducir el consumo de sodio • Comprar inteligentemente • Excederte en un 15%

Lista de control del cambio semanal

	<ul><li>Dormir entre 7 y 8 horas al día</li><li>Adoptar una perspectiva optimista</li><li>Disfrutar de un tiempo a solas</li><li>Respirar hondo</li><li>Reírse a menudo</li><li>Vivir con propósito</li><li>Construir relaciones saludables</li><li>Dar</li><li>Aprender a decir que no</li><li>Disfrutar de tu afición una vez a la semana</li><li>Pasar tiempo en la naturaleza</li><li>Comunicarse con eficacia</li><li>Participar activamente en tu vida</li><li>Crear y mantener un presupuesto</li></ul>
	<ul><li>Practicar ejercicio a diario</li><li>Hacer ejercicios de estiramiento durante 20 minutos, tres veces al día</li><li>Practicar actividad aeróbica 30 minutos, tres veces por semana</li><li>Practicar ejercicios de fuerza durante 20 minutos, tres veces por semana</li><li>Seguir un plan de prevención</li><li>Fortalecer el tronco 10 minutos al día, tres veces por semana</li></ul>
	<ul><li>Mantener los alérgenos a raya</li><li>Utilizar productos de limpieza no tóxicos</li><li>Comprar productos orgánicos</li><li>Reducir el polvo de tu casa</li><li>Deshacerse de lo que no necesites</li><li>Evitar las sustancias toxicas en los productos de higiene y cuidado personal</li><li>Aplicar crema de protección solar</li></ul>

Semana 52
Halla tu propia espiritualidad

«No hay casualidades..., sólo hay un propósito que aún no hemos comprendido.»
Deepak Chopra

Mientras escribía *52 pequeños cambios,* mantuve un debate conmigo misma respecto a este último cambio, pues dudaba si debía incluirlo o no. La espiritualidad es una cuestión sumamente personal, y no creo que nadie deba «predicar» a los demás sobre lo que deben o no deben creer. Pero mientras investigaba sobre este tema, se me hizo evidente que la espiritualidad conforma un aspecto importante de un estilo de vida saludable y por tanto tiene cabida aquí.

La espiritualidad, no importa la forma que adopte, tiene un poder incuestionable. Intensifica nuestras esperanzas, nuestra sensación de pertenencia, sentido y propósito. Algunos estudios han demostrado que también es muy beneficiosa para la salud.

Tener fe puede fortalecer nuestro sistema inmunológico, así como reforzar nuestras capacidades físicas y psicológicas. Además, la meditación regular o la oración, que es básicamente una expresión de nuestra espiritualidad, ayuda a reducir los niveles de estrés. Según los Institutos Nacionales de Salud de Estados Unidos, las respuestas físicas suelen ser una disminución del ritmo cardíaco y de la presión sanguínea, y niveles más bajos de hormonas del estrés.

Todos estos beneficios se producen tanto si tu espiritualidad se basa en cualquier religión, como, por ejemplo, el cristianismo, el judaísmo, el islam, el hinduismo, el budismo o el taoísmo, como si se basa en la sencilla idea de que existe algo superior a todos nosotros, y que además es importante vivir respetando un cierto código moral.

El cambio

Cultiva tu forma personal de espiritualidad.

Hoja de ruta para el éxito

Aunque cada persona define y practica la espiritualidad a su manera, el hilo común es que nos aporta una sensación de sentido y propósito. Lo espiritual puede hallarse en muchas cosas. Las formas más tradicionales de expresarla son la oración, la adoración de ídolos o la creencia en una fuerza divina. Para algunos, la espiritualidad puede hallarse en la naturaleza, la música y el arte. No importa el tipo de espiritualidad que elijas practicar, la idea es que vayas incorporando este concepto en tu vida. Todo el mundo es distinto, así que lo que funciona para ti podría no funcionar para otros. Dicho esto, he aquí algunas pistas para ayudarte a cultivar tu propio concepto de espiritualidad.

1. **Encuentra tu inspiración personal.** Para descubrir lo que la espiritualidad significa para ti, empieza por preguntarte quién eres y haz ejercicios de autodescubrimiento y exploración. Tómate tu tiempo para reflexionar sobre algunas de las siguientes consideraciones.
    • ¿Qué te hace sentir sereno, tranquilo y en paz?
    • ¿Qué te hace sentir conectado con los demás? ¿Y con el mundo?

- ¿Qué te aporta consuelo?
- ¿De dónde extraes tu fuerza interior?
- ¿Qué te aporta amor y dicha?
- ¿Qué te infunde esperanza?
- ¿Qué te aporta una sensación de propósito y significado?
- ¿Quién es importante en tu vida? ¿Qué relaciones son las más importantes para ti?
- ¿Dónde encuentras la belleza?

2. **Crea un ritual diario.** Cada día, dedica entre 10 y 15 minutos a practicar y cultivar tu espiritualidad individual. Quizá quieras pasar un tiempo en la naturaleza o escuches música. Quizá prefieras orar o meditar. Sea lo que sea lo que te ayude a hallar la paz interior, debería integrarse en tu día a día.

3. **Experimenta.** Prueba cosas nuevas que ayuden a las personas a ser más espirituales. Lee un libro sobre religión, espiritualidad o filosofía. Lee una cita inspiradora a diario. Pasa tiempo con personas que parecen «iluminadas». Profundiza en las relaciones con tus amigos y seres queridos. Reza por la noche. Medita para desarrollar el propósito en la vida. Escribe un diario. Acude a un lugar de culto. Busca nuevas experiencias que realcen tu espiritualidad.

4. **Practica la gratitud.** En vez de centrarte en lo que te falta en la vida, céntrate en las cosas por las que estás agradecido. Dedica un momento cada día para reflexionar sobre la gratitud y da las gracias a quien consideres que debes agradecer. Tal vez estás agradecido por tu salud, por tu familia o por tus amigos. Busca esas cosas que sean intangibles y de un valor incalculable. Lleva un registro en la **Tabla de agradecimientos** de la **Tercera parte. Herramientas y recursos.** Cuando sufras un momento de tristeza, decepción o frustración, lee tu listado de agradecimientos para recuperar la perspectiva y reenfocar las energías hacia pensamientos más productivos y positivos.

5. **Cede el poder.** A veces, la vida no parece justa. Experimentamos decepciones y presenciamos sucesos que no entendemos. Cuando las circunstancias parecen escapar a nuestro control, o cuando has hecho de todo para que las cosas siguieran un camino, acepta que a veces no todo sale como está previsto. Acepta la creencia de que todo ocurre por una razón. Y cuando cometes errores, busca las lecciones que puedes aprender en vez de castigarte.

6. **Fíjate en lo bueno.** Alexander Graham Bell comentó en una ocasión: «Cuando una puerta se cierra, se abre otra; pero a menudo pensamos demasiado en la puerta cerrada y no vemos la que acaba de abrirse para nosotros». Cuando las cosas no salen como estaba previsto, vuelve a centrar la atención en las nuevas oportunidades y posibilidades que se presentan como resultado de ese cierre.

7. **Sé de espíritu generoso.** Ten un espíritu generoso, capaz de perdonar, que no emita juicios, que no tenga prejuicios, que sea abierto, honesto y aceptador. Estas cualidades son importantes cuando quieres conectar con los demás y el mundo que te rodea. Fíjate en la bondad de las personas. Permanece abierto a personas y relaciones nuevas. Ayuda a quienes lo necesiten.

8. **Sé participativo.** Si no acudes con regularidad a un lugar de culto, encuentra a un grupo que te permita conectar con los demás de un modo espiritual. Toma clases de yoga, participa en retiros espirituales o en paseos por la naturaleza.

9. **Evoluciona.** A medida que te vuelves más espiritual, tu espiritualidad y fe también evolucionarán, y tu perspectiva puede cambiar. Puedes incluso adquirir sabiduría. Acepta esta evolución y los cambios que provoque en ti.

> **¿Sabías que...?**
> En un estudio publicado por la Asociación Americana de
> Psicología en el año 2000, se descubrió que asistir a un lugar de
> culto, fuera del tipo que fuera, una iglesia, un templo, una
> sinagoga o una mezquita, podía alargar unos ocho años la
> esperanza de vida de una persona y mejorar su estado de salud
> general.

Crédito extra

¿Ya eres una persona espiritual? Ahonda en ello aceptando la espiritualidad de los demás. Ábrete a otras religiones y formas de culto. Ve más allá del formato organizado de las religiones, y busca la iluminación a un nivel más profundo y universal.

Lista de control del cambio semanal
• Hidratarse con agua • Llevar un diario de lo que comes • Tomar un complejo multivitamínico • Tomar entre 4 y 6 porciones de verduras • Leer las etiquetas nutricionales • Tomar un desayuno equilibrado • Elegir cereales integrales • Tomar 5 pequeñas comidas al día • Tomar 2 o 3 piezas de fruta • Elegir lácteos semidesnatados • Tomar porciones saludables • Comer pescado dos veces a la semana • Evitar las bebidas edulcoradas • Equilibrar las comidas para que te sacien • Reduce los fritos, la comida rápida y la bollería • Elegir carne magra • Cocinar y comer más en casa • Evitar los aditivos alimentarios • Tomar 3 tazas de alubias a la semana • Practicar la alimentación consciente • Come grasas saludables con moderación • Reducir el consumo de sodio • Comprar inteligentemente • Excederte en un 15%

Lista de control del cambio semanal	
	• Dormir entre 7 y 8 horas al día • Adoptar una perspectiva optimista • Disfrutar de un tiempo a solas • Respirar hondo • Reírse a menudo • Vivir con propósito • Construir relaciones saludables • Dar • Aprender a decir que no • Disfrutar de tu afición una vez a la semana • Pasar tiempo en la naturaleza • Comunicarse con eficacia • Participar activamente en tu vida • Crear y mantener un presupuesto • Practicar tu espiritualidad personal
	• Practicar ejercicio a diario • Hacer ejercicios de estiramiento durante 20 minutos, tres veces al día • Practicar actividad aeróbica 30 minutos, tres veces por semana • Practicar ejercicios de fuerza durante 20 minutos, tres veces por semana • Seguir un plan de prevención • Fortalecer el tronco 10 minutos al día, tres veces por semana
	• Mantener los alérgenos a raya • Utilizar productos de limpieza no tóxicos • Comprar productos orgánicos • Reducir el polvo de tu casa • Deshacerse de lo que no necesites • Evitar las sustancias toxicas en los productos de higiene y cuidado personal • Aplicar crema de protección solar

Tercera parte
Herramientas y recursos

Modelo de diario de lo que comes

Utiliza este modelo para crear tu propio diario alimentario de modo que puedas hacer un seguimiento de tu consumo de comidas y bebidas. Apunta la frecuencia con la que comes, cuánto apetito tienes y tu estado emocional y psicológico.

Fecha y hora	Comida o bebida	Valor calórico	Nivel de apetito (0-5) Antes/durante /después de comer	¿Qué estaba pensando/ sintiendo/ haciendo?

Listado de afirmaciones

Crea una lista personalizada de afirmaciones en esta tabla. Incluye frases que te motiven e inspiren, así como las que te hacen sentir bien contigo mismo.

_____

_____

_____

_____

_____

_____

_____

_____

_____

_____

Listado de puntos fuertes

Piensa en todas las cosas que se te dan bien y elabora un listado. Quizás eres buen cocinero. O tienes habilidad para ayudar a los demás. Sé exhaustivo y generoso contigo mismo.

_____

_____

_____

_____

_____

_____

_____

_____

_____

_____

_____

_____

_____

Lista de logros

Haz un listado de tus logros en esta tabla. No trivialices cosas que parecen normales y corrientes (como concluir estudios universitarios, tener un hijo). Si son cuestiones importantes para ti y te sientes orgulloso de ello, inclúyelas en la lista. Si te quedas sin espacio, pasa ese listado a un diario.

Logro	Fecha	Tiempo que tomó alcanzarlo	Qué conseguiste

Hoja de trabajo de análisis de etiquetas nutricionales

Utiliza la siguiente hoja de trabajo para hacer una valoración de los alimentos que consumes. Primero debes valorar la calidad de los ingredientes en el producto fijándote en el listado de ingredientes, luego evalúa el equilibrio de nutrientes fijándote en la tabla de información nutricional.

Listado de ingredientes	Sí	No	Comentarios
¿Azúcares añadidos?			
¿Grasa añadida?			
¿Otros aditivos?			

¿Cuál es el nivel de calidad de los ingredientes?

Tabla de información nutricional	Alto	Bajo	Comentarios
Calorías			
Grasa			
Grasa saturada			
Grasa trans			
Colesterol			
Sodio			
Carbohidratos			
Fibra			
Azúcar			
Proteína			

¿Cuán equilibrado es este producto?
¿Cuán saludable es este producto?

Registro de actividades

Utiliza el siguiente registro de actividades para hacer un seguimiento de todas las actividades que realizas. Tanto si estás en el jardín, como si has salido a dar un paseo o a hacer ejercicio, apúntalo en tu registro. Cuando te hayas quedado sin espacio, utiliza esta tabla para crear tu propio diario de actividades.

Fecha	Actividad	Duración	Intensidad (escala del 1 al 10)

Declaración de propósitos y misión

Describe brevemente lo que crees que es tu propósito en la vida. Incluye tus preferencias, pasiones, puntos fuertes, y las cosas que te interesan. ¿Por qué estás aquí? ¿Qué contribución quieres hacer al mundo? ¿Qué tipo de influencia quieres tener? ¿Qué te motiva a levantarte por la mañana? Esta declaración debería ser un documento con el que te puedas identificar y del que te sientas orgulloso. Puede guiarte en las elecciones y las decisiones vitales de un modo saludable y productivo.

_____

_____

_____

_____

_____

_____

_____

_____

_____

_____

_____

_____

Compromisos y prioridades actuales

Haz un listado de los compromisos de tu vida personal, profesional y social. Analízalo y decide lo que es importante para ti y aquello que no lo es. Marca con un círculo las cosas más importantes, porque serán la primera prioridad. Los compromisos que no marques con un círculo pueden esperar el tiempo que sea necesario.

Vida personal

_____

_____

_____

_____

_____

Vida profesional

_____

_____

_____

_____

_____

Vida social

_____

_____

_____

_____

Lista de control para un plan de prevención

Utiliza las siguientes tablas o listas de control para llevar un control de las visitas médicas, análisis y vacunas para estar al día. Recuerda que éstas son recomendaciones básicas, y que conviene consultar con tu médico acerca de la situación personal y necesidades especiales.

Lista de control para mujeres

Motivo	Inicio	Frecuencia	Fecha/Resultado		
Visitas					
Chequeo anual	Nacimiento	1x / anual			
Dentista	Nacimiento	2x / anual			
Oculista	Depende	1x / anual			
Ginecólogo	18 o al haber actividad sexual	1x / 1–3 años			
Análisis					
Presión sanguínea	Nacimiento	1x / anual			
Cáncer de mama: examen de mamas	Adolescencia	1x / anual			
Cáncer de mama: mamografía	40	1x / 1–2 años			
Colesterol	20	1x / 5 años			
Cáncer de colon: análisis de sangre oculta en heces	50	1x / anual			
Cáncer de colon: colonoscopia	50	1x / 5-10 años			
Diabetes/glucosa en sangre	45	1x / 3 años			
Oído	50	1x / anual			

Motivo	Inicio	Frecuencia	Fecha / Resultado		
Osteoporosis	Depende	Depende			
Frotis vaginal	18 o al haber actividad sexua	1x / año (20–30) 1x / 1–3 años (+30)			
Cáncer de piel	Adolescencia	1x / anual			
Vacunaciones					
Tétano-difteria	Niñez	1x / 10 años			
Neumococo	65	1 vez			
Gripe	65	1x / anual			

Lista de control para hombres

Motivo	Inicio	Frecuencia	Fecha/Resultado		
Visitas					
Chequeo anual	Nacimiento	1x / anual			
Dentista	Nacimiento	2x / anual			
Oculista	Depende	1x / anual			
Análisis					
Presión sanguínea	Nacimiento	1x / anual			
Colesterol	20	1x / 5 años			
Cáncer de colon: análisis de sangre oculta en heces	50	1x / anual			
Cáncer de colon: colonoscopia	50	1x / 5–10 años			
Diabetes/glucosa en sangre	45	1x / 3 años			
Oído	50	1x / anual			
Osteoporosis	50	Depende			
Cáncer de próstata	50	Depende			
Cáncer de piel	Adolescencia	1x / anual			
Vacunaciones					
Tétano-difteria	Niñez	1x / 10 años			
Neumococo	65	1 vez			
Gripe	65	1x / anual			

Encuesta sobre el uso de la tecnología

Durante una semana, apunta el número de minutos que inviertes en las distintas tecnologías de este listado. Al término de la semana, suma los totales y piensa en el modo de reducir tu uso de alguna de esas tecnologías. Establece tus objetivos de uso, e invierte el tiempo libre que hayas liberado para otras actividades.

Tipo de tecnología	Uso diario en minutos							¿Necesario? (Sí/No)	Objetivo de uso
	1	2	3	4	5	6	7		
TV en directo									
TV grabada/DVR/TiVo									
DVD o VCR									
Consola de juegos									
Televisión total:									
Internet									
Correo electrónico									
Mensajería instántanea									
Software/Aplicación									
Vídeo digital									
Ordenador total:									
Llamadas móvil									
Texto/mensajería móvil									
Internet móvil									
Vídeo móvil									
Otros móvil									
Móvil total:									
Otros vídeos (ej. en tiendas)									

Tipo de tecnología	Uso diario en minutos							¿Necesario? (Sí/No)	Objetivo de uso
	1	2	3	4	5	6	7		
Película en cine									
Navegación GPS									
Otros total:									
TOTAL MEDIOS:									

Modelo de presupuesto

He aquí una muestra de tabla de gastos para crear y mantener un presupuesto. Te proporciona ejemplos de varias clases de gastos y un formato en el que trabajar. Personaliza tu presupuesto de manera que refleje tus propias necesidades. El total de las cantidades que se incluyen debajo de la columna de presupuesto debería ser equivalente o menor que el presupuesto del total de gastos.

	Real	Presu-puesto	Gastos diarios				
			Ene-1	Ene-2	Ene-3	...	Total
Ingresos mensuales	4.000 $*						
PRINCIPALES GASTOS MENSUALES							
Hipoteca/alquiler	1.000 $						
Factura teléfono	100 $						
Factura suministros	100 $						
Préstamos estudios	100 $						
Gastos coche	250 $						
Ahorros	500 $						
Total de gastos	2.050 $						
Total presupuesto (Ingresos – Gastos)	1.950 $						
GASTOS							
Comida y bebida		500 $				...	
Comestibles			80 $			...	320 $
Comer/cenar fuera				15 $		...	80 $
Bebidas			5 $		15 $	...	150 $
Total							550 $
Entretenimiento		100 $					
Películas					20 $	...	40 $
Entradas parques						...	30 $
Total							70 $
Vacaciones		1.000 $					
Billetes avión					450 $	...	450 $
Hotel						...	500 $
Total							950 $
Total gastado			85 $	15 $	485 $		1.570 $
Total presupuesto							1.950 $
SALDO (+/-)						...	380 $

*Consúltese en Internet la conversión actualizada a la moneda del país del lector.

Registro de gratitud

Piensa en las cosas por las que estás agradecido que sean de naturaleza intangible y muy valiosas, y escríbelas a continuación. Cuando sufras un episodio de tristeza, desengaño o frustración, consulta este listado para verlo todo con perspectiva, y vuelve a centrar tus energías en pensamientos más productivos y positivos.

_____

_____

_____

_____

_____

_____

_____

_____

_____

_____

Recursos

Dieta y Nutrición
Cocina ligera: www.cookinglight.com
Comer bien: www.eatingwell.com
Defensa medioambiental: www.edf.org
Fit Day: www.FitDay.com
Índice glucémico: www.glycemicindex.com
Live Strong: www.livestrong.com/thedailyplate
Calculadora de calorías: www.calcularcalorias.com/
Diario alimentario: www.myfooddiary.com
Datos nutricionales: www.nutricion.org
Organic Highways: www.organichighways.com
Spark Recipes: www.sparkrecipes.com
Nutrición: www.dietas.net/nutricion/

Fitness y prevención
Angie's List: www.angieslist.com
Cross Fit: www.crossfit.com
Rate MDs: www.ratemds.com
Doctors Review: www.doctorsreview.com
Doctor Reviews Online: www.doctorreviewsonline.com
The Body Sculpting Bible for Men: The Way to Physical Perfection by James Ville-
   pigue
The Body Sculpting Bible for Women: The Way to Physical Perfection by James
   Villepigue
You Are Your Own Gym: The Bible of Bodyweight Exercises by Mark Lauren
Fitness: www.es.fitness.com

Bienestar mental

Cross-Cultural Solutions: www.crossculturalsolutions.org

Descubre una afición: www.discoverahobby.com

Franklin Covey: www.franklincovey.com

Globe Aware: www.globeaware.org

I to i: www.i-to-i.com

Transitions Abroad: www.transitionsabroad.com

Vida ecológica

Care2: www.care2.com

Agricultura ecológica sostenible: www.localharvest.org/csa

Cornucopia: www.cornucopia.org

Eco Logo: www.environmentalchoice.com

Environmental Defense Fund (Protección del medio ambiente): www.edf.org

Environmental Protection Agency (Agencia de Protección del Medio Ambiente): www.epa.gov

Environmental Working Group (Grupo de Trabajo sobre el Medio Ambiente): www.ewg.org

EWG Cosmetics Database: www.cosmeticsdatabase.com

Green Seal (Sello Verde): www.greenseal.org

Local Harvest: www.localharvest.org

Recetas de belleza: www.mybeautyrecipes.com

Planet Green: www.planetgreen.discovery.com

Agencia Europea de Medio Ambiente: http://www.eea.europa.eu/es

El agricultor ecológico: http://www.ecoagricultor.com/

Vida sostenible: http://www.vidasostenible.org/

Agradecimientos

Me gustaría expresar mi más sincero agradecimiento a todas las personas que han contribuido a convertir el libro *52 pequeños cambios* en una realidad.

Gracias a Terry Goodman por compartir mi visión y por tu paciencia a lo largo de este proyecto. Gracias a Sarah Tomashek y a su equipo por dirigir el timón del marketing. Gracias al Equipo de Autor de Amazon por vuestra ayuda y apoyo al gestionar todas las preguntas y peticiones recibidas. Gracias a Amazon Publishing por vuestro tiempo, dedicación y esfuerzo en hacer posible este proyecto.

Mi enorme agradecimiento a Natalie Mallow por su pasión y persistencia en ayudarme a superar los altibajos de esta experiencia. Me siento muy agradecida por tenerte a mi lado; nuestra amistad es una bendición.

David, gracias por creer en todo momento en mí, gracias por tu amor y apoyo en mi búsqueda del arco iris. Eres mi puntal y me encanta soñar juntos. Gracias también a mamá y a Bill por vuestro amor y por compartir este proceso de evolución constante. Os amo a todos, y me siento muy afortunada de teneros en mi vida y a la vuelta de la esquina.

Bibliografía y referencias

Semana 2

Australia's National Sleep Research Project. «40 Facts about Sleep You Probably Didn't Know... (Or Were Too Tired to Think About)». http://www.abc.net.au/science/sleep/facts.htm. Acceso 9 de abril de 2011.

State of Alaska. 1990. «SPILL: The wreck of the Exxon Valdez; Final Report, Alaska Oil Spill Commission». http://www.evostc.state.ak.us/facts/details.cfm. Acceso 11 de abril de 2011.

Semana 3

Arlington, Virginia. FitArlington-Take the Stairs Campaign. http://www.arlingtonva.us/portals/topics/FitArlingtonTaketheStairs.aspx. Acceso 9 de abril de 2011.

Buettner, Dan. *The Blue Zones: Lessons for Living Longer from the People Who've Lived the Longest*, National Geographic Society, Washington D. C., 2008.

World Health Organization. World Health Day. http://www.who.int/world-health-day/previous/2002/facts/en/index.html. Acceso 7 de abril de 2011.

Semana 4

Hollis, J. 2008. «Weight Loss During the Intensive Intervention Phase of the Weight-Loss Maintenance Trial». *American Journal of Preventive Medicine* 35(2): 118-26.

Semana 5

MSN. «Optimism and Your Health». http://health.msn.com/health-topics/depression/articlepage.aspx?cp-documentid=100205262. Acceso 3 de abril de 2011.

Peterson, Christopher, Martin E. Seligman, y George E. Vaillant. 1988. «Pessimistic explanatory style is a risk factor for physical illness: A thirty-five-year longitudinal study». *Journal of Personality and Social Psychology.* 55(1): 23-27.

Peterson, C. 2000. «The future of optimism». *American Psychologist.* 55: 44-55.

Scheier, Michael F., PhD. 1999. «Optimism and Rehospitalization after Coronary Artery Bypass Graft Surgery». *Arch Intern Med.* 159: 829-35.

Solberg Nes, L.S. y S.C. Segerstrom. 2006. «Dispositional optimism and coping: A meta-analytic review». *Personality and Social Psychology Review.* 10: 235-51

Tindle, Hilary. 2009. «Psychological Traits and Total Mortality in the Women's Health Initiative». Presentado en el LXVII Congreso Anual de la Sociedad Psicosomática Americana, en Chicago.

Washington Post. «Researchers ask why optimism is associated with health, pessimism with disease». http://www.washingtonpost.com/wp-dyn/content/article/2010/01/11/AR2010011103365.html. Acceso 3 de abril de 2011.

Semana 7

National Academy on an Aging Society. «Chronic Conditions: A Challenge for the 21st Century». http://www.agingsociety.org/agingsociety/pdf/chronic.pdf. Acceso 30 de marzo de 2011.

Platts-Mills TAE, Rosenwasser LJ. «Chronic sinusitis consensus and the way forward». *Journal of Allergy and Clinical Immunology.* 2004; 114: 1359-1361.

Semana 11

American Dietetic Association. «Labeling Impacts Consumer Food Choices». http://www.eatright.org/media/content.aspx?id=6442453151. Acceso 15 de marzo de 2011.

CNN. «About 60 Percent Pay Attention to Nutrition Facts». http://pagingdrgupta.blogs.cnn.com/2010/08/05/about-60-percent-pay-attention-to-nutrition-facts/. Acceso 15 de marzo de 2011.

Harvard School of Public Health. «The Nutrition Source-Fats and Cholesterol: Out with the Bad, In with the Good». http://www.hsph.harvard.edu/nutritionsource/what-should-you-eat/fats-fullstory/index.html. Acceso 15 de marzo de 2011.

Semana 12

Brown, R., y P. Gerbarg. 2005. «SudarshanKriya yogic breathing in the treatment of stress, anxiety, and depression: Part I - Neurophysiologic model». *J. Altern. Complement. Med. 11*(1): 189-201.

Brown, R., y P. Gerbarg. 2005. «SudarshanKriya yogic breathing in the treatment of stress, anxiety, and depression: Part II-Clinical applications and guidelines». *J. Altern. Complement. Med.* 11(4): 711-17.

Murray, M.T., y J.E. Pizzorno, Jr. «Gestión del estrés». *Manual de Medicina Natural,* Elsevier, Barcelona, 2009.

Semana 13

Cho, S., M. Dietrich, C. Brown, et al. «The Effect of Breakfast Type on Total Daily Energy Intake and Body Mass Index: Results from the Third National Health and Nutrition Examination Survey (NHANES III)». *Journal of the American College of Nutrition,* 2003; 22(4): 296-302.

Ma, Y., E. Bertone, E.J. Staneck, et al. «Association between Eating Patterns and Obesity in a Freeliving US Adult Population». *American Journal of Epidemiology,* 2003; 158(1): 85-92.

Mota, J., F. Fidalgo, R. Silva, et al. «Relationships Between Physical Activity,

Obesity, and Meal Frequency in Adolescents». *Annals of Human Biology*, 2008; 35(1): 1-10.

Nicklas, T.A., T. Baranowski, K.W. Cullen, et al. «Eating Patterns, Dietary Quality and Obesity». *Journal of the American College of Nutrition*, 2001; 20(6): 599-608.

Pollitt, E., N.L. Lewis, C. Garzat, et al. «Fasting and Cognitive Function». *Journal of Psychiatric Research*, 1982; 17(2): 169-74.

Semana 14

Care2. «How to Make a Non-Toxic Cleaning Kit». http://www.care2.com/green-living/make-yourown-non-toxic-cleaning-kit.html?page=8. Acceso 2 de abril de 2011.

Grupo de trabajo medioambiental «Healthy Home Tips». http://www.ewg.org/healthyhometips/greencleaning. Acceso 30 de marzo de 2011.

Disney Family. «Our Top Green Cleaners Already in Your Pantry». http://family.go.com/hot-topics/pkg-go-green/article-gg-184094-our-top-green-cleaners-already-in-your-pantry-t/. Acceso 8 de abril 2011.

The Daily Green. «The Easiest Green Cleaning Recipes You Can Make at Home». http://www.thedailygreen.com/green-homes/latest/green-cleaning-spring-cleaning-460303#ixzz1DUcah0C8. Acceso 5 de abril de 2011.

WebMD. «The Best Non-toxic Ways to Clean Your Home». http://www.webmd.com/health-ehome-9/green-cleaning. Acceso 4 de abril de 2011.

Semana 15

Whole Grains Council. «What Are the Health Benefits?» http://www.wholegrainscouncil.org/wholegrains-101/what-are-the-health-benefits. Acceso 25 de marzo de 2011.

Semana 16

Bennett M.P., y C. Lengacher. 2008. «Humor and Laughter May Influence Health: III». Laughter and Health Outcomes. *Evidence-Based Complementary and Alternative Medicine*. 5(1): 37-40.

Berk, L.S., et al. 2001. «Modulation of Neuroimmune Parameters During the Eustress of Humorassociated Mirthful Laughter". *Alternative Therapies in Health and Medicine*. 7(2): 62-72, 74-76.

Skinner, N., y N. Brewer. 2002. «The Dynamics of Threat and Challenge Appraisals Prior to Stressful Achievement Events». *Journal of Personality and Social Psychology*. 83(3): 678-92.

Semana 17

Wansink, B. 2006. *Mindless Eating: Why We Eat More Than We Think*, Bantam Dell, Nueva York.

Semana 21
iCharts. «Reasons for Organic Food Purchase». http://www.ichartsbusiness.
com/channels/why-dopeople-buy-organic-food. Acceso 5 de abril de 2011.
Semana 22
Martini, M.C., y D.A. Savaiano. 1988. «Reduced intolerance symptoms from
lactose consumed during a meal". *American Journal of Clinical Nutrition.* 47:
57-60.
National Institute of Diabetes and Digestive and Kidney Diseases, NIH, DHHS.
Digestive Disease Statistics. http://digestive.niddk.nih.gov/statistics/statis-
tics.htm. Acceso 3 de abril de 2011.
Swagerty, D.L., A.D. Walling, y R.M. Klein. 2002. «Lactose intolerance». *Ameri-
can Family Physicians.* 65(2): 1845-50.
Semana 23
Berkman, L.F. 7 Syne, S. L. 1979. «Social networks, host resistance, and morta-
lity: a nine-year follow-up study of Alameda County residents». *American
Journal of Epidemiology.* 109(2): 186-204.
Ornish, Dean, MD. 1998. *Love and Survival: The Scientific Basis for the Healing
Power of Intimacy,* HarperCollins, Nueva York.
Semana 24
Small Plate Movement. About SPM. http://www.smallplatemovement.org. Ac-
ceso 12 de marzo de 2011.
Wansink, B. 2006. *Mindless Eating: Why We Eat More Than We Think,* Bantam
Dell, Nueva York.
Semana 26
Biomed Pharmacother. «The importance of the ratio of omega-6/omega-3 es-
sential fatty acids». http://ebm.rsmjournals.com/cgi/content/full/233/6/674.
Acceso 28 de marzo de 2011.
Mozaffarian, D., y E.B. Rimm. 2006. «Fish intake, contaminants, and human
health: evaluating the risks and the benefits». *JAMA.* 296: 1885-99.
Kris-Etherton, P.M., W.S. Harris, y L.J. Appel. 2002. «Fish consumption, fish
oil, omega-3 fatty acids, and cardiovascular disease». *Circulation.* 106: 2747-
57.
Hibbeln, J.R., J.M. Davis, y C. Steer, et al. 2007. «Maternal seafood consumption
in pregnancy and neurodevelopmental outcomes in childhood (ALSPAC
study): an observational cohort study». *Lancet.* 369: 578-85.
Semana 27
Brunier, G., et al. 2002. «The Psychological Well-being of Renal Peer Support
Volunteers". *Journal of Advanced Nursing.* 38(1): 40-49.

Harbaugh, W.T., U. Mayr, y D.R. Burghart. 2007. «Neural Responses to Taxation and Voluntary Giving Reveal Motives for Charitable Donations». *Science.* 316(5831): 1622-25.

Schwartz, C.E., y M. Sendor. 1999. «Helping Others Helps Oneself: Response Shift Effects in Peer Support». *Social Science and Medicine.* 48(11): 1563-75.

Semana 28

American Heart Association. Association recommends reduced intake of added sugars. http://www.newsroom.heart.org/index.php?s=43&item=800. Acceso 20 de marzo de 2011.

Krebs-Smith, Susan M. 2001. «Choose Beverages and Foods to Moderate Your Intake of Sugars: Measurement Requires Quantification». *Journal of Nutrition.* 131(2): 527S-535S.

MedicineNet. «The Hidden Ingredient That Can Sabotage Your Diet». http://www.medicinenet.com/script/main/art.asp?articlekey=56589. Acceso 7 de marzo de 2011.

Public Health Advocacy. «Sugar-Sweetened Beverages: Extra Sugar, Extra Calories, and Extra Weight». http://www.publichealthadvocacy.org/PDFs/Soda_Fact_Sheet.pdf. Acceso 9 de marzo de 2011.

US News and World Report. «One Sweet Nation». http://health.usnews.com/usnews/health/articles/050328/28sugar.b.htm. Acceso 8 de marzo de 2011.

Semana 30

Gallop, Rick. *La dieta del índice glucémico,* Editorial Sirio, Málaga, 2005.

Glycemic Index Foundation. www.glycemicindex.com. Acceso 4 de abril de 2011.

Semana 31

Asthma and Allergy Foundation of America. «Dust Mites». http://www.aafa.org/display.cfm?id=8&sub=16&cont=48. Acceso 9 de marzo de 2011.

Environmental Working Group. «Avoid Fire Retardants». http://www.ewg.org/healthyhometips/fireretardants. Acceso 8 de marzo de 2011.

Semana 33

Verghese, J., R.B. Lipton, et al. 2003. «Leisure activities and the risk of dementia in the elderly». *The New England Journal of Medicine.* 348: 2508-16.

Semana 35

American Diabetes Association. 2010. «Standards of medical care in diabetes». 33(1): S11-61.

Gaziano, J.M., J.E. Manson, y P.M. Ridker. 2007. *Braunwald's Heart Disease: A textbook of Cardiovascular Medicine,* Saunders Elsevier, Filadelfia.

Medicine Plus. «Health Screening». http://www.nlm.nih.gov/medlineplus/healthscreening.html. Acceso 1 de abril de 2011.

National Osteoporosis Foundation. *Clinician's Guide to Prevention and Treatment of Osteoporosis.* http://www.nof.org/professionals/clinical-guidelines. Acceso 15 de marzo de 2011.

Smith, R.A., V. Cokkinides, y O.W. Brawley. 2008. «Cancer screening in the United States, 2008: A review of current American Cancer Society guidelines and cancer screening issues». *CA Cancer J Clin.* 58:161-79.

Semana 36

National Restaurant Association. Facts at a Glance. http://www.restaurant.org/research/facts/. Acceso 12 de marzo de 2011.

Semana 37

Clements, Rhonda. 2004. «An Investigation of the Status of Outdoor Play». *Contemporary Issues in Early Childhood.* 5(1): 68-80.

Council for Research Excellence. «Ground-breaking Study of Video Viewing Finds Younger Boomers Consume More Video Media Than Any Other Group". http://www.researchexcellence.com/news/032609_vcm.php. Acceso 8 de abril de 2011.

CNN. «Is too much technology a bad thing?» http://caffertyfile.blogs.cnn.com/2010/08/25/is-toomuch-technology-a-bad-thing/ Acceso 2 de abril de 2011.

Vandewater, E., et al. 2007. «Digital Childhood: Electronic Media and Technology Use Among Infants, Toddlers, and Preschoolers». *Pediatrics.* 119(5): e1006-e1015.

Kuo, F., y A. Taylor. 2004. «A Potential Natural Treatment for Attention-Deficit/Hyperactivity Disorder: Evidence From a National Study». *American Journal of Public Health.* 94(9): 1580-86.

Hartig, T., M. Mang, y G. Evans. 1991. «Restorative effects of natural environment experiences». *Environment and Behavior.*23(1): 3-26.

Kahn, Peter Jr., y Stephen Kellert. *Children and Nature: Psychological, Sociocultural, and Evolutionary Investigations.* Cambridge, MA: MIT Press, 2002.

Kaplan. S., y J. Talbot. 1983. «Psychological benefits of a wilderness experience». In *National Study of Outdoor Wilderness Experience.* 1998. Altman, I., S. Kellert, y V. Derr, Island Press, Washington, DC.

Mitchell, R.G. 1983. *Mountain Experience: The Psychology and Sociology of Adventure,* University of Chicago Press, Chicago.

Swan, J. 1992. *Nature as Teacher and Healer,* Villard Books, Nueva York.

Ulrich, et al. 1991. «Stress recovery during exposure to natural and urban environments». *Journal of Environmental Psychology.* 11 (3): 201-230.

Ulrich, R.S. 1984. «View through a Window May Influence Recovery from Surgery». *Science.* 22: 42-421.

Wohlwill (Eds.). *Behavior and the Natural Environment*. NY: Plenum Press.
Wuthnow, R. 1978. «Peak experiences: Some empirical tests». *Journal of Humanistic Psychology.18* (3): 59-75.
Semana 38
Bray, G.A., S.J. Nielsen, y B.M. Popkin. 2004. «Consumption of high-fructose corn syrup in beverages may play a role in the epidemic of obesity». *American Journal of Clinical Nutrition* 79: 537-43.
Feingold Association of the United States. Sabores artificiales. http://www.feingold.org/overview.php. Acceso 30 de marzo de 2011.
Metcalfe, D.D., y R.A. Simon. 2003. *Food Allergy: Adverse Reactions to Foods and Food Additives*. Blackwell 3:388.
Schlosser, Eric. *Fast Food: el lado oscuro de la comida barata*, Grijalbo, Barcelona, 2002.
United States Food and Drug Administration (FDA). Listado de aditivos. http://www.fda.gov/food/foodingredientspackaging/foodadditives/foodadditivelistings/ucm091048.htm. Acceso 15 de marzo 2011.
Willett, W.C. 2001. *Eat, Drink, and Be Healthy*, Free Press, Nueva York.
Semana 39
Neurological Disorders Channel. «SRIs Work for Compulsive Hoarders". http://www.ivanhoe.com/channels/p_channelstory.cfm?storyid=14834Acceso 3 de marzo de 2011.
Semana 40
Appleby, D.C. 2000. «Job skills valued by employers who interview psychology majors». *Eye on Psi Chi 4*: 17.
Ellinor, Linda, y Glenna Gerard. 1998. *Dialogue: Rediscovering the Transforming Power of Conversation*, John Wiley & Sons, Nueva York.
Johanson, J.C., y C.B. Fried. 2002. «Job training versus graduate school preparation: Are separate educational tracks warranted?», *Teaching of Psychology* 29: 241-43.
Kelsey, Dee, y Pam Plumb. *Great Meetings! How to Facilitate Like a Pro*, Hanson Park Press, Portland, ME, 1997.
Semana 43
Small Plate Movement (SPM). http://www.smallplatemovement.org. Acceso 12 de marzo de 2011.
The Center for Mindful Eating. «The Principles of Mindful Eating». http://www.tcme.org/principles.htm. Acceso 28 de febrero de 2011.
Wansink, B. *Mindless Eating: Why We Eat More Than We Think*, Bantam Dell, Nueva York, 2006.

Semana 44

Kabat-Zinn, Jon, *Vivir con plenitud las crisis: cómo utilizar la sabiduría del cuerpo y la mente para afrontar el estrés, el dolor y la ansiedad*, Editorial Kairós, Barcelona, 2013.

Semana 46

Grupo de trabajo medioambiental «Skin Deep». www.ewg.org. Acceso 1 de marzo de 2011.

Erickson, Kim. *Drop Dead Gorgeous: Protecting Yourself from the Hidden Dangers of Cosmetics*, McGraw-Hill Contemporary, Nueva York, 2002.

Epstein, Samuel MD. *Toxic Beauty: How Cosmetics and Personal Care Products Endanger Your Health...And What You Can Do about It*. BenBella Books, Dallas, 2009.

Semana 47

CDC. «Americans Consume Too Much Sodium (Salt)». http://www.cdc.gov/Features/dsSodium/. Acceso 8 de abril de 2011.

Mattes, R.D., y D. Donnelly. 1991. «Relative contributions of dietary sodium sources". *Journal of the American College of Nutrition*. 10(4):383-93.

Mayoclinic. «Sodium: How to Tame Your Salt Habit Now». http://www.mayoclinic.com/health/sodium/NU00284. Acceso 6 de abril de 2011.

Semana 48

Fidelity. «Fidelity Finds Increase in Number of Americans Considering Financial Resolutions for the New Year». http://www.fidelity.com/inside-fidelity/individual-investing/resolutions-2010. Acceso 23 de marzo de 2011.

Semana 50

Stern, R.S. 2010. «Prevalence of a history of skin cancer in 2007: results of an incidence-based model». *Arch Dermatol* 146(3): 279-82.

Robinson, J.K. 2005. «Sun exposure, sun protection, and vitamin D». *JAMA* 294: 1541-43.

Semana 51

The Center for Mindful Eating. «The Principles of Mindful Eating». http://www.tcme.org/principles.htm. Acceso 28 de febrero de 2011.

Semana 52

Buettner, Dan. 2008. *The Blue Zones: Lessons for Living Longer from the People Who've Lived the Longest*, National Geographic Society, Washington, D.C.

Michael E. McCullough, et al. 2000. «Religious Involvement and Mortality: A Meta-Analytic Review». *Health Psychology* 19(3): 211-22.

[9]